차세대 지키기

"내가 지킨 것들이 결국에는 내 자녀를 지킨다"

| 나지니 지음 |

크 리 스 천

미 국

자 녀 교 육

쿰란출판사

축사

    사랑하고 또 존경하는 나지니(Na Jinny, 이영희) 님의 출판을 축하드립니다!

    우리가 마음에 담고도 바쁜 일정에 묻힐 수 있는 소소한 일 속에서 하나님의 경륜 가운데 한 어머니의 성장과 두 자녀의 성장 일기를 읽게 되어 감회가 새롭습니다. 어느 엄마가 자신의 삶을 170여 편 에피소드로 모을 수 있었을까요? 매일 자녀와의 대화 한 마디도 흘리지 않고 그 대화 속에서 자신의 관점과 하나님의 관점을 항상 성찰하며 깊은 내면의 성숙과 성화의 과정을 하나님 앞에 내어놓은 믿음 보고서를 봅니다. 자신에게 허락하실 삶에 대해 진지하고 숙연하며 절대 홀대 하지 않은 현숙한 여인의 자아성찰적 일기입니다. 어머니와 딸, 어머니와 아들, 아내와 남편의 대화에서 많은 공감과 심리 정서적 연대감을 얻는 이야기를 읽었습니다.

    학창 시절 아담하고 하얀 피부의 조용하지만 밝고 명랑해 보이는 안경 쓴 언니로 기억하고 있습니다. 대화를 많이 해 보지는 않았지만 자신만의 주관과 소견이 분명한 언니라는 인상은 받았습니다. 어려서 아버지를 잃고 고아처럼 과부처럼 눈물과 기도로 살아온 어머니를 가슴에 모시고 사셨던 세월도 저와 공통점이 많아서 더 공감할 수 있었습니다. 제 친정어머니는 벌써 소천하셨지만 늘 나라와 교회,

이웃, 자녀를 위해 눈물로 기도하신 덕에 저희 5남매가 제대로 살게 되었다고 봅니다. 유치원 교사와 전도사 사역을 함께 하신 것도 저와 공통된 경력이라, 선배님의 이야기를 제가 과거에 묻어 두고 잊고 살았던 제 이야기처럼 편안하고 친숙하게 읽었습니다.

그동안 삶의 긴 여정에 한번도 하나님에게서 일탈하지 않고 또 자신에게 허락된 인생, 남편, 자녀에게 아내와 엄마로서의 사역에 최선을 다하고 또 노부모에 대해 지극한 정성을 쏟으시는, 오늘날 보기 드문 잠언 31장의 현숙한 여인의 자서전을 읽으며 흐뭇한 보람을 얻었습니다. 엄마 같지 않은 엄마, 자녀 같지 않은 자녀, 부모 같지 않은 부모로 고통받는 많은 위기가족과 해체가족들에게 그래도 이 세상은 살 만한 곳이라는 희망과 안정의 지표를 주셔서 감사드립니다.

아무쪼록 과거, 현재, 미래까지 함께 하실 성삼위일체 하나님의 동행과 은혜가 나지니 님과 가정, 그리고 삶의 모든 여정에 늘 함께하시길 우리의 왕 같은 제사장, 선지자이신 주 예수 그리스도의 이름으로 간절히 기도합니다. 할렐루야!!!

2024년 1월 28일
총신대학교 유아교육과 강은주 교수

축사

선택이라는 재료로 인생을 만들다

　오랜만에 소담한 밥상을 받았다. 기름진 윤기가 돌거나 화려한 색깔로 장식된 고급 레스토랑의 요리가 아닌, 어느 시골 산가에서 받아 볼 수 있는 정갈한 밥상이었다. 산길을 오르며 보았던 길섶의 나물들과 산 햇살로 익힌 된장만으로도 충분한 별식이 된 한 상이었다.

　나지니 작가가 차린 밥상을 대하노라면, 우리는 그녀가 요리에 앞서, 어떻게 식재료를 선택했고 손질했는지 궁금해진다. 그녀는 두 자녀의 엄마로서, 한국과 미국을 오가는 교육자로서, 그리고 투철한 신앙인으로서, 그녀 앞에 펼쳐진 인생의 굽이굽이 길목에서 그녀가 어떤 선택을 했고 그 선택의 이유가 무엇이었는지 찬찬히 들려준다.

　먼저 작가는 어머니로서 겪었던 소소한 일화를 털어놓으며, 자녀 교육의 재치와 지혜를 알려 주고, 세속적인 가치관의 조류에 시달리고 있는 학교와 교회를 향해 다시 성경의 가르침으로 돌아가자고 성토한다. 그 무엇보다 그녀는 인생 최고의 식재료는 하나님의 사랑이라고 거침없이 고백한다.

거대한 골리앗 같은 세상을 향해 돌을 던진 다윗처럼, 그녀는 예수님을 슬프게 하는 것들을 향해 직진 돌팔매질하는 순수한 딸의 모습으로, 우리에게 인생의 최우선순위가 무엇인지 또렷이 가르쳐 준다. 그래서 이 책은 자녀를 키우는 부모와 교사는 물론, 많은 신앙인에게도 영과 마음을 살찌우는 푸짐한 한 상이 될 것이다. 인생길 걷다가, 그녀가 차려 준 이 따뜻한 밥 한술 뜨고 나면, 거뜬히 남은 여정을 흔들리지 않는 믿음과 기쁨으로 걸어갈 용기가 생길 것이다.

2025년 2월 1일
혜성 시인

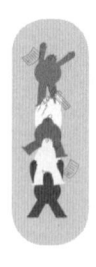

프롤로그

선택이라는 재료로 인생을 만들다

60세가 지난 지금 '나는 어떻게 살았나?' 뒤돌아본다. 지금의 나와 우리 가족들의 모습을 바라보며 우리는 무엇을 가치로 삼고 무슨 선택을 하며 여기까지 왔을까?

내가 쓴 글에 대한 메시지에는 세 개의 키워드가 주를 이룬다. 크리스천, 미국, 자녀 교육에 대한 것이다. 즉 30대에 이민 와서 30년 이상 크리스천으로 미국에서 살면서 쓴 자녀 교육에 대한 이야기다. 미국에 와서 아이를 키우며 엄마라는 역할을 갖게 되었다. 엄마로서의 책임과 의무, 크리스천이란 정체성을 가지고 미국 생활을 하며 초보 엄마로 뒤뚱거리며 살아온 이야기들이다. 이 이야기는 나의 개인적인 기록이며, 인생관이며, 신앙관이므로 문제에 해답이 아닌 참고가 되기를 소망한다.

처음에는 '은퇴 후 무엇을 해야 하나?' 하는 생각을 하다가 아이들을 키우면서 일어났던 해프닝을 기록해야겠다는 생각에, 옛날 기억을 떠올리며 에피소드들을 기록하기 시작했다. 시간이 더 지나면 나중에 기억하지 못할것 같아서 20~30편 정도로 생각하고 기록하기 시작했는데 에피소드를 기록할수록 꼬리에 꼬리를 물고 떠오르는 추억들이 있었다.

내 인생 처음으로 글이라는 것을 써 보았다. 나는 초, 중, 고, 대학 시절, 얼마전까지도 글을 쓰고 싶다든지, 나에게 재능이 있다든지, 쓸 소재가 있다고 한 번도 생각하지 못했지만 은퇴의 무료함이 이것 저것을 생각나게 하며 시도하게 한 것 같다. 의외로 내용이 많아지며 '혹시 나에게도 글쓰기의 재능이 있는 것은 아닐까?' 욕심도 살짝 내 본 나의 글쓰기이다.

성경의 가치를 토대로 건국되었다는 미국에서 공교육을 받으며 성경적 가치관으로 자녀 교육을 시키고자 노력했던 평신도 우리 가족의 미국 살이에 관한 이야기이다.

차례

축사 | 총신대학교 유아교육과 강은주 교수 · 2
　　 | 혜성 시인 · 4

프롤로그 _ 선택이라는 재료로 인생을 만들다 · 6

1부　미국 교육 시스템 속에서 자녀들 키워 내기 · 13

1. 미국 교육 시스템 속에서 자녀들 키워 내기 / 2. 내 껍딱지에서 친구들이 전부가 되었다 / 3. 자녀들에게 실망하셨습니까? / 4. 자신 없으면 기도를 바꾸세요 / 5. 그깟 말 때문에 평생 후회할 일 만들지 말자 / 6. 아빠와의 비밀이 늘어 가는 아이들 / 7. 끊자, 끊는 것이 답이다 / 8. 늦을지언정 아침 식사는 꼭 먹자 / 9. 내 양심을 위하여 / 10. 빡센 교사와 느슨한 교사가 있다 / 11. 딸의 말에 귀를 기울여 주지 않은 일을 후회했다 / 12. 엄마 친구들이 제일 무서워 / 13. 할 수 있겠니? / 14. 이머전시, 비상사태에 대비하여 / 15. 아들에게 렌트비를 받으니, 말해 뭐해! / 16. 자식은 자식대로 자기 혼자 큰 것 같이 말하고 / 17. 문제 있는 것 아니냐! / 18. 일어나선 안 되는 일은 일어나지 않도록 / 19. 좋아하는 사람 만나서 좋아하는 일 하면서 살아라 / 20. 엄마는… 우리를 생각해 봤느냐 / 21. 풍성했던 삶의 터전도 뺏기고 / 22. 결과가 좋든지, 나쁘든지 / 23. 좋아하는 사람의 말에는 귀를 기울인다 / 24. 쿨하게 인정하고 사과하고 빨리 끝내라 / 25. 자기 결정에 의해 생기는 고생을 어쩌겠는가 / 26. 어느 것이 더 중요한지 생각해 보고 결정해라 / 27. 김태희가 예뻐, 내가 예뻐? / 28. 미국은 제2의 나의 조국 / 29. 영화 장면이 기억나듯이 떠오르는 그날 / 30. 아이 머릿속을 지우개로 깨끗이 지워 주세요 / 31. 결과에 상관없이, keep on going(끝까지 계속 가자) / 32. 뱀같이 지혜롭고, 비둘기처럼 순결하게 / 33. 열심히 살면 그냥 부자가 되는 줄 알았지! / 34. 남녀, 인종, 빈부의 차별 없이 모두에게

2부 부모 눈에 자식은 사랑 덩어리·79

35. 로또에 당첨되면 다 나에게 준다고 한다 / 36. 선 약속, 후 결재 / 37. 딸을 위한 최고의 위로 / 38. 너무 소중한 것은 너 혼자만 간직하고 꺼내 보는 거야 / 39. 아시안 블론디 / 40. Perhaps today…(아마도 오늘) / 41. 그분 편에 줄을 잘 서야 산다 / 42. 증명하라 / 43. 부모 눈에 자식은 사랑 덩어리 / 44. 엄마 말 대신 낯선 여자의 말을? / 45. 보복소비…인가? / 46. 나는 그 친구를, 주님은 우리 딸을 후원해 주세요 / 47. 사랑을 더 많이 하는 쪽이 끌려다닌다더니 / 48. 첫딸은 살림 밑천 / 49. 관계 단절, 결별을 생각하게 한다 / 50. 누나의 조용한 카리스마 비결 / 51. 부모들은 속이 타들어 간다, 이들이 알기는 할까? / 52. 곰을 피하려다 호랑이를 만난다더니 / 53. 자신감을 드러내던 딸이 조용하다 / 54. 꽃을 빨리 자라게 하려고 끄집어당길 수 없듯이 / 55. 꿈은 이루어진다 / 56. 옐로스톤에서 8월에 한겨울을 체험하며 / 57. 덴버의 좋은 인상을 뒤로하고 로키산맥으로 / 58. 여행 중 맛집 순방은 빼놓을 수 없는 기쁨 / 59. 조지아주에서 찾은 아름다운 호수 라니아 / 60. 처음으로 주식 계좌를 열다 / 61. 우유가 늙었다? / 62. 가짜를 받고도 이렇게 행복할 수 있을까! / 63. 나중에 그 아이랑 결혼하고 싶어? / 64. 멘토에게 잘 배운 그대로 / 65. 우리와 다른 새로운 종족인 X, N, MZ세대들 / 66. '감사하기'를 결심하다 / 67. Sleeping songs(자장가) / 68. Mother's day(어머니날)…남자 둘만 있으니

3부 우리 아이들에게 세상을 바르게 사는 법을 가르치고 싶다 · 129

69. 앉았다가, 일어났다가… 은퇴가 너무나 낯설다 / 70. 수박의 연한 속살을 딱딱한 큰 통에 담으신 걸 생각하면 / 71. 꼭 마지막 날까지… 가야만 하나요? / 72. 죽을 만큼 무서웠던 그 순간 / 73. 아들과 딸 중에 누가 더 예뻐요? / 74. 남편은 찬성, 나는 반대 / 75. 부부는 로또 당첨과 같다고, 왜? / 76. 우리 딸에게 여신이 등장하다 / 77. 정말 이혼해야 하나? / 78. 수많은 전쟁을 치르며 지켜 낸 자유와 번영 / 79. 언제가 됐든지 내가 거둬야만 끝이 나는 일 / 80. 어쩌다 난 이런 엄마가 됐을까 / 81. 무슨 부부가 의리로 사냐, 조폭도 아니고… / 82. 우리 아이들에게 세상을 바르게 사는 법을 가르치고 싶다 / 83. 너무 멀리 가면 돌아올 때 힘들어! / 84. 인생은 불공평한 것, 출발선은 다르더라도 / 85. 끊으려야 끊을 수 없는 사이, 그래서 더 조심해야 하는 사이 / 86. 왜 죽음이 두려우세요? / 87. 신약 시대에 구약 성도로 사는 사람들 / 88. 반기독교의 물결이 폭포가 되어 / 89. 은퇴, Retire… second life(세컨드 라이프) / 90. 또다시 back sliding(미끌어지다)하지 않기 위해 / 91. 경제적인 자립 없이는 부모로부터 독립이 안 된다 / 92. 미국에서 한인 자녀들의 결혼식 엿보기 / 93. 남편과 아들은 초딩 입맛 / 94. 60대에는 건강한 몸이 경쟁력 1순위 / 95. 생명 존엄에 대해 개인이나 사회가 좀 진지해졌으면 / 96. 어디서부터 잘못된 것일까? / 97. 동양 여자가 백인 여자 부총장을 가르친 죄 / 98. 꿈에 대한 값을 지불하며 살아가야 할 것 같다 / 99. 가까이에서 본 타이거맘의 삶 / 100. 백 번째 에피소드 / 101. 미국 줌바 클래스에서 울려 퍼진 K-트로트 / 102. 한국 방문을 계획하며…

4부 내가 지킨 것들이 결국에는 나를 지킨다 · 209

103. 존댓말까지는 욕심내지 않았는데 / 104. 어디서나 한국인의 특징이 / 105. 어차피 될 일은 되고, 안 될 일은 안 될 것이므로 / 106. 분노의 감정이 복받칠 때마다 지혜는 사라진다 / 107. 줌바 클래스에서 쾌지나 칭칭 나네… / 108. Common sense(상식) 있는 크리스천이 되자 / 109. 나는… 미친년이 되어 볼 생각이다 / 110. 88세에 화장을 시

작하신 시어머니 / 111. 아빨싸, 엄마는 영어 방송을 알아듣지 못하고 있었고 / 112. 미국 시민이 되기 위해 시민권을 받다 / 113. 가을이 없어서 슬픈 캘리포니아 / 114. 작은 돌부리에 걸려 넘어진다 / 115. 30년간의 시간 여행 / 116. 꿈꾸고 지나간 것 같은 시간들이었다 / 117. 내가 지킨 것들이 결국에는 나를 지킨다 / 118. 콜라 한 잔으로 시작된 사건 / 119. 2023년 새해가 밝았다 / 120. 아롱이, 다롱이 / 121. 아이들이 자라면서 점점 철들어 가는 것이 보인다 / 122. 전화위복이라는 기회 / 123. 한국형 치맛바람의 친근한 엄마 / 124. 호구처럼 사는 다 큰 우리 아이들 / 125. 한 조각의 퍼즐 / 126. 자식을 지켜 낼 수 있는 여장부… 나의 어머니 / 127. 잘 차려진 밥상을 먹기 직전에 뺏긴 기분 / 128. Self-care(셀프케어)라는 트렌드 / 129. 엄마의 기도 자리 / 130. 아들의 요르단 파병 / 131. 친구가 한국으로 역이민을 가다 / 132. 딸에게 남친이 생겼다(1) / 133. 이스라엘과 하마스의 사태를 바라보며 / 134. 오늘 아침에도 반복된 신발 꿈 / 135. 죽음의 문턱까지

5부 그래서 감사, 그래도 감사 · 281

136. 선택이라는 재료로 인생이 만들어지듯이 / 137. 선택이라는 재료로 인생을 만들다 / 138. 우려하던 법안들이 통과되다 / 139. 내 동네 친구는 판매의 여왕이었다 / 140. 이 나이에 네트워크 마케팅에 발을 들이다 / 141. 올해는 무계획으로 / 142. 중동 지역에 점점 심해지는 혼란을 보며 / 143. 미국 가면 이름부터 바꿔야지 / 144. 네가 더 어리석은 놈이니라 / 145. 내 친구의 행복 계산법 / 146. 기도해야 할 시간임을 알리는 사이렌 소리 / 147. 딸에게 남친이 생겼다(2) / 148. 드레스만 20벌? / 149. 엄마의 눈물 나는 신앙 간증 / 150. 히스기야 요약 / 151. 굶식 같았던 금식이 끝났다 / 152. 이유 없는 미움 / 153. 딸에게 남친이 생겼다(3) / 154. 15주 작정 기도 / 155. 수컷들의 전쟁은 어려서부터 시작된다 / 156. 드디어…딸의 결혼식 / 157. 조그맣고 깜찍했던 딸이 결혼을 한다네 / 158. 나이아가라폭포 / 159. 15주 작정 기도의 간증 / 160. 너희에게 무슨 부족한 것이 있었느냐? / 161. 마음을 잘 쓰는 나의 친구 / 162. 마리아에게 하신 것처럼 / 163. 고양이를 이기다 / 164. 문제의 코앞에 해결책이 있다 / 165. 점에서 선으로 / 166. 몰렉에게 줄 세우는 일 / 167. 나는 지금도 가끔씩 중뿔나는 선택을 한다 / 168. 요셉의 7년 풍년으로 여기며 / 169. 그래서 감사, 그래도 감사

1부

미국 교육 시스템 속에서 자녀들 키워 내기

1.
미국 교육 시스템 속에서 자녀들 키워 내기

나는 크리스천이며 만 30년 넘게 미국에서 살고 있다. 결혼 후 첫 아이를 가져, 임신 8개월 상태로 미국에 입국했다. 아이 출생부터 프리스쿨, 킨더가든, 초, 중, 고, 대학, 대학원과 박사과정을 거치면서 미국 교육 시스템을 알게 되었고, 아이들의 평범한 현실, 고민, 상황과 대처 방법들을 아이들의 성장과 함께 자연스럽게 터득하였다.

나는 한국에서 유아교육을 전공했고 유치원 교사로 7년을 일했으며, 교회에서 영아부와 유치부 전도사를 하였고, 미국 프리스쿨에서도 5년간 일했다. 아이들이 어렸을 때부터 좋은 크리스천 부모가 되기 위해 나름대로 노력을 했고, 아이들은 평범하고 착하게 잘 성장하였다.

첫째 딸은 Columbia University(컬럼비아대학교)에서 International Education(국제교육학)을 전공했고 교육과 정치에 관련된 일을 했으며 지금은 Columbia University에서 비교교육과 정치학(Comparative Education, Political Science)을 부전공으로 박사과정을 하고 있다.

둘째인 아들은 UC Berkeley(캘리포니아대학교 버클리)에서 Political Science(정치학)를 전공했고 졸업 후 IT 분야에 관련된 일을 하고 있다.

지금부터 크리스천 부모로서 전반적인 양육과 아이들의 성경적인 가치관 형성, 아이들을 위한 기도, 그들이 겪는 어려움, 고민, 대처 방법 등에서 어떤 선택들을 하며 주도적인 삶을 살기 위해 노력했는지, 이에 대해 진솔하게 이야기해 보려고 한다. 누군가에겐 힌트가 되고 누군가에게는 도움이 되기를 바란다.

우리 아이들은 천성적으로 순한 편이었으나 남녀의 차이인지는 모르겠으나 기질은 서로 많이 달랐다. 첫째인 딸은 매사에 가이드라인을 정해 놓고 자신에 대해서도 엄격했다. 학교에서 돌아오면 먼저 숙제를 끝낸 후에야 밥을 먹고 놀았다. 또 언제 무엇이 필요하든지 늘 준비가 되어 있어야 하며 매사에 계획을 가지고 있었고 자존심이 강한 아이였다.

반면, 둘째인 아들은 계획과 가이드라인을 속박으로 여기는 경향이 있어서 늘 자유롭게 움직이고 싶어 했다. 자유로운 영혼의 소유자이며, 유순한 성격으로, 스스로 룰을 정하고 선을 넘지 않았으며 도덕성이 잘 발달한 아이였다.

초등학교 때에는 피아노와 수학을 신경 썼다. 음악을 통해 맛보는 기쁨과 삶의 풍성함, 또 손가락 근육 발달과 두뇌 발달이 연결되었다는 유아교육 이론에 근거하여 피아노를 시키고 싶었지만 흥미를 보이지 않았으므로 욕심은 있었지만 강제적으로 시키지는 않았다. 미국 초등학교 4학년부터 8학년까지는 학교마다 밴드 및 오케스트라가 있어서 누구든지 원하는 아이들은 무료로 악기를 배우고 연주할 수 있었다. 나는 두 아이에게 5년간 바이올린을 시켰고 이를 위해 매일 아침 학교 수업 1시간 전에 등교를 시켜야 했다.

초등학교 때는 계산이 느려지면 수학이 어렵게 느껴질 것 같아서 아침 식사 때 무조건 연산 계산(+, -, ×, ÷) 학습지를 한 장 풀고 가게 했으며, 공부는 거의 숙제 위주로 했고 매주 토요일 아침 9시부터 12시까지는 도서관에서 책을 읽고 일주일간 읽을 책을 빌려와서 집에서 읽게 했다. 도서관을 나와서는 점심으로 아이들이 좋아하는 프랜차이즈 햄버거 등을 먹이곤 했는데, 이는 도서관 가는 것에 흥미를 느끼도록 하기 위함이었다.

여름방학 때에는 스쿨 서플라이즈에서 교재를 구입하여 다음 학년을 위해 영어와 수학을 선행학습 시켰다. 보통 가정에서 미니멈으로 시키는 공부 수준이었다. 또한 방학은 아이들이 학업의 부족함을 메꾸고, 또는 개념이 바뀌는 학습에 대해 미리 준비하는 기간이었으며 평상시에 하지 못했던 취미를 시키는 기간이기도 했다.

그러던 어느 주일에 교회에서 예일대 박사과정을 마친 30대 초반의 자매가 자신은 중3 때 주님을 만나서 거듭났으며, 그때부터 공부를 더 열심히 하게 됐다는 말을 들었고, 그렇게 어린 나이에 주님을 만났다는 간증에 나는 깜짝 놀랐다. 그때부터 우리 아이들이 될 수 있는 한 주님을 빨리 만나서 거듭나게 해 달라는 기도를 본격적으로 하기 시작했다. 주님을 빨리 만나는 것이 인생에서도 중요하지만, 주님을 만난 후 공부를 더 열심히 하게 되었다는 말에 솔직히 마음이 많이 움직였던 것 같다. 그러나 주님은 이기적인 의도가 담긴 기도였지만 옳은 기도였기에 응답해 주셨다.

딤전 2:4 "모든 사람이 구원을 받고 진리의 지식에 이르기를 원하느니라."

첫째가 초등 4학년, 둘째가 1학년 때부터 나의 이 기도가 시작됐고, 그 후 첫째는 10학년, 둘째는 8학년 때 거듭나게 되었다. 거듭난 이후 아이들은 더 성숙해졌고, 해야 할 일들과 해서는 안 될 일에 대한 구별이 명확했고, 지금도 이 부분에 대해서는 둘 다 철저히 지키고 있으며 한 번도 부모를 걱정시키지 않았다.

나는 어린 자녀가 있는 크리스천 부모를 만나면 이 기도 제목을 간증으로 나눈다. 당신의 자녀를 위해 무엇보다 먼저 이 기도부터 하라고, 어리면 어릴 수록 좋다고. 나는 지금도 이 기도가 좋은 본보기의 기도였다는 생각이 든다.

솔로몬이 다른 좋은 것을 구하기 전에 백성을 위해 먼저 지혜를 구했을 때 하나님께서 더불어 나머지 것도 솔로몬에게 주신 것처럼, 크리스천 가정이 믿음의 거룩한 세대가 이어지기를 바라며 먼저 자녀들의 영혼 구원을 구할 때 더해 나머지 필요한 것을 채워 주신다.

2.

내 껌딱지에서
친구들이 전부가 되었다

초등학교(유치원부터 6학년)까지는 친구 관계 등이 특별하지 않지만 중학생, 청소년기(틴에이저)가 되면서부터는 친구가 전부가 된다. 가족들과 어울리던 아동기에서 어느새 훌쩍 커서 어른인 것처럼 행동하고 친구가 전부인 것처럼 행동한다. 어릴 때는 내 껌딱지여서 마켓도 따라 다니더니, 이제는 놀러 가자고 하고 맛있는 거 먹으러 가자고 해도 집에 있겠단다.

온통 관심은 친구들이다. 그들 사이에서 인정받고 인기 있기를 원하고, 그들과 그룹의 일원이 되고 어울리는 것이 무엇보다 재미있고 가치 있는 시간이 된다.

보통 7학년부터 그룹이 형성되어 12학년까지 유지되기도 한다. 또는 고등학교 때부터 새로이 그룹이 형성되기도 하며, 20~30명 정도 큰 그룹이 만들어지고 그 안에서 몇 개의 작은 그룹으로 나누어지기도 한다. 같은 성별로, 수업이 많이 겹치는 아이끼리, 비슷한 성격, 환경, 취향 등으로 4~6명 정도로, 4~5개의 그룹으로 나뉘어 있다가 빅이벤트(프롬, 방학, 졸업) 때에는 다 같이 모이기도 한다. 거의 이 그룹을 벗어나지 않고 중학교, 고등학교를 마친다. 이때 친한 소그룹 친구들끼리 많은 것을 공유하고 시간을 같이 보낸다. 쇼핑, 생일파티, 공부, 프로젝트, 모임, 기타 등등.

이렇게 만들어진 소그룹에 특별히 문제가 있는 아이가 있을 경우 부모들은 긴장을 하게 된다. 이럴 경우 직접적으로 그 친구와 놀지 말라고 하거나 비난하거나 흉을 보면 아이들은 심하게 반항한다. 이 시기에는 자신과 친구를 동일시하므로 친구에 대한 부모의 반응을 자신에게 하는 반응처럼 받아들이고 반항한다. 그러므로 그 친구와 관계를 끊으라고 하는 것보다 제한을 두는 것이 좋다. 예를 들어, 그룹 내에 도벽이 있는 아이가 있다면 마켓, 쇼핑만큼은 같이 가서는 안 된다고 하는 것이다. 자녀에게 이 부분을 확실하게 약속을 받아야 한다. 실제로 우리 딸과 했던 약속이었다.

미국에서는 물건 훔치는 아이들이 의외로 많으며, 남자 아이들의 경우에는 이런 비행을 자랑하며 모방하기도 한다. 특히 캘리포니아에서는 950불 미만의 금액은 훈방 조치 하므로 아이들의 범죄를 더 키우는 경향이 있다.

부모가 권위를 잃지 않으면서 자녀를 지키기 위해서는 부모 나름의 노력과 신중함이 필요하다.

3.
자녀들에게 실망하셨습니까?

내 전공이 유아교육이다 보니 대학에서 배운 교육이론이 가끔 생각날 때가 있다. 마침 내 손에 마시멜로가 있기에 갑자기 교육이론 시간에 배웠던 것을 우리 딸에게 적용해 보고 싶다는 생각이 들었다.

내용인즉, 실험 대상은 유아이며 준비물은 마시멜로였다. 성취 의욕이 높은 아이들일수록 더 좋은 결과를 위해 참는다는(원하는 것을 위해 홀드할 수 있다) 것이었다. 기다림을 통해 더 좋은 것을 얻을 수 있음을 알게 한다는 의도의 실험이었던 것 같다.

실험 내용이 정확히 기억나지는 않지만 스탠퍼드대학 부속 유치원에서 실시한 실험이었고, 4세에서 6세의 아동에게 마시멜로를 주고 15분을 기다리면 2개를 더 주겠다는 내용이었다. 실험 결과, 15분을 기다렸다가 2개를 더 보상받은 아동은 20% 미만이었으며 후에 실험에 참가했던 아동들을 추적한 결과 15분을 기다렸던 아동은 기다리지 않은 다른 아이들보다 학업 성적이 우수했으며 사회적 성공도가 높았다는 내용이었다.

딸은 나의 말을 다 이해했으며 기다리면 2개를 더 먹을 수 있다는 말에도 "으응, 그래도 난 지금 먹을래" 하면서 마시멜로를 홀딱 집어 먹었다. 처음으로 자식에게 실망하는 순간이었다. 몇 년 후 둘째인 아들에게도 똑같은 내용으로 실험하니 아들은 의외로 "오케이" 하면서 15분을 기다렸다가 2개를 더 먹었다.

지금 결과를 돌이켜 보면 둘 다 성취도의 차이는 별로 없다. 이런 귀여운 실망도 있지만, 사실 많은 가정에서 자녀들로 인해 하늘이 무너지는 것 같은 실망과 아픔을 겪는다. 특히 미국에서는 아이들이 마약을 손쉽게 접할 수 있으므로 한국에서 청소년 시기에 속 썩이는 것하고는 차원이 다르다. 특히 마약 중독은 끊는 것이 어렵고 중독된 아이들은 범죄에 연루되기 쉽기에, 마약에 손을 댄 자녀들의 부모들은 죽을 지경에 이르기도 한다.

지금은 주변의 어린 아이들과 젊은 엄마들이 눈에 들어온다. 정말 큰 문제가 아니면(학업 성취가 낮거나, 부모 마음에 들지 않는 행동을 하거나, 약간의 문제들이 보여도) 아이에게 한 발 떨어져서 자기 자녀를 객관적으로 바라보면서 너무 심한 기대도, 실망도 하지 않았으면 좋겠다. 자녀를 키워 내는 일은 오랜 시간이 필요하다.

또한 아이들은 성장 과정 중 여러 번 바뀐다. 갑자기 철이 들기도 하고, 엉뚱한 것에 빠지기도 한다. 특히 요즘은 꼭 공부를 잘해야만 살아남는 시대도 아니다. 아이가 좋아하는 것, 잘하는 것을 지원하여 그 아이만의 유일한 삶을 살 수 있도록 해야 한다. 지금은 Number One(최고)보다는 Only One(단 하나) 특별한 나만의 것으로 유니크한 스토리가 있는 자녀들이 빛을 발하는 시기인 것 같다. 미국은 어느 대학을 가든지 입학 시 자기에 대한 에세이를 써야 하는데 유니크한 나만의 스토리, 자신을 만든 스토리가 필요하다. 그러므로 주님이 내 자녀에게 주신 달란트, 장점이 무엇인지 알기 위한 기도와 관찰이 필요하다.

자녀를 키우면서 너무 기뻐서 장밋빛 희망을 보기도 하고 어둠의 먹구름을 몇 번씩 경험할 때도 있지만 하나님께서 키우신다는 믿음을 가지고 기본에 충실하면 좋겠다.

롬 8:28 "하나님을 사랑하는 자들 곧 그분의 목적에 따라 부르심을 받은 자에게는 모든 것이 합력하여 선을 이루느니라."

자신 없으면 기도를 바꾸세요

우리는 유치원부터 8학년까지 교육 수준이 아주 높은, 미국 전체에서도 늘 5위 안에 들어가는 학군으로, 실리콘밸리 지역에서 미션 산호세 학군인 최고의 학군에서 살았다. 그 지역은 애플, 구글, 페이스북, 테슬라 등 한 번쯤 들어 봤을 만한 미국의 빅테크 기업들이 있는 지역이다. 주변 환경은 미국, 한국, 중국, 인도 할 것 없이 고학력자들과 명문대 출신들이 많았고, 그들 대부분은 컴퓨터 관련 엔지니어들이었다.

우리 아이 친구들의 부모들은 공부라면 자신 있고, 공부에 있어서는 누구에게도 지지 않는 명문대 출신들이 많았다. 자신들도 그렇게 열심히 했으니 자기 자녀들에게는 어떠할까? 두말하면 잔소리다.

난 곰곰이 생각한 후 기도를 바꿨다. "나에게 아이들을 잘 양육할 수 있도록 지혜를 주세요"가 아닌 "우리 두 아이를 하나님이 직접 키워 주세요"라는 기가 막힌 기도였다. 하나님의 지혜로, 하나님의 품 안에서, 하나님의 말씀으로, 하나님의 훈기(입김)로, 하나님의 눈동자로, 하나님의 손길로… 모든 것을 요청하는 기도였고, 기도대로 정말 하나님의 손길과 눈길이 닿지 않은 부분이 없었다.

욥 32:8 "그러나 사람 안에는 영이 있고 전능자의 영감이 그들에게 명철을 주나니."

우리 아이들에게도 "너희는 하나님이 키우셨다"라고 말하면 "그래도 밥은 엄마가 해줬잖아…" 하면서 나를 위로하고 밥해 준 수고 하나는 나에게 돌린다. 그래서 더 고맙다.

우리에게 선한 소원이 있는데 능력이 부족하다면, 우리는 하나님의 능력을 떠올리며 믿고 전폭적으로 필요함을 구해야 한다. 성령님의 도우심과 그분의 능력을 믿고, 풍성하신 은혜로 채워 주심을 구해야 한다.

엡 3:20 "이제 우리 안에서 일하시는 권능에 따라 우리가 구하거나 생각하는 모든 것 이상으로 심히 넘치도록 능히 행하실 분에게."

5.

그깟 말 때문에
평생 후회할 일 만들지 말자

아들이 4학년 때쯤 손에서 게임기를 놓지 않았다. 여러 번 야단을 쳤음에도 게임에 막 빠져들어 가고 있었다. 어느 날 저녁 아들을 제대로 잡으려고 마음을 단단히 먹고 야단을 쳤다. 그렇게 부모 말 안 듣고 너 하고 싶은 대로 하면서 살고 싶으면 나가라고 했다. 그 말을 듣고 아들은 자기 방으로 들어갔고, 나는 '오늘은 게임 안 하고 공부하겠지' 생각하며 주방에서 계속 저녁을 준비하고 있었다.

잠시 후 아들이 백팩을 메고 신발을 신고 있었다. 나는 너무도 기가 막혀 할 말을 잊은 채, 못 본 척하고 하던 일만 계속했다. 아들은 그렇게 나갔고, 5분도 채 되지 않아서 밖에 나가 보았으나 아들은 보이지 않았다. 머리가 핑 돌았다.

그때 마침 남편이 일을 마치고 들어왔다. 그간 있었던 일을 대충 듣고 아들을 찾으러 나갔다. 아들이 나간 지 15분 정도 지났지만 체감으로 느끼는 시간은 몇 시간이었다. 남편은 1시간 정도 후에 아들을 데리고 들어왔다. 아빠가 휘발유를 넣을 때 캔디, 아이스크림을 사 먹던 집 근처 주유소 문 앞에 앉아 있더란다. 아들을 데리고 햄버거를 사 먹이고 방으로 들여보내고 그날은 그렇게 지나갔다.

다음 날 무슨 생각으로 백팩을 싸서 나갔냐고 하니깐 엄마는 너무 화가 나 있었고, 엄마가 나가라고 했는데 안 나가면 엄마가 더 화낼 것 같았고, 다음 날 학교에 가려고 백팩을 가지고 나갔다고 했다.

엄마가 나가라고 했을 때 얼마나 두려웠을까! 화난 엄마를 보니 안

나갈 수도 없고, 나가자니 갈 곳도 없이 밖으로 쫓겨나와 두려움에 떨었을 아이를 생각하니 눈물이 났고 가슴이 아팠다. 엄마라는 권력을 모질게 휘둘렀다는 생각에 기가 막혔다. 또한 내 말의 의도와는 상관없이(부모가 나가라고 했어도 진짜 나가기를 원하는 부모가 어디 있겠는가?) 아이는 들은 그대로 했고, 나는 아이에게 절대 해서는 안 될 말을 했음도 알았다.

미국 교포 자녀들은 한국말의 뜻은 대강 알아도 뉘앙스까지는 파악하지 못한다("나가!"라고 했지만, 절대 나가면 안 된다는 것까지는 모른다). 미국에서 한인 자녀를 키우는 부모가 꼭 염두에 두어야 할 내용이다. 만약 그때 아이에게 변고가 생겼다면 난 평생 내 입을 찢으면서 살았어야 하지 않았을까? 아니 살 수는 있었을까? 지금 생각해도 너무 무섭다.

그 일이 있은 지 몇 개월 후, 휘발유를 넣기 위해 주유소를 갔는데 어떤 한국 엄마가 아들을 막 야단을 치고 아들이 차 밖으로 내리자마자 차를 몰고 그냥 휙 가 버리는 장면을 보았다(아마도 차에서 계속 아들을 야단쳤고 끝에는 아들이 차에서 내린 것 같았다. 그 아이는 8~9학년 정도 돼 보였다). 그날 그 아이에게서 우리 아들의 모습을 보았고 그냥 갈 수가 없었다. 휘발유를 다 넣고 그 아이에게 다가갔고 아이를 달래서 집에 데려다주었다. 아이는 집으로 들어갔고, 얼마 후 그 아이의 엄마로부터 고맙다는 전화가 왔다. 그 엄마도 나와 같은 마음이었을 것이다.

그깟 말 한마디 잘못해서 평생 후회할 일 만들지 말자.

특히 가족들에게는, 자녀에게는 더욱 조심할 것을 다짐했다.

6.
아빠와의 비밀이
늘어 가는 아이들

　나와 남편은 성격이 많이 달랐는데, 아이들 양육 문제에 있어서도 많이 달랐다. 남편은 풀어 주고 나는 매사에 원칙을 중시했다. 남편은 아이들이 좋아하는 것을 사 먹였고 난 건강에 좋은 것을 먹이려고 했다. 장난감도 남편은 아이들이 좋아하는 것을 사 줬고 난 필요한 것을 사 줬다.
　그러다 보니 아이들과 아빠와의 비밀이 늘어 가기 시작했다. 아빠가 주유소에 간다고 하면 둘 다 쪼르르 쫓아가서 캔디며 아이스크림, 소다 등을 먹고 왔다. 어느 날 입이 새파래지는 캔디를 먹었는지 입술과 입이 새파랗게 물들어 들어왔다. 그렇게 하지 말라며 남편과 다툼이 시작됐고, 일관성이 있어야 교육의 효과가 있지 서로 다른 가르침을 주면 아이들에게 혼란이 생긴다고 했다. 남편은 모른 척하라고 한다. 그 나이 때는 먹지 말라고, 못 먹게 하면 더 먹고 싶단다. 나는 도리어 설득을 당해서 눈감아 주기로 하고 대신 양치질에 대한 당부를 했다. 내가 설득 당한 이유는 남편의 말이 맞기도 하지만 기억이 하나 떠올랐기 때문이었다.
　몇 년 전, 내가 미국에서 프리스쿨 교사로 일할 때 같이 근무했던 교사가 있었다. 그 교사에게는 두 아들이 있었고 그 교사는 너무 하다 싶을 정도로 건강에 과민한 사람이었다. 마켓에서 사 놨던 음식이 유효기간이 며칠 남아 있어도 다 버렸고 아들들에게 스낵, 캔디, 소다 등은 먹어서는 안 되는 음식이라고 했다. 어느 날 그 교사의 아들이 다니는 초등학교 미국인 교장이 그 교사의 아들을 데리고 우리 프리스쿨을 찾아왔다. 그때만 해도 휴대폰이 없던 시절이었다. 교장 말인즉, 교사 아들이 반 아이들 런치박스를 뒤져서 스낵을 꺼내 먹었고 이 일이 여러 번 반복되어 통보와 주의를 주려고 왔다는 것이었다.

아이들이 가져오는 스낵이 얼마나 먹고 싶었을까? 우리도 어렸을 때 학교 앞 문방구에 쌓여 있던 불량식품이 얼마나 유혹적이었는가? 우리는 아이들이 원하는 것을 어느 정도는 그냥 먹이라고, 괜찮다고, 어쩌겠냐고 그 교사를 위로했다.

그 일이 떠올라서 그렇게 하기로 마음먹었고, 우리 아이들은 내 묵인 하에 아빠와의 비밀이 쌓여 가고 있었다. 후에도 우리는 비슷한 훈육의 문제에서 나는 단호하게, 남편은 좀 보아 가며 풀어 주는 역할을 하였다. 둘 다 단호했다면 어디선가 다른 문제가 터졌을 수도 있다. 남편의 풀어 주는 역할로 인해 아이들에게 아빠는 천사의 이미지로 아직도 나보다 인기가 좋다.

성인이 된 딸이 얼마 전에 동생과 함께 시간을 보내면서 이야기했는데, 자기네가 둘 다 결혼해서 가정을 가지면 아이 양육을 엄마, 아빠에게 맡길 건지를 대화했는데 둘 다 "NO"였단다. 나는 그 충격적인 말에 놀랐다.

이유인즉, 엄마는 가끔 화를 내서 아이들 교육에 안 좋을 것 같고 (부모가 얼마나 여러 번을 참다가 마지막에 화를 내는 것인지를 모르고 있다니), 아빠는 우리에게 했던 것처럼 정크푸드를 사 먹이지 말아 달라고 해도 괜찮다고 하면서 몰래 다 사 먹일 것 같다고 했다.

부모의 깊은 뜻을, 너희가 어찌 알겠니?

7.
끊자, 끊는 것이 답이다

나는 어려서부터 신앙생활을 해 왔고, 결혼도 같은 믿음 안에서 해야 한다고 생각했다. 믿음을 가진 목회자 가정에서 자란 사람과 만났지만 약간 수상쩍었다. 그 수상쩍음에도 확인하지 않았고 그냥 결혼을 진행했다. 그로 인한 결과로 결혼 초부터 내 삶이 흔들리기 시작했다.

아이가 어리고 두 명이다 보니 남편 도움 없이 교회 가는 일이 쉽지 않았고, 주일성수를 성도의 의무로 지키지 않는 남편과 싸움이 잦아졌으며, 이런 상태를 계속 유지할 수 없다고 생각하고는 결단을 내릴 수밖에 없었다. '남편과 묶인 줄을 끊자'였다. 그때 딸은 2학년(7살), 아들은 프리킨더(4살)였다. 그때부터 남편에게 "교회 가고 싶으면 가고, 가기 싫으면 맘대로 해라. 이제부터는 우리 셋이서 다니겠다"라고 말하고는 남편과 교회에 같이 다니는 것을 포기했다.

어느 날 이런 생각이 들었다. 우리 셋은 책상 위에 있고 남편은 책상 아래에 있는데 끈이 연결되어 있다면 세 명을 아래로 끌어내리는 일이 얼마나 쉬울까? 한 번 잡아당기기만 해도 끌려서 훅 떨어질 것이다. 반면 위에서 세 명이 밑에 있는 한 명을 끌어올리는 일은 거의 불가능할 것이다. 같이 어둠에서 허우적거릴 수밖에 없으니 끊자, 끊는 것이 답이라는 생각이 들었다.

아이들은 어렸고 그때 하나님 말씀을 가르치는 것은 평생을 좌우할 일이었다. 그 시기를 놓쳤다면 지금 어떻게 됐을까? 그 시간을 놓치고 싶지 않아 잠시 남편을 놓아 주기로 했다.

잠 23:12-14 "네 마음을 훈계에 기울이며 네 귀를 지식의 말씀들에 기울이라. 아이를 바로잡는 것을 금하지 말라. 네가 그를 회초리로 때릴지라도 그가 죽지 아니하리라. 너는 그를 회초리로 때려서 그의 혼을 지옥에서 건질지니라."

아이들이 부모 무릎에서 배워야 할 시기가 그렇게 길지 않다. 자녀들이 커 갈수록 부모의 영향력은 줄어들고 학교와 사회와 친구들 사이에서 얻어지는 바람직하지만은 않은 경험과 정보로 그들의 삶이 채워지기 때문이다. 가족이라고 모든 것을 함께 공유할 수는 없지 않은가?
필요하다면, 잠시 서로를 위해 놓아주자.

8.
늦을지언정
아침 식사는 꼭 먹자

　아이들을 키우면서 꼭 지키려고 노력했던 것 중의 하나가 아침 식사를 충분히 먹여서 학교에 보내는 것이었다. 아침에 일어나서 물을 한 컵 마시고 식사와 사과를 먹이려고 노력했다. 이것이 건강상 꼭 좋은 것인지 아닌지는 몰라도 그냥 루틴대로 움직이게 했다.

　아이들은 늦게 일어나거나 준비가 늦어져서 아침 식사 시간이 모자라도, 늦더라도 꼭 먹고 가야 하는 줄 알 정도였다. 아침 등굣길에 차 안에서 먹였던 적도 여러 번 있었다. 이것이 습관이 되어 아직도 우리 아이들은 아침 식사를 꼭 한다.

　우리 딸이 대학 1학년을 마치고 교환학생으로 중국 칭화대학에 1년간 유학을 다녀왔다. 그때 같이 지낸 룸메이트가 자기는 아침을 안 먹는데 우리 딸은 아침마다 찌개를 끓이고 계란 프라이를 하고 야채에 사과까지 다 챙겨 먹는 것을 보고 놀랐다고 한다. 우리 딸도 아침을 안 먹는 사람이 의외로 많이 있는 것을 보고 역시 놀랐단다.

　지금도 직장 때문에 타 주에서 혼자 살지만 아침은 여전히 잘 챙겨 먹고 다닌다고 한다. 여전히 잘 먹는 우리 집 먹순이, 우리 딸이 사랑스럽다. 체력은 국력!

9.
내 양심을 위하여

우리 딸이 하이스쿨 때 나에게 한 가지를 물어 왔다. 학교 선배 블로그에 학교에서 그동안 AP 과목에 출제됐던 문제들이 나와 있어서 친구들이 미리 보고 시험을 준비하는데 자기도 봐도 되느냐는 것이었다. 보자니 뭔가 옳지 못한 일이라고 생각됐던 것 같고, 안 보자니 다른 친구들은 보는데 자신만 손해나는 일인 것 같고, 공부해야 하는 범위도 너무 많아서 상당히 고민을 했던 것 같다.

엄마에게서 "너도 봐, 봐도 괜찮아. 다른 아이들도 본다며. 성적이 얼마나 중요한데!" 이런 소리를 들으면 갈등 없이 볼 것 같았다.

나는 두 가지를 말해 주었다.

첫째, 교사가 문제를 오픈하지 않았는데 몰래 다른 방법으로 문제를 먼저 보는 것은 분명히 속임수(cheating)다. 둘째, '보고 싶으면 너도 봐, 하이스쿨 성적만 중요하다면. 그런데 너의 나머지 인생에서도 하나님의 도우심이 계속적으로 필요하다면 보지 않는 것이 답이다. 하나님은 거짓을 행하는 너에게 속지 않으신다'라고 했다.

그 과목은 AP HISTORY였고, 시험 결과로 B+를 받아왔다. 그 후에 그것을 봤는지, 안 봤는지에 대해서는 물어 보지 않았다. 나의 양심을 위해서였다. 만약 봤다고 한다면 너무 화가 나고 실망할 것 같았다. 그 여부와 상관없이 "No pain, No gain"(고통 없이는 얻는 게 없다)인 것을 어린 시절부터 근실히 가르치고 싶다.

10.
빡센 교사와 느슨한 교사가 있다

　같은 학교 선생님들 간에도 서로 많은 차이가 있다. 숙제를 많이 내고 공부를 많이 시키는 교사와 그렇지 않은 교사가 있다. 우리 딸의 경우는 대체적으로 많이 시키는 빡센 교사를 만났고 우리 아들의 경우에는 반대였다. 부모 입장에서는 빡센 교사가 좋다.
　미국 전체 평가, 주 전체 평가 등이 나오면서 전체에서 차지하는 아이의 성적이 같이 나오므로('전체 100% 중에 ○○%에 속함' 이런 식으로 평가가 되어 나온다. 영어, 수학, 과학 등 과목별로 미국 전체, 주 전체로 매년 평가했다) 빡세지 않은 교사를 만나면 집에서 보충 학습을 해줘야 하니 신경을 더 써야 했다.
　그런데 한가한 인생이 있는 것 같다. 우리 아들은 계속 느슨한 교사와 학교를 만나기만 했다(미국은 지역, 학교에 따라서 수준 차이가 정말 심하다). 나는 걱정이 안 될 수가 없었다. 가뜩이나 성격도 느긋하고 평화주의자인데 외부의 압박조차 없으니 걱정이었다.
　아들은 하이스쿨 졸업 후 군대에 관심을 보였다. 대학을 다니면서 할 수 있는 파트타임으로 군대를 가겠다고 했다. 나는 하는 수 없어서 해외 파병 없는 내셔널 가드, 국토 안보부 소속 정도만 허락하였다. 나중에 알고 보니 내셔널 가드도 해외 파병이 있었다.
　대학을 다니면서 파트타임으로 군대를 지원하자, 아들의 인생이 비로소 빡세지기 시작했다. 한 달에 한 번 토요일 아침에 군대에 들어갔다가 일요일 오후쯤 돌아왔으며, 어떤 달에는 학교 시험과 훈련이 겹쳐 애를 먹기도 하고, 어떤 때는 밤새 10시간씩 그레이 하운드 버스를 타고 새벽에 내려서 바로 군대 훈련에 들어가기도 했다. (북가주 산호세에서부터 남가주 오렌지카운티까지) 봄방학과 여름방학 때에는 2~3주씩 훈련과 군대 보직을 위해 공부를 시켰다. 아들은 컴퓨터 관련된 보직을 택했다. 후에 군대에서 공부한 것으로 대학 졸업 후 IT 회사에서 일하게 됐다. Political Science(정치학)보다 IT가 더 좋다고 한다.

대학에서의 생활과 군대에서의 생활로 인해 아들은 인생 중 가장 바쁜 시간을 보냈고, 나름대로 대학을 다니면서도 군대의 혜택으로 빚 없이 UC Berkeley(캘리포니아대학교 버클리)를 졸업하였다. 현재에도 회사를 다니며 군대를 7년째 병행하고 있다.

인생 전체에서 빡센 시기도, 한가한 시기도 있는 것 같다. 평생을 매일 달리기만 하고 어떻게 살겠는가, 걷기도 해야지! 그러나 현대를 살다 보면 달리기를 잠시만 멈춰도 불안하니 걱정이다. 어릴 때 안 뛰면 출발부터 늦은 것 같고, 청년 되어서 걸으면 뒤처질 것 같고, 장년기에 안 뛰면 인생 낙오자가 될 것 같고, 노년기에 안 뛰면 마지막 결승선에 도착을 못할 것 같고…, 아들이 어린 시절이나마 잠시 뛰지 않고 걸었던 것이 지금은 오히려 다행으로 여겨진다.

오늘도 달리기에 매진해야 하는 인생에 걸으라는 말은 못하겠고 "물 한 병 마시고 뛰어!" 하며 위로를 보낸다.

11.
딸의 말에 귀를 기울여 주지 않은 일을 후회했다

우리 딸이 2학년부터 6학년까지 다니던 교회가 있었다. 그 교회의 주일학교는 매우 만족스러웠으며 믿을 수 있었다. 그런데 4학년 때쯤부터 문제가 생기기 시작했다. 깨진 다른 교회에서 몇 가정이 우리가 다니던 교회로 옮겨 왔고 그 가정의 아이들은 연령이 비슷하여 우리 딸과 같은 그룹에 소속되었다. 힘을 합친 3명의(아이들도 여러 명이 모이니깐 파워가 형성되었다) 아이들이 들어오면서 그룹이 형성되어 있지 않았던 기존 아이들은 이 3명에 의해 놀림감이 되었고, 견디지 못하고 한 명씩 교회를 떠났으며, 이 일은 주일학교에서도 문제가 되었다.

교육전도사는 새로 온 아이들을 혼도 내고 달래도 보며 여러 번 노력을 했지만 아이들은 고쳐지지 않았고 그들의 부모 역시 자신의 아이들을 두둔할 뿐 전혀 심각성을 알지 못했다. 우리 딸은 점점 교회 가는 것을 무서워했고, 주일이 되면 머리가 아프다, 배가 아프다고 핑계를 댔다. 실제로 멀쩡하다가도 토요일 저녁부터는 열이 나기 시작했다.

나는 "○○ 같은 아이는 어딜 가든지 있어. 그럴 때마다 학교 옮기고 교회 옮기고 그럴거냐?"면서 그들을 이기라고 했다. 그러면서 3단계로 대처하라고 가르쳤다.

1. 그들과 어울리지 말라(나쁜 것은 좋은 것보다 더 빨리 배우기 때문).
2. 그들이 다가오면 피하라.
3. 피할 수 없어서 부딪치게 되면 이겨라(악에게 지면 안 된다고 가르쳤다).

난, 우리 딸을 너무도 잘 모르고 있었다. 이기기는커녕 입도 뻥긋 못하고 있었다.

잠 4:14-15 "사악한 자들의 행로로 다니지 말며 악한 자들의 길로 다니지 말지어다. 그것을 피하고 그 곁으로 지나가지 말며 거기서 돌이켜 떠나갈지어다."

6학년 여름성경학교 마지막 날, 부모들을 초청하여 배운 것을 발표하기 위해 모두가 앞에 나와서 줄을 섰고 그때 우리 딸과 ○○는 같은 학년이어서 나란히 줄을 섰다. 앞에서 선생님이 줄을 맞추려고 우리 딸보고 ○○ 옆으로 바짝 다가가라고 하자, ○○는 눈을 흘겼고, 우리 딸은 가지도 오지도 못하고 얼굴이 빨개져서 얼어붙어 있었다. 나는 우리 딸의 말에 너무도 귀를 기울여 주지 않았음을 후회했고 5년간 다니던 교회를 옮겨야 했다.

딸은 새로 옮긴 교회에서 적응을 했으나 이제는 내가 문제였다. 그때 우리 딸이 나에게 "엄마, ○○ 같은 사람은 어디에나 있다며! 그럴 때마다 교회 옮기고, 학교 옮길 수 없다며"라고 했고, 나는 아이 앞에서 내가 한 말들을 책임져야만 했다. 우리 딸은 대학 다닐 때도 종종 그 아이들의 꿈을 꾸었고 일어나서는 너무 무서웠다고 했다. 아주 심각하지는 않았지만 언어적 학폭과 같은 트라우마가 생긴 것 같았다.

사실 아이들이 학교, 친구 사이에서 일어나는 많은 일을 부모에게 입도 뻥긋 못할 때가 많다. 때로는 엄마, 아빠가 걱정할까 봐, 또는 실망시킬까 봐, 때로는 부모가 자신을 이해하지 못할까 봐, 아이들은 처음에 약간 말을 흘리고 반응을 보기도 한다. 부모가 일방적으로 대수롭지 않다는 식으로 스스로 처방하지 않기를 바란다. 아이들의 말에 귀를 기울이고 작은 일이 큰일이 되지 않도록 주의를 기울여야 한다.

12.
엄마 친구들이
제일 무서워

　미국에 살면서 영어와 한국어를 둘 다 잘하기가 쉽지 않다. 아이가, 어려서는 한국말을 곧잘 하다가도 일단 초등학교에 들어가면 한국어를 사용하지 않고 영어만 사용하려고 하고, 부모하고도 영어를 사용하려고 한다. 이때 부모가 어중되게 하면서 아이와 어설프게 영어로 대화하려고 하면 실패한다. 저학년 때는 서로 쉬운 영어로 어느 정도 의사소통이 되어도, 아이들은 시간이 지날수록 영어가 폭발적으로 늘어나고 아이들의 영어를 부모가 따라가지 못하므로 어쩔 수 없이 서로 소통이 불가해지기 때문이다. 나중에는 대화가 되지 않아서 서로에게 다가가지 못하고 한집에서도 이방인처럼 살게 된다. 심한 경우 형제자매끼리는 영어를 사용하니 문제가 없지만 부모하고는 전혀 대화가 되지 않아서 남처럼 되어 버리기도 한다.

　하이스쿨에 다니는 남매를 두고 있는 교인이 있었다. 자녀들은 둘이서 영어를 사용하고 있었다. 부모와 서로 말다툼이 일어났는데 부모는 말로는 안 되니 약간의 폭력을 사용하였다고 한다. 그 과정 중에 자녀들이 경찰을 불러서 해결하고는 부모가 자신들에게 가까이 올 수 없도록 접근 금지를 시켰다는 말도 들었다. 이럴 경우 미국은 무조건 아이들 편이며, 부모는 가해자가 되기도 하고 자녀들을 정부에 뺏겨서 영영 헤어지기도 한다.

　서로를 이해하려고 해도 말이 통하지 않아 이해할 수 있는 공통의 언어가 없으니 답답할 노릇이고, 언어 불통은 천륜인 부모와 자식의 관계를 단절시키기도 한다. 그러므로 아이에게 맞추려 하지 말고 아이를 부모에게 맞추도록 하는 게 맞다. 부모는 오히려 한국어를 정확하고 완전한 문장으로 대화해 줌으로써 아이가 완전한 이중 언어를 할 수 있도록, 사회에 나가서도 더욱 경쟁력 있는 인재로 키워야 한다. 우리 가정은 처음부터 한국어를 사용했고 부모하고의 모든 대화는 무조건 한국어를 쓰도록 했지만 아이들끼리는 서로 영어를 사용했다. 그럼에도 두 아이 간에 차이가 생겼다.

우리 딸은 우리와 함께 한국 방송을 주말에 2~3편씩 보면서 일상 대화를 비롯해 어지간한 한국어는 완벽하게 구사했다. 그 당시 〈대장금〉, 〈허준〉 등의 인기 드라마가 유행하고 있었고, 한류 드라마의 인기로 인해 중국계 친구들이 많은 학교에서 우리 딸은 더욱 인기가 많았다고 한다.

그러나 아들은 한국 방송에는 처음부터 관심이 없었으며, 일상적인 대화는 가능했지만 한국말로 설명해야 한다거나 말이 길어지면 어려워했다. 아들은 지금도 엄마 친구들이 제일 무섭다고 한다. 갑자기 자기에게 다가와서 막 한국말을 시킨다는 것이다.

초등학교 방학 때에는 늘 시편을 한글로 쓰고 읽도록 숙제를 주었고, 한글로 성경책을 익숙하게(빨리) 읽는 연습도 시켰으며, 8학년부터는 시편을 영어로 쓰도록 숙제를 주었다. 이유는 하나님의 말씀이기도 하지만 눈에 그려지는 아름다운 시였으므로 시적인 표현을 배우게 하고 싶어서였다.

후에 킹제임스 성경을 읽는 학부모에게, 아이들이 어릴 때부터 킹제임스 성경을 읽게 했더니 하이스쿨에서 고전을 배울 때 너무 쉽게 느꼈다는 말을 듣기도 했다. 1600년대 엘리자베스 1세 여왕부터 제임스 왕까지 영국 문화의 절정 시기에 출판된 영어 성경이니(1611년), 나도 진작 알았다면 어려서부터 킹제임스 성경을 읽게 했을 것이다.

13.
할 수 있겠니?

우리 딸은 대학에서 교육학을 전공했다. 오바마 정부 때였고, 대학 입학 때는 동성 결혼이 합법이 아니었는데 졸업하는 해에는 동성 결혼이 합법이 되었다. 합법이 되었다는 것은 교사들이 정식 교육 과정으로도 다뤄야 한다는 것으로, 이에 대한 부담이 있었다.

우리는 대학 졸업 후 교직으로 나가려고 했지만 어떻게 할지 정말 고민을 많이 했고, 서로의 의견이 오랜 시간 오고갔다. 보수적으로 그 부분에 대해 아이들에게 온건한 태도로 접근할 수 있지 않을까, 이런 생각도 해 보았지만 캘리포니아주가 자유분방하고 좌파 성향이 강하고 그런 문제에 대해 정책적으로 빠르고 민감한 편이었기에 딸은 자신 없어 했고, 주 교육지침을 따르지 않고 교사 개인의 양심과 신앙을 지키기는 불가능해 보였다.

최종적으로 물었다. "할 수 있겠니?" 딸의 대답은 "엄마, 못할 것 같아요"였다. "그럼 됐다! 미련 두지 말고 다른 길을 찾자."

크리스천이 하나님의 말씀을 외면하고 동성애, 트랜스젠더, 동성 결혼 등을 어린 학생들에게 어떻게 설명하겠는가? 그것을 어떻게 멋있는 일로 포장하여 가르칠 수 있겠는가? 아니면 또 다른 라이프스타일이라며 받아들이라고 하겠는가?

하나님의 말씀 앞에서 우리는 결단할 수밖에 없었고, 다 준비된 교사의 길을 포기했을 때 하나님은 생각지 않았던 대학원의 길을 열어 주셨다. 우리는 조금의 후회나 미련도 없었다.

나는 자녀들에게 앞으로도 말씀과 현실이 부딪칠 때는 말씀이 답이라고 가르칠 것이다. 언제인지는 기억이 나지 않지만 진화론을 배웠을 때에도 나에게 딸이 물었던 기억이 있다. 나는 그때도 성경대로 답을 쓰고 답을 틀려 와도 된다고 했던 기억이 난다. 초·중·고 시절 시험 몇 번 잘못 봤다고 인생에 무슨 큰 영향이 있겠는가! 그러나 성경의 가르침대로 답을 써야 한다는 경험은 그 아이에게 다른 어떤 순간이 와도 같은 선택을 할 수 있을 용기를 주는 일이다. 또 다시 그런 상황이 생겼을 때에도 나는 망설이지 않고 불이익을 감당하라고 가르칠 것이다.

동성애를 지지하고, 동성 결혼을 합법화하고, 성전환을 지지하고, 남녀의 구별을 모호하게 하는 미국의 다음 선택은 불을 보듯 뻔하다. 아마도 소아성애도, 수간도, 근친상간도 통과되는 21세기의 소돔과 고모라의 땅이 될 것 같다.

난 미국이 성경의 가치관을 바탕으로 세워진 건국 이념으로 다시 돌아가서 자녀 키우기에 안전한 국가가 되기를 바란다.

14.

이머전시,
비상사태에 대비하여

우리가 편안할 때 잘하던 것도 비상사태가 생기면 당황하여 늘 하던 일도 잊어버릴 때가 많다. 그래서 직장에서는 비상사태에 대비하여 매뉴얼 대로만 하도록 훈련한다. 나도 우리 아이들에게 영적 매뉴얼을 알려 줘야겠다는 생각에 위기 시 생각날 수 있도록 수시로 몇 가지를 반복적으로 알려 주고 물어 보기도 한다.

영적 매뉴얼의 유익은 급할 때 생각난다는 것이다.

1. 유혹은 피한다: '견딘다'가 아니다(요셉의 경우).
2. 마귀는 대적한다.
3. 고난은 견딘다: 피하지 말라.
4. 어려울수록 감사하자: 그러니까 감사, 그럴수록 감사, 그것까지 감사.
5. 감사는 고난을 빨리 벗어나게 한다.
6. 성경으로 돌아가자.
7. 기본으로 돌아가자.

어려움이 닥칠 때 피할 길을 생각하지 말고 주의 증언(주의 말씀, 주의 약속)들을 기억하자.

1. 주 네 하나님을 기억하고, 하나님이 어떤 분이신지?

2. 그분이 나에게 행한 일을 기억하고, 나를 지금까지 어떻게 인도하셨나?
3. 그분이 하신 말씀들을 기억하자.

시 105:4-5 "주와 그분의 능력을 구할지어다. 항상 그분의 얼굴을 구할지어다. 그분께서 행하신 그분의 놀라운 일들과 그분의 이적들과 그분의 입의 판단의 법도를 기억할지어다."

15.
아들에게 렌트비를 받으니, 말해 뭐해!

아들이 대학을 졸업하고 직장에서 일을 시작했다. 학생 때에는 헌금에 대해서 한 번도 언급하지 않았다. 어차피 부모에 의해 유지되는 헌금이었으므로. 그러나 이제는 돈을 벌기 시작하니 가르쳐야겠다고 생각했다.

첫 직장, 첫 소득이 생겨 엄마가 해줄 말이 있다고 하니 재정 관리를 말하느냐고 묻는다. "아니, 헌금"이라고 말하고는 '그동안은 부모가 하나님께 드리고 하나님으로부터 은혜와 많은 필요를 채움 받았지만 이제부터는 스스로 하나님께 먼저 드리고 필요를 채움 받고 복을 받으라'고 했다.

> **고후 9:6** "인색하게 뿌리는 자는 또한 인색하게 거둘 것이요, 풍성하게 뿌리는 자는 또한 풍성하게 거두리라."
> **고후 9:7** "저마다 자기 마음속에 정한 대로 낼 것이요."
> **고후 9:8** "너희가 항상 모든 일에서 모든 것이 넉넉하여 모든 선한 일을 풍성히 하게 하려 하심이라."

코비드19로 인해 교회 출석을 못하니 헌금도 못하고 있었다. 그래서 선교사를 지정하여 선교헌금부터 시작하자고 했다. 하나님이 주신 능력을, 물질을 감사하며 자원해서 기쁘게 드리라고 했다. 아들은 첫 소득부터 벤모(venmo)를 통해 매달 선교헌금을 보내고 있다.

나는 자녀들이 듣든지 아니 듣든지 부모로서 가르쳐야 하는 것을 부지런히 가르쳐야 한다고 생각한다. 자녀가 듣고 순종하면 복되지 않겠는가! 아직까지는 다행히도 부모 말에 토를 달거나 거역하지는 않는다.

그리고 아들에게 헌금과 함께, 학생 때는 생각할 필요가 없었지만 졸업하고 직장을 다니니 이제부터는 생활비도 엄마에게 줘야 한다고 했다. 아들에게서 벤모를 통해 취직한 첫 달부터 생활비가 들어왔다. 내용에는 방값(room rent)으로 써 있었다. 나는 웃음이 났다. 졸지에 난 아들에게 렌트비 받는 하숙집 주인이 되어 있었다.

받은 이후부터는 더욱 전심을 다해 (의무를 포함하여) 불편함이 없도록 신경을 쓰고 있다. 식사, 런치박스, 방 청소, 셔츠 다림질까지.

남편은 아들한테 렌트비를 받으니 그렇게 좋으냐고 한다. 말해 뭐해…! 그러자 남편이 나도 평생 벌어다 줬으니 나한테도 아들에게 하는 것 그 반만 하길 바란다고 한다.

16.
자식은 자식대로
자기 혼자 큰 것같이 말하고

가까운 지인들 이야기를 듣다 보면 의외로 자식들에게 죄책감이 있는 사람을 여럿 본다. 내가 자식에게 잘 못해 줘서 자식이 잘못된 것이다, 자기 책임이라며 그렇게 최선을 다해 놓고도 미안하다는 것이다. 부모 노릇을 못 해서, 돈을 많이 못 벌어다 줘서 그렇게 됐다는 것이다. 아이들은 미안해하는 부모들을 안쓰러워하거나 부모에게 감사하지 않았다. 오히려 모든 책임을 부모에게 돌리는 것을 당연하게 여긴다.

나는 깨달았다. 미안할지언정 자식들 앞에서는 미안해하지 말자고. 우리 부부는 아이들에게 좀 당당해지고 좀 뻔뻔해지자고 했다. 오랜만에 의견이 일치했다. 더 나아가 효도도 강조했다. 보이지 않는 하나님 섬기는 것을, 보이는 부모를 섬김으로 배우는 것이라고 했다.

부모를 공경하면 땅에서 잘되고 장수한다고 하나님의 약속이라고 그랬더니 우리 딸의 확인이 바로 들어왔다. 엄마는 할머니들에게 어떻게 했는지 말해 보란다. 시어머니와는 조용히 살았으므로 넘어갈 수 있지만 친정엄마하고는 갈등이 몇 번 있었고 딸도 알고 있어서 그냥 넘어갈 수가 없었다.

나는 딸에게 그 중요한 하나님의 약속을 엄마는 50대에 비로소 깨달은 미련한 사람이니, 너는 20대에 깨닫고 지혜롭게 20대부터 부모를 공경하며 하나님께 복 받으면 더 좋은 거다, 그러니 20대부터 부모를 공경하고 복 받는 비결을 터득하라고 했다.

사실이었다. 엄마가 미국에서 가까이 살 때는 고집 피우고 말 안 듣다가 한국으로 돌아가신 후에야 깨달았다. 더 잘해 드릴걸… 후회가 되었고 후회를 만회하기 위해 한국으로 매달 용돈을 보내 드린다.

나는 주변에 있는 여러 유형의 부모들을 보면서 '어려서부터 자녀와의 관계 설정을 어떻게 할 것인가'에 대해 부모들이 생각해 보았으면 좋겠다. 자식 교육을 돈으로 보상해 줌으로 부모의 책임을 다했다고 스스로 위로하는 부모도 보았고, 자식의 도전적인 말투가 감당이 안 돼 말도 못 하고 참으며 기죽어서 사는 부모도 보았다.

공부에 목숨을 걸게 하고 공부만 잘하면 모든 것을 넘어가는, 욕을 하든 거짓말을 하든 누구를 때리든, 명문대만 들어가면 무조건 오케이인 부모들도 보았다. 특히 한국 부모들의 유형이다. 자식을 쥐잡듯이 잡고 부모의 아바타로 키우려는 부모의 자녀들과의 관계도 보았다.

부모와 자식은 어떻게 소통하고 어떤 부분에 가치를 둘 것인가를 생각하고 서로의 지향점을 찾아야 한다. 자식이 하루 아침에 다 크지 않듯이, 자녀와의 관계가 뭔가 석연치 않다면 오늘부터라도 조금씩 올바른 방향으로 바꾸려고 노력을 해야 한다. 자식이 부모의 무릎에서 떠나기 전에, 아직 어려서 바로잡을 기회가 있을 때 해야 한다. 18세가 넘어 집을 떠나면 그때는 다시 잡을 수도 없다. 아이들이 하이스쿨 때까지는 부모의 통제에 있지만 대학 가서 멀리 타 주에 있게 되면 자녀의 얼굴을 보는 것도 1년에 1~2번으로 쉽지 않다.

자녀들은 이미 재정적인 부분도 독립적으로 운영을 한다. 학비, 생활비, 용돈까지… 자녀들 대부분이 학비 대출을 받고 파트타임으로 일을 하면서 생활하므로 부모가 자녀의 사생활에 간섭할 수가 없다.

대학 때 부모 품을 떠난 이후 다시 돌아가지 않고 남처럼 사는 자녀들도 많다고 한다. 그때부터는 가족, 자식이 아닌 교포라고 우스갯

소리들을 한다.

  미국에서 근 30년 가까이 살면서 많이 보았다. 미국에 와서 뿌리를 내리기 위해 발버둥치며 부모 모두 나가서 일하다 보면 어느새 자식들이 훌쩍 커서 자식 교육을 해야 할 때를 놓치고, 자식들은 자식들대로 혼자 큰 것같이 말한다. 그도 그럴 것이 아이들은 아이들대로 부모가 경험하지 않은 다른 문화와 언어 속에서 일어나는 일을 부모에게 미주알고주알 말해 봐도 부모가 이해하지 못하므로 혼자 해결하고 혼자 결정한다. 사회적으로 성공을 했든 못 했든 상관없이 부모에게 자녀는 아픈 손가락이다. 지금도 내가 잘해 주지 못했던 기억만 나고 짠하다. 서로가 서로를 불쌍히 여겨야 할 것 같다.

17.
문제 있는 것 아니냐!

나는 크리스천으로서 자녀들에게 크리스천의 행동 지침이 아닌 성경적인 가치관을 심어 주려고 노력했다. 무슨 일이든지 마음과 함께 하지 않는 것은 의미가 없다고 생각한다. 하나님께서도 이스라엘 백성들이 마음 없이 의식 행위에만 열중하는 것에 늘 경고를 주셨다. 그러려면 하나님이 어떤 분인지 아는 것이 중요하다고 생각한다. 나는 아이들에게 주일 성수, 헌금, 봉사하라고 강요하거나 말하지 않았다. 스스로 하나님 앞에서 한 인격체로 서서 영혼의 자유를 누리고, 옳고 그름을 판단하며 하나님 자녀로서의 걸맞는 삶을 살기를 원했다.

몇 년 전쯤 딸이 전화로 질문을 했다. 혼전 순결을 포함하여 성적 도덕성에 관한 크리스천의 태도에 대해 엄마의 생각을 듣고 싶다고 한다.

먼저, 하나님은 거룩하시니 너희도 거룩하라는 성경 말씀을 인용했다. 거룩은 '구별되다'이므로 너희도 구별됐다고, 구별됐음은 세상과의 구별이므로, 세상에서 살아도 세상의 가치관을 따라 사는 것이 아니라 성경의 가치관을 따라서 살아야 한다고 했다.

살전 4:3 "하나님의 뜻은 이것이니 곧 너희가 거룩히 구별되는 것이라 너희는 음행을 삼가고."

세상이 뭔 짓을 해도, 주변이 뭔 짓을 해도 하나님의 자녀로 자신을 스스로 구별시켜야 한다고 했다. 신약 성도들에게 율법의 모든 속박은 벗겨 줬지만 3가지는 지키라고 했다.

행 15:29 "우상들에게 바친 음식과 피와 목매어 죽인 것과 음행을 너희가 멀리할지니라."

음행을 멀리하라, 잠자리를 더럽히지 말라, 성경에서 음행은 중요시 다루는 문제라고 말해 주었다. 딸은 알고 있다며 엄마 말을 통해 위로 받고, 확인하고 싶었다고 했다.

세상은 말씀대로 사는 사람들을 조롱한다.

"너, 아직도 경험이 없니?"

"문제 있는 것 아니냐?"

난 음란과 창녀 문화의 세상 속에서 조롱받고 사는 우리의 자녀들을 하나님께 맡긴다. 그리고 돌보실 것을 믿는다.

18.
일어나선 안 되는 일은 일어나지 않도록

얼마 전 일이다. 타 주에 살고 있는 친척이 자신의 딸이 캘리포니아에서 일을 구하려고 하니 구할 때까지 우리집에 있으면 안 되겠냐는 것이다. 흔쾌히 허락을 했고 그들이 도착했다.

미국에서 출생한 그 친척의 딸은 생각보다 많은 문제를 가지고 있었다. 20대 초반에 이미 결혼과 이혼을 했으며 담배와 섹스 중독이었다. 섹스 중독인 것을 아는 데는 시간이 걸리지 않았다. 도착한 그날 사고를 쳤고, 그 엄마의 말이 그러했으니깐….

나는 멘붕이 왔고, 해결을 해야 했다. 친척 아이는 우리 아들과 동갑이었고, 나란히 붙은 옆방을 사용하고 있었다. 갑자기 두려움이 솟구쳐서 잠을 잘 수 없었고, 그날 밤 나는 거실에서 불을 켜고 두 방문이 보이는 소파에 앉아 밤을 세웠다. 다음 날 친척에게 미안하다고 솔직하게 이야기했고, 그들은 3일 만에 이사를 나갔다.

나는 생각을 해 봤다. 내가 너무했나? 어떤 문제가 생겼을 때 해결하고 깨끗하게 봉합되는 문제들도 있지만 평생 해결이 안 되고 짐을 지고 상처를 안고 살아가야 하는 문제도 있다. 그중에 하나가 성적인 문제라고 생각한다.

난 나의 자녀를 아끼고 싶다.

쓸데없는 일에 인생을 소모하지 않게.

일어나선 안 되는 일은 일어나지 않도록 해야 한다.

19.

좋아하는 사람 만나서
좋아하는 일 하면서 살아라

딸이 결혼을 위한 기도를 부탁했다. 성경에서는 불신자와의 결혼을 제외하고는 특별히 제한을 두지 않은 것 같다. 그러나 주님은 우리에게 지성과 감정을 주셨기에 좋은 것과 그렇지 않은 것에 대한 결정은 본인 스스로 감정과 분별력을 발휘하여 잘 찾아야 할 것 같다.

두 아이에게 개인적인 바람은, 하나님을 두려워하고 가정을 중히 여기며 자기 일에 능력 있는 배우자들을 찾아왔으면 좋겠다.

딸에게 한마디 한다. "좋아하는 사람 만나서, 좋아하는 일 하면서 살아." 그게 행복이 아닐까? 배우자와 직업은 보통의 경우 50~60년의 시간을 같이하는, 거의 평생을 위한 선택이기 때문이다. 외적 조건만 보고 좋아하지도 않고 말도 통하지 않으면서 어쩔 수 없이 평생 산다면, 또한 원치 않는 일을 평생 하면서 산다면, 그것처럼 힘든 고역과 노예의 삶이 어디 있을까 싶다.

돈은 남편으로부터 오는 게 아니라 하나님으로부터 온다. 돈이 조건이 되지 않았으면 해서 한마디 덧붙였다.

약 1:17 "모든 좋은 선물과 모든 완전한 선물은 위에서 오며 빛들의 아버지로부터 내려오거니와."

그러나 남편이 하나님이 주시는 물질의 통로가 되는 것이 가장 바람직하다. 가정의 질서와 서로의 역할 분담을 위해서다.

20.
엄마는…
우리를 생각해 봤느냐

　한국은 어버이날로 통합되어 있지만, 미국은 마더스데이와 파더스데이가 따로 있다. 우리는 두 날 중에 한 날을 잡아서 시부모님 묘지에 다녀온다. 이제는 성장하여 딸은 내 품을 떠나 미 동부에서 살고 있다. 언젠가 같이 간 시부모님 묘지에서 우리 아이들에게 언제가 될지 모르지만 미리 말을 해놨다. 나중에 우리가 죽으면 아빠, 엄마 생일 기억하지 말고 죽은 날을 기억하지 말고 마더스데이 또는 파더스데이에 우리를 기억하라고. 특별히 즐거웠던 일을 기억하라고. 그리고 두 날 중 한 번은 꽃을 가져오라고 했다. 지금 생각하니 이것도 욕심인 것 같다. 만약 타 주에서 산다면 비행기 타고 묘지를 보러 오겠는가? 이 말도 기회를 봐서 취소시켜야겠다.

　지금부터 10년 전, 나는 50대 초반에 stroke(중풍)가 왔었다. 얼굴이 구안와사 온 것처럼 되었고, 나머지 다른 신체와 기능에는 이상이 없었지만 지금도 얼굴은 다 회복되지 않았다. 그 당시 하던 일을 다 내려놔야 했고, 아무것도 할 수 없었다. 너무도 젊은 51세, 갑자기 찾아온 질병이었다. 그때 죽음을 생각하지는 않았지만 언제든지 가능성은 열려 있음을 알고 있다.

　얼마 전 전화로 딸이 요즘 운동을 하느냐고 묻길래 "귀찮아서 안 해"라고 하자 딸이 아주 심각하게 묻는다. '우리를 생각해 봤느냐?'고, 만약에 엄마에게 무슨 일 생기면 우리가 어떨 것 같냐고 엄중한 경고를 받았다. 난 내 일이 아직 끝나지 않았음을 새삼 느꼈다.

21.
풍성했던 삶의
터전도 뺏기고

　10년 전 스트럭(중풍)이 와서 아무것도 할 수 없었을 때가 새삼 기억이 난다. 50대 초반이다 보니 내 주변에는 나와 비슷한 상황의 사람이 없었다. 다 건강하고 무엇이든 할 수 있는, 최상은 아닐지라도 최상에 버금가는 컨디션들을 가지고 있었다. 난 집 문을 꼭꼭 걸어 잠그고 누구도 만나지 않았고 극소수 몇 명하고만 접촉하고 있었다. 그때 딸과 아들은 10대였다.
　그 당시 할 수 있는 일이 아무것도 없어서 성경공부를 시작했다. 킹 제임스 성경공부를 그때부터 시작하여 지금까지 하고 있다. 만 10년째이다. 미국은 페이먼트로 사는 인생이다 보니 한 명이 쉬면 경제적 어려움이 생기고 또 수시로 나의 병원비를 감당해야 했다. 그런 상황에서 나는 영적 양식을 채우면 육적 양식도 채워지겠다, 말씀을 지키고 말씀을 채우면 되겠다는 나름의 믿음이 생겼다.
　아담과 하와가 말씀을 빼앗긴 후 에덴 동산에서 쫓겨나고 풍성했던 삶의 터전도 빼았겼다면(말씀 뺏기고-통치권 뺏기고-풍성했던 삶의 터전인 에덴동산을 뺏기고-엉겅퀴와 가시가 나는 곳으로 쫓겨났다), 다시 말씀을 지키고, 다시 채우면 찾을 수 있겠다는 믿음이었다. 하나님이 세상을 무엇으로 만드셨는가? 물질이 아닌 말씀으로 만드셨음을 믿는다면 모든 것을 회복하는 방법도 말씀이라는 생각이었다.
　주님은 내가 아픈 기간 동안 많은 부분을 실제로 해결해 주셨다. 몸은 안 좋았지만 하나님을 체험하는 시간이었다. 그리고 난 시간당 계산해서 임금을 받듯이 물질이 더 필요한 달에는 더 많은 시간 성경공부를 하며, 주님께 계산서를 드리듯이 이번 달에는 물질이 더 필요해서 더 많은 시간 성경공부를 했다고 간구했다.

하루에 거의 6시간에서 8시간 정도 노트에 필기해 가며 풀타임 성경공부를 했고 그로 인해 성경 66권 중 2/3정도 성경공부를 끝냈다. 그 기간 동안 꿀송이같이 단 하나님 말씀을 또다시 경험했으며 그것은 내 안에서 생수의 강이 흘러넘치는 은혜의 시간이었다.

영적 양식을 얻는 자가 육신의 양식도 얻는다. 성도는 영적 가난과 빈곤을 벗어나야 육신의 양식도 채워진다고 생각한다. 나와 생각이 같은 사람이 많아졌으면 좋겠다.

시 107:20 "자신의 말씀을 보내어 그들을 고치시며 멸망들에서 그들을 건지셨도다."

먼저 말씀을 보내고, 그다음 고치시고, 그다음 건지신다는 것이다. 하나님의 은혜는 끝이 없다.

22.
결과가 좋든지, 나쁘든지

우리 딸은 자신의 기도제목과 계획하고 있는 일을 비롯하여 진행 상황을 나에게 항상 알려 준다. 나는 결과에 연연하지 말고 항상 과정에 충실하라고 한다. 우리의 몫은 과정이고, 결과는 하나님 몫이다. 하도 들어서 그런지 결과가 좋든지 나쁘든지 쿨하다.

요셉이 감옥에서 술 맡은 관원의 꿈을 해석해 주고 자기를 기억해 달라고 얼마나 사정을 했는가! 여기까지가 그의 일이고, 과정이다. 요셉은 자신이 할 수 있는 모든 일을 다했고 술 맡은 관원으로 인해 자신의 상황이 바뀌기를 기다렸지만 그 관원은 요셉을 오랫동안 기억하지 못했고, 하나님께서 필요하신 때가 되어서야 관원은 요셉을 기억했다. 하나님의 시간이 되어서야 비로소 요셉을 불러내신 것이 결과이다.

우리는 하나님의 때에 하나님의 방법으로, 하나님의 사람으로 쓰일 수 있도록 과정을 충실히 준비할 뿐이다. 우리가 할 일은 우리가 하고, 하나님이 하실 일은 하나님이 하신다는 믿음으로 바라봐야 한다.

우리 아이들이 어릴 때부터 같이 말씀을 나누다 보니 간단명료하게 말해 줘야만 할 때가 많았다.

"우리가 할 것은 ○○○이고, 하나님의 약속은 ○○○이다."

23.
좋아하는 사람의 말에는 귀를 기울인다

딸이 틴에이저일 때 나에게 와서 학교 선생님, 교회 전도사님 등 사람들에 대해 컴플레인을 한 적이 몇 번 있었다. 들어는 주었어도 맞장구를 치지는 않았다. 결국은 좋은 방향으로 생각을 바꾸도록 유도하고 끝냈다.

우리도 학교 다니던 시절 좋아하는 선생님, 싫어하는 선생님이 있었다. 결과는 천지 차이다. 우리는 좋아하는 사람의 말에는 귀를 기울인다. 그리고 중요한 말은 잊지 않으려고 마음에 새긴다. 반대로 싫어하는 사람의 말에는 일단 귀부터 닫는다.

학교에서 1년 동안 선생님 말에 귀를 닫는다면 결과는 뻔한 것 아닌가? 또 교회에서도 귀 닫고 앉아 있다면 영적 손해 또한 어떻겠는가? 1년 농사만 망치는 것이 아니라, 평생 농사에도 영향을 끼친다. 어떤 때는 아이의 컴플레인을 들으면서 공감이 갈 때도 있다. 나였어도 참 싫었겠다. 그러나 딸 아이를 위해 아이의 마음을 바꿔 주어야만 했다.

자기 자녀의 말에 무조건 두둔하고 같이 맞장구치며 같이 흉보는 부모도 여럿 보았다. 이런 엄마들이 의외로 너무도 많다. 어느 교회 사모와의 대화가 생각난다. 남편이 목사가 되겠다는 말을 듣고 하이스쿨 다니는 아들이 화가 났고 사모는 화가 난 아들과 서로 붙들고 엉엉 울었다는 이야기를 들었다. 아버지가 남에게 나쁜 일 하겠다는 것도 아닌데 왜 아들을 부둥켜 안고 같이 울었냐고 반문을 했다. 사역을 하고 안 하고를 떠나서 옳지 않은 일을 하겠다는 것이 아니지 않는가? 아버지가 잘못된 길로 빠져야 우는 것이지, 잘못된 길로 가는 것도 아닌데 아들을 붙들고 같이 울 일인가 싶었다. 비록 자신들이 원하는 일은 아닐지라도 아들을 붙들고 이해와 설득을 시켰어야 하지 않았을까?

성인들도 생각을 잘못할 때가 있고 틀릴 때가 많은데, 아직 어린 자녀들의 성숙하지 못한 생각은 오죽하겠는가? 특히 공부 잘하여 명문대 다니는 자식들 말에는 꼼짝 못하며 무조건 두둔하거나 맞장구치지 말고 또 무조건 야단만 치지 말고 같이 흉보지도 말고, 설득을 통해 바른 생각을 하도록 도와줘야 한다. 그것이 부모의 역할이라고 생각한다.

아이들을 키우면서 뭔가 잘못된 흐름이 보일 때는 끊어 주고, 물줄기의 방향을 바꿔 줘야 할 때가 있다. 물고기가 잘 자라서 큰 바다에 나가서 살 수 있도록 주의를 기울여야 한다. 내가 아이를 위해 뭔가 해야 한다고 생각하고서도 안 하면, 나중에는 몇 배의 노력과 힘을 써도 안 된다. 내가 힘써 지킨 것들이 결국 나를 지켜 줄 수 있게 되는 것이다.

아이 입에서 나오는 작은 컴플레인일지라도, 쉽게 용납하지 말자.

24.
쿨하게 인정하고 사과하고 빨리 끝내라

딸은 하고 싶은 말, 해야 할 말을 다하고, 아들은 일단 말이 없다. 아들은 거의 묻는 말에만 대답을 한다. 묻지 않고 들을 수 있는 말은 안부 외에는 없다. 그래서 답답하고 아들의 생각은 잘 모른다. 아들은 우리에게 화를 내거나 반항한 적도 거의 없다. 그래서 조심스럽고 더 어렵다. 큰소리로 야단치는 엄마보다 조용한 아빠를 아이들이 더 무서워하듯이 자식도 말수가 적고 무던한 자식이 더 어려운 것 같다.

자녀를 양육하다 보면 체벌을 해야 할 때가 있다. 체벌할 때는 원칙이 있다. 보통은 말로 설득하지만 태도가 문제가 될 때는 체벌을 했다.

잠 13:24 "회초리를 아끼는 자는 자기 아들을 미워하거니와 그를 사랑하는 자는 어릴 때에 그를 징계하느니라."

체벌 시에는 어려서부터 손바닥이나 엉덩이를 회초리로 때렸다. 회초리를 따로 만들지 않았으므로 대부분 플라스틱 옷걸이로 때렸다.

대부분은 딸이 더 많이 혼났던 것 같다. 잘못을 지적하면 인정하고 고치면 되는데 꼭 말이 많고 끝까지 말대답을 하다가 체벌까지 갔던 것 같다. 반면에 아들은 쿨하게 인정하고 빨리 사과하고 수정하고 끝낸다.

사람들도 하나님께 죄를 지어서 죽는 게 아니라 회개치 않아서 멸망한다는 설교 말씀이 떠오른다.

25.
자기 결정에 의해 생기는 고생을 어쩌겠는가

중·고등학교 시절 부모들은 잔소리를 많이 한다. "방 청소해라, 덥다, 춥다, 따뜻하게 입어라…." 엄마들 눈에는 뭔가가 보이기 때문이다. 나중에는 한 번만 말했다.

분명 봄인데 두꺼운 스웨터를 입고 학교에 간다. "낮에 더울 텐데, 옷이 넘 두꺼운데…" 해도 무시하고 그냥 간다. 그날 하루 종일 우리 딸은 땀을 뻘뻘 흘리고 돌아왔다. 겨울이었다. 또 너무 얇은 옷을 입고 학교에 간다. "스웨터 가져가." 무시하고 그냥 나간다. 그날 오후 바람이 심하게 불어 오돌오돌 떨었단다.

직접 겪어 봐야 정신을 차린다. 몇 번의 고생 끝에서야 귀를 기울인다. 너무 금이야, 옥이야 하지 말자. 일부러 고생시킬 필요까지야 없지만 자기 결정으로 생기는 고생을 어쩌겠는가! 이것도 훈련이다.

유다 멸망 직전에 일부는 바벨론으로 끌려가고 유다 왕과 일부 백성이 유다에 남아 있는 상태였다. '바벨론으로 가라, 걱정하지 말라. 다시 너희가 유다 땅으로 돌아오리라.' 이것이 하나님의 분명한 뜻이었다. 그때 백성들은 예레미야 대언자에게 '다시 하나님의 뜻을 구해 주소서' 하며 '순종하겠나이다'라고 했다.

렘 42:3 "주 당신의 하나님께서 우리가 걸어갈 길과 우리가 해야 할 일을 보이시기를 원하나이다."

1. 하나님의 뜻을 구해 주소서(렘 42:3)
2. 좋든지 나쁘든지 그분의 음성에 순종하리이다(렘 42:6)
3. 주의 말씀이 예레미야에게 10일 후에 임함(렘 42:7)
4. 3가지로 답을 주심(렘 42:10-22)
    (1) 유다 땅에 머물고자 하면—너희를 세우고 뽑지는 아니하리라
    (2) 바벨론으로 가면—긍휼을 베풀리라
    (3) 이집트로 가면—칼, 기근, 역병으로 죽을 줄 분명히 알라

하나님의 응답에 대한 백성들의 반응이다.
'예스'로 순종하고 바벨론으로 가면—긍휼과 보호와 복을 주겠다.
'노' 하고 불순종해서 이집트로 가면—칼, 기근, 역병으로 심판하겠다.
현상 유지로 유다에 남으면—뽑지는 않겠다, 그냥 놔두겠다.
우리의 기도에 대한 응답도 'Yes, No, Wait' 아닌가? 분명하게 결과까지 말씀해 주셔도 결국 이집트로 갔던 간 큰 백성들도 있었다. 하나님의 뜻을 구하고, 분명한 응답을 받고도 인간은 자기 욕구, 자기 신뢰, 자기 고집을 꺾지 못하는 것 같다.
나쁜 선택을 피하고 좋은 선택을 하기 위해 우리는 무엇을 해야 하나? 지혜와 훈련이 필요하다. 지혜는 말씀을 깊이 생각하는 신중함이며, 훈련을 통해 감정적인 결정을 하거나 군중심리에 휘둘리지 않는 것이다. 그리고 지혜는 하나님께 구하고, 훈련은 내가 해야 한다.

골 1:9 "또 너희가 모든 지혜와 영적 깨달음에서 그분의 뜻을 아는 것으로 채워지며."

26.
어느 것이 더 중요한지
생각해 보고 결정해라

성도들이 자녀들을 위한 기도 시 건강, 지혜를 구하듯이 나도 그 기도와 함께 "우리 아이에게 하나님께서 주신 재능과 달란트가 무엇인지 알게 해주세요"라는 기도를 했다. 우리 아이들에게는 특별한 재능이 보이지 않았다. 음, 미, 체에서는 딱히 눈에 띄는 것이 없었다. 두 아이 모두 "나는 커서 ○○○가 될 거야!" 등의 뚜렷한 장래희망도 없었다.

그런데 우리 딸이 잘하는 게 눈에 띄었다. 3~4세 때는 인형을 앞혀 놓고 노래를 가르치더니 초등학교 때에는 동생, 동생 친구들, 옆집 아이들을 모아 놓고 집에서 학교를 만들고는 학교에서 배운 것을 그대로 가르치고 점수까지 평가해 주었다. 딸이 나중에 진로를 못 찾고 헤매면 가르치는 은사가 있다고 강력하게 권해야겠다고 생각하며 나는 속으로 나를 닮았다고 생각했다.

언제부터인가 나는 자녀들의 기도 중 하나님 왕국과 미국과 한국을 위해서 일하게 해달라는 막연해 보이는 기도를 했다. 어느 날 딸이 엄마가 자신을 위해 무슨 기도를 하는지 알고 싶다고 했다. 그래서 말해 주니 거기에 북한 사람들과 중국 특수한 계층의 사람까지 포함해서 기도해 달라고 부탁하는 것이다.

딸은 중국 칭화대학 교환학생으로 1년 동안 베이징에 있었는데, 그곳에서 북한 탈북 여성들의 실상을 보았다. 그때부터 딸의 가슴속에 북한 사람들에 대한 불쌍함과 애절함이 생겼고 북한 독재의 억압에서 해방되는 미래의 씨앗이 가슴 깊숙이 심겨진 것 같았다.

중국을 다녀온 후 딸은 미국에 있는 탈북자 자녀들을 1주에 한 번씩 공부시키기 위해 왕복 2시간 거리를 운전하며 다녔고, 뉴욕 컬럼비아 대학원 때에는 미국 국회에서 북한 탈북자들의 증언을 통역하기 위해 그레이 하운드를 타고 왕복 8시간을 뉴욕에서 Washington DC(워싱턴 디시)까지 다니는 수고를 아끼지 않았다.

언젠가 전화가 왔다. 대학원 중요한 시험과 탈북자 통역이 겹쳤다고 어떻게 해야 할지 모르겠다며 나에게 조언을 구하는 전화였다. 나는 대학원 성적과 그들의 목숨 건 탈북, 어느 것이 더 중요한지 생각해 보고 결정하라고 했다. 딸은 마음 편하게 결정이 됐다며 Washington DC에 다녀왔고 준비가 덜 되었지만 나름 시험을 잘 치뤘다고 연락이 왔다. 그런 일을 하다 보니 마음이 자연스럽게 그쪽으로 움직이고 있었다. 지금도 정치 관련된 일을 하면서 힘들 때는 원망 섞인 투정으로, 보람이 있을 때에는 감사의 마음으로 "하나님 나라와 미국과 한국을 위해 일하게 해달라고 한 엄마 기도 때문이야!" 하며 어리광을 부린다.

시 109:21 "오 주 하나님이여, 주께서 주의 이름을 위하여 나를 위해 행하소서."

시 143:11 "오 주여, 주의 이름을 위하여 나를 살리시고 주의 의를 위하여 내 혼을 고난에서 이끌어 내소서."

시 79:9 "오 우리 구원의 하나님이여, 주의 이름을 위하여 우리를 도우시며 주의 이름을 위하여 우리를 건지시고 우리의 죄들을 깨끗하게 하소서."

우리는 그 일을 하실 수 있는 근거, 명분을 하나님께 드리고 주의 영광을 추구하는 태도를 가지고 바른 기도를 드려야 한다.

27.

김태희가 예뻐, 내가 예뻐?

한국에서는 얼굴이 예쁘면 '성격이 안 좋다, 교만하다, 얼굴값 한다' 하면서 약간 부정적이고, 오히려 얼굴이 좀 안 되면 '성격 좋게 생겼다, 부잣집 맏며느릿감이다'라고 한다.

그런데 미국에서는 반대라고 한다. 얼굴이 예쁘면 어려서부터 예쁘다고 칭찬받다 보면 긍정적이고 자신감도 있어서 남에게 배려도 더 잘하고 친절하다고 생각을 한다고 한다.

우리 딸이 나를 시험에 빠트린다. 다짜고짜 "김태희가 예뻐, 내가 예뻐?" 하며 한국 최고의 미녀와 비교를 하니 아무리 엄마인들 대답이 쉽게 나오겠는가. 나도 눈이 있는데 "으응, 머리로는 김태희, 가슴으로는 우리 딸이 더 예뻐" 하고 살짝 넘어가 본다. 넘어가는 듯했는데 "본인 작품에 너무 책임감 없는것 아니냐… 엄마라도 무조건 딸이 더 예쁘다고 해야 한다"고 우긴다. 결국 "머리로도 우리 딸, 가슴으로도 우리 딸…" 하며 할 수 없이 내 양심을 팔아 먹었다.

이제는 딸이 어른이 되어서 좋다. 친구 같다. 어려서는 잘 삐치더니 이제는 농담은 농담으로 받을 줄도 알고, 다 컸다고 오히려 나를 놀린다. 어른으로 잘 커 준 우리 딸이 고맙다.

잠 31:30 "호의도 거짓되고 아름다운 것도 헛되나 주를 두려워하는 여자는 칭찬을 받으리라."

28.
미국은 제2의 나의 조국

딸을 미국 공립 킨더가든(유치원 과정)에 보냈다. 딸이 처음 시작하는 퍼블릭 스쿨로 공립 정규 과정이었다. 집에서도 한국어, 교회에서도 한국어를 사용하다가 처음으로 미국인 교사와 미국 친구들과 생활하게 되었다. 성격이 활달하지도 않은 데다 영어도 못하니 보내 놓고도 걱정이 태산이었다.

첫날, 겉옷으로 스웨터를 입혀 보냈는데 가지고 오지 않아서 왜 스웨터를 가지고 오지 않았느냐고 물으니, 선반 위에 올려 놓은 것을 꺼내 달라는 말을 영어로 못 했다는 것이다. 첫 몇 주 정도는 어려워했던 것 같다. 그 후로는 학교 생활에 있어서 영어로 인한 어려움은 없었다.

미국에서는 매년 평가 시험을 보고 아이들 학습 평가를 자세히 해서 가정으로 보낸다. 예를 들어 영어 평가도 문학적인 표현의 이해도는 어느 정도인지 학습적인(교과서적인) 내용, 문장과 용어는 어느 정도 이해를 하고 있는지 일상적인 대화, 광고 등의 함축된 의미는 알고 있는지 지시사항은, 예를 들어 요리법, 지시 용어 등을 이해하고 지시를 따를 수 있는지 등을 자세히 평가해서 보내줬고 수학도 학년별로 자세히 평가해서 보내줬던 것으로 기억한다. 교사들은 아이들에 대해서 편견이나 차별이 없었고 부모들이 안심해도 될 정도였다.

나는 미국에 임신 8개월에 입국하자마자 출산을 하면서 미국 병원을 경험했고, 학부모가 되어 미국 공립학교를 경험했다. 그렇게 미국에서 열심히 살면서 세금도 아까워하지 말고 잘 내야겠다는 생각이 들 정도로 미국이 건전하고 좋았다.

어느덧 나의 아이들이 커서 직장에 다니며 세금을 내야 하는 나이가 되었다. 결혼 전 혼자일 때 내야 하는 세금은 어마무시하다. 거의 수입의 35~40% 정도이다. 아이들은 세금이 너무 많다고 한다. 그동안 너와 내가 국가로부터 혜택을 많이 받았고, 아빠와 엄마가 노후에 연금을 또 받아야 하니 열심히 내야 한다고 했다. 그렇다… 너무 좋은 나라에서 살면서 혜택을 많이 누렸고, 이제 미국은 제2의 나의 조국이 되었다.

그런데 요즘은 미국에 대해 걱정이 많아진다. 젊은 엄마들이 아이를 학교에 보내기가 두렵다고 한다. 특히 좌편향 교육과 성교육 코드는 교육의 의도를 의심케 한다. 젊었을 때 느꼈던 안정감, 공정함이 이제는 너무 많이 변질됐음을 느낀다. 세상의 끝이라서 그런지 미국도 요즘은 너무 흉흉하다.

29.

영화 장면이 기억나듯이
떠오르는 그날

　공립 킨더가든을 보내면서 명실공히 학부모가 되었다. 첫 아이에, 학교 첫해이다 보니 미국 공휴일을 잘 몰랐다. 미국에서도 학교, 공공기간, 은행 정도가 쉬고 나머지 일반 회사나 비즈니스는 거의 공휴일 개념 없이 지나가는 공휴일인 베테란스데이(재향 군인의 날)였다.

　그날 아침 딸을 학교 교문 앞에 내려 주며 들어가라고 말하고는 들어가는 것도 보지 않은 채 두 살 아들을 프리스쿨에 데려다 주고 원아워 포토샵(사진관) 오픈시간을 맞추기 위해 마음이 급했다.

　아들 프리스쿨에 도착하니 학교에 가 있어야 할 딸의 친구들이 눈에 띄었다. 왜 학교 안 갔냐고 묻자 "No school"이란다. 아들을 데리고 다시 정신없이 딸의 학교에 가 보니 딸은 울고 있었고, 흑인 경찰이 딸을 데리고 있었다. 학교는 텅 비어 있는데 운동장에서 아이가 울고 있다고 동네 주민이 경찰서에 신고했다고 한다.

　나는 경찰에게 실수했다고 말하고는 아이를 데려왔다. 딸 아이에게 너무도 미안했다. 그다음 날이었다. 아들을 카시트에 앉히고 가게를 열기 위해 정신없이 가고 있는데 사이렌을 울리며 경찰이 나를 뒤쫓아 왔다. 이유는 뒷자리에 앉은 아들이 카시트를 빼고 나와서 운전하는 내 목에 감겨 매달려 있었기 때문이다. 나는 안 된다고 위험하다고 말했지만 운전 중이라 어떻게 조치할 수가 없었고, 차 뒤 유리창을 통해 그것을 보고 뒤따라 온 것이었다.

　그렇게 나는 또 걸리고 말았다. 그런데 어찌하면 좋은가! 어제 학교에서 딸 아이를 데리고 있었던 그 흑인 경찰이었다. 그는 나를 단번에 알아봤고 어이없어 하는 표정으로 딸 이야기와 함께 어제 알려 준 우리 아들 이름까지 기억하고 있었다. 그날도 나는 교통 티켓을 받아 들고, 가게 오픈시간을 맞추기 위해 또다시 차를 몰고 정신없이 달려야만 했다.

훗날 지인들 말이 깐깐한 경찰을 만났으면 아이를 정부에 빼앗길 수도 있었다고 놀란다. 두 번이나 연거푸 아이를 잘 보살피지 못했으니, 부모의 자질 논란으로 충분한 사유란다. 지금까지도 매해마다 베테랑스데이가 되면 자동으로 그것이 떠오른다. 영화의 장면이 기억나듯이…. 언젠가 딸에게 물었다. "킨더가든 때 베테랑스데이 기억 나니?" 아직도 선명하다고, 혼자 운동장에서 엉엉 울었다며 너무 무서웠다고 했다.

미국 땅에서 뿌리내리고 자식 키우느라고 아등바등했던 나의 젊은 날의 모습이었다. 지금은 그때가 그리워진다.

한번은 여러 지인들과 모여서 대화 중에 젊은 시절로 돌아가고 싶은지를 묻는 질문에 거의 다 돌아가고 싶지 않다고 했다. 그들은 내가 여기까지 어떻게 왔는데 다시 돌아가라는 말이냐고 했다. 힘들고 외로웠지만 최선을 다해 살아온 우리들만의 이야기이다.

나도 또한 젊음을 준다고 하더라도 그 시절로 돌아가고 싶지는 않다. 가던 길 계속 가야지, 나도 여기까지 어떻게 왔는데….

30.
아이 머릿속을 지우개로 깨끗이 지워 주세요

"엄마! 요즘 성경 어디 읽어?" 나는 성경 말씀을 딸과 나눈다. 딸은 내 말을 늘 주의깊게 듣는 내 영적 파트너이며 말과 영이 같이 통하는 상대이다.

우리 딸이 10학년 여름방학 때 주님을 만나고, 11학년이 되었을 때이다. 11학년은 대학 진학을 위해 마지막 최고의 결과를 끌어내야 하는, 하이스쿨에서 가장 중요한 시간이었다. 그런데 그때 우리 딸은 진짜(예수님)를 만나고 나니 더 이상 중요한 것이 없어 보였다(사도 바울이 주님을 만나고 세상의 학문이 무의미했듯이). 아침마다 QT를 했고 바쁜 와중에도 하루도 빠짐없이 친구들 4~5명 정도에게 꾸준히 말씀을 보냈고, 전도와 상담까지 너무 많은 시간을 쓰는 듯했다.

그러던 어느 날 딸이 학교를 마치고 집에서 밥을 먹으면서 나에게 하는 말이, 자기는 친구에게 복음을 전한 후 친구들에게 해줄 수 있는 모든 것을 다 양보했다는 것이다(대학 입학 시 필요한 서클 활동 내용을 이야기하며, 우리 딸은 서클을 만들고 조직을 했으므로 회장이라는 타이틀을 가질 수 있었지만 대학 입학을 위해 자신에게 회장직이 꼭 필요하다는 친구의 끈질긴 부탁으로 양보했다는 것이다. 딸의 친구는 결국 대학 입학 시 크레딧을 받은 후 그 일을 하기 싫다며 탈퇴하였고 졸업 때까지 서클 활동의 마무리를 우리 딸이 하였다).

그것을 듣는 순간 나는 참을 수가 없었고 폭발해 버렸다. 나는 딸에게 심하게 야단을 쳤고, 대학도 가지 말고 친구들 뒷바라지나 하라고 하면서 미친 여자처럼 이성을 잃고 고래고래 소리를 질렀다. 딸은 딸대로 너무 놀랐고 마음의 큰 상처를 입었으며 나도 마음이 너무 상해 있었다.

그날 밤 주님이 나에게 따져 물으시는 듯한 느낌이었다.

아이가 무슨 큰 잘못을 했니? 복음 전하고 follow up(팔로 업) 한 것이 그렇게 잘못인가? 주님께 시간 드린 게 그렇게 아깝니? 복음을 친구에게 전했기에 아끼는 것을 양보한 일이 그렇게 크게 야단칠 일이었을까? 인생을 누군가에게 송두리째 뺏긴 것처럼… 내가 크리스천 맞나?

나는 회개를 안 할 수가 없었다. 딸아이 보기가 창피했다. 다음 날 딸은 공부를 더 열심히 하겠다고, 미안하다고 했고, 나는 쥐구멍에라도 숨고 싶을 정도로 딸에게 부끄러웠다.

며칠이 지나도 고래고래 소리 질렀던 일이 잊혀지지 않아서 주님께 기도를 했다. "우리 딸 머리에서 이 일 좀 지워 주세요. 그 아이 머릿속을 지우개로 깨끗하게 지워 주세요." 엄마로서 너무 창피하고 견딜 수가 없다고. 그리고 몇 년 후 딸에게 살짝 물어 보았다. 딸은 마치 잊어버렸던 일이 기억난 것처럼 "아! 그랬지… 그런 일이 있었지, 맞아! 엄마가 나에게 그렇게 했지" 하는 것이었다.

난 딸에게 행한 일 중에 가장 심하게 했던 일이라고 기억했지만 주님은 내 기도대로 딸을 위해 그때 기억을 살짝 지워 주셔서 그렇게 크게 마음에 남아 있지는 않은 것 같았다.

나는 가끔 나와 같은 문제로 고민하는 사람에게 (어느 날 나의 친구가 며느리에게 한 말 때문에 괴롭다고 하길래) 며느리의 기억을 지워 달라는 기도를 하라고 조언하기도 했다.

만약 우리가 주님을 안 믿었으면 우리는 어떻게 됐을까?

31.

결과에 상관없이,
keep on going(끝까지 계속 가자)

딸이 12학년이 되었다. 보통 11학년 여름방학부터 시작하여 12학년 1학기인 12월 정도까지 가장 중요한 대학 입학 과정을 총결산해야 하는 시간이다. 하이스쿨에서 최종 학과 점수와 자신만의 에세이를 써야 하고, 원하는 대학에서 요구하는 모든 서류와 학교의 추천서 등을 준비해야 하고, SAT 점수와 그동안 해 왔던 학내외 활동들을 마무리하여 원하는 대학의 요강에 맞추어 대학 원서를 제출해야 한다.

12학년 2학기인 1월부터 3월까지 대학 합격 발표가 본격적으로 시작되며 대학이 대부분 거의 확정되고, 3월부터 졸업하는 5월까지는 마무리 시간으로 선택한 과목들의 성적 관리를 하는, 고등학교 시절 중 가장 한가한 시간이다.

우리 딸은 10학년 때부터 학교 내 학생들의 기도 모임에 참석하고 멤버로, 주관자로 학교를 위해 학우들을 위한 찬양과 기도 모임을 함께하고 있었다. 그 12학년 한가한 시간이 우리 딸에게도 왔다.

딸은 점심시간을 이용하여 전도할 계획을 알리며 나에게 기도를 부탁했다. 언제부터인가 친구들을 위한 기도제목을 나에게 부탁했고 나는 딸의 기도의 조력자가 되어 있었다.

전도를 시작한 지 일주일 정도가 지났을 때 딸은 기가 죽고, 코가 쭉 빠져서 전도의 어려움을 토로했다. 너무 익히 잘 아는 어려움이었다. 딸은 점심시간에 학교 학생들이 많이 모여서 먹기도 하고 이야기도 하며 점심시간을 보내는 광장으로 가서 혼자 있는 학생에게 다가가서 말을 걸고 복음을 전했다고 한다. 처음에는 무슨 재미있는 말을 하려나 기대했다가 복음을 전하자 재미없어 했고, 그렇게 며칠이 지나자 우리 딸이 점심시간에 광장에 나타나면 복음 전한다는 것이 소문이 나서 학생들이 수군수군거리며 자리를 뜬다는 것이었다.

"엄마, 나 어떻게 할까?" 나는 너무나 잘 아는 어려움이기에 그만하라고 말하고 싶었으나 딸은 이미 복음의 전사가 되어 있음을 알았기에 격려해서 다시 보내야겠다고 생각했다.

"졸업이 한두 달 정도 남았는데, 졸업하고 나면 그 학교에 들어가서 복음을 전하고 싶어도 들어갈 수 없잖아. 한두 달 후에는 어차피 하고 싶어도 못하는 일이야! 더 이상의 기회는 없어… 처음부터 어려울 것 알고 시작한 것이니 그냥 끝까지 계속 가자. Keep on going…." 딸은 알겠다고 했고 결과에 상관없이 하나님께서 열매 맺으실 것을 믿고 끝까지 마무리를 했다.

그 후에도 대학, 대학원 가서도, 지금까지도 기회가 될 때는 언제든지 복음을 전했고 많은 열매를 맺고 있다. 특히 복음을 듣지 못했을 것 같은 중동, 동남아시아, 회교, 불교권 지역과 공산권 중국 등의 학우들에게 적극적으로 전도했으며, 침례까지 받게 하고 때로는 멘토까지 감당하며 지금도 복음의 전사로 열심히 살고 있다.

32.
뱀같이 지혜롭고, 비둘기처럼 순결하게

성인이 된 딸이 가끔 전화해서 성경에 관한 질문을 한다. 왜 비둘기같이 순결하고 뱀같이 지혜롭게 행하라고 했는지에 대해 어느 날 물어 왔다. 아마도 하나님의 자녀에게 그냥 지혜롭게 하지 왜 하필 뱀같이 지혜롭게일까? 그 말이 걸린 것 같았다. 나는 이 성경 구절에서 별 의문이 없었지만 대답을 갖고 있지 않았으므로 전화를 끊고, 간단하게 대답할 말을 찾아봤다.

성경에서 뱀은 악한 것의 상징으로 언급되는 동물이지만, 일반적으로 감지 능력이 뛰어나므로 지진이나 어떤 변화에 미리 피하거나 준비하는 빠른 판단, 또는 대처 능력 등 뛰어난 특징이 있는데, 이것을 지혜롭다고 하신 것 같았다.

- 미래를 미리 예비하는 지혜를 말씀하신 게 아닐까?
- 성도에게 하나님 나라를 예비하는 지혜
- 세상적으로도 지혜로운(주님은 어둠의 자녀들이 빛의 자녀들보다 더 지혜롭다고 칭찬하셨다)
- 잠언에서도 항상 지혜를 구하라, 금이나 은보다 먼저 구하라고 했다.

나중에 자세히 알게 되면 더 알려 주기로 하고 마무리를 했다. 딸은 항상 말씀에 대한 목마름이 있다.

나는 아이들에게 성경공부 시 들은 말씀을 강조했다.

말씀이 있는 자는 말씀으로 인해 믿음이 더 생기고-믿음은 열매를 맺고-지혜, 지식, 명철, 은혜를 받고-복을 받지만
말씀이 없는 자는 알고 있던 말씀도 잊어버리고-은혜의 선물도 뺏기고-주께 받은 복도 뺏기고-기쁨, 확신도 뺏기고-교회와 신실한 지체들도 뺏기고-모든 것까지도 다 뺏긴다.

믿음과 말씀을 가득 쌓아 두자.
최소한 은과 금은 쌓아 두지 못했을지언정 말씀은 포대 포대 쌓아 놓자.

33.
열심히 살면
그냥 부자가 되는 줄 알았지!

2020 선거 이후로 보통 사람들, 정치와 별 관계 없이 사는 사람들 사이에서도 소득과 분배, 균등한 분배 등이 화제가 된다. 요즘 젊은 세대들은 건강한 사회주의, 북유럽 사람들처럼 세금을 50%씩 내고 대신 요람에서 무덤까지 국가가 책임져 주는 사회에 대한 이슈에 열광하는 것 같다.

안전에 대한 두려움은 해소되겠지만 그렇게 재미없는 세상에서 어떻게 살까 싶기도 하다. 최소한으로 일하고 적당히 혜택을 받으려고 할 것 같다. 인간에게는 5대 욕구가 있으며 그중 하나가 성취욕구인데, 자신의 능력치를 최대한 끌어내고 그로 인해 보상받고 싶은 욕구를 젊은 세대들에게서 빼앗는 것은 아닐까?

딸은 정치에 관련된 일을 하고 있고 아들은 정치학 전공이니, 가끔 우리 집에서는 설전이 붙는다. 거기에 남편과 나까지 가세한다. 살림만 하는 나도 할 말이 많다.

결국 우리에게 최종 권위는 정치적 견해가 아닌 성경이다. 성경에서는 달란트 비유, 므나 비유에서 없는 자는 있는 것도 빼앗긴다(마 25:28-29 "그런즉 그에게서 그 일 달란트를 빼앗아 십 달란트 가진 자에게 주라. 있는 자마다 받아서 풍성하게 될 터이나 없는 자는 자기에게 있는 것도 빼앗기리라").

공산주의나 사회주의에서의 "있는 자는 내놔라, 없는 자에게 주자"는 성경과 반대이다. 성경은 없는 자의 것을 빼앗아서 있는 자에게 준다.

솔직히 없는 자는 보호, 보존 능력이 없다. 나도 없었던 시절을 살아 봐서 잘 안다. 월급 받으면 일주일이면 바닥나는 가정도 있고 차곡차곡 쌓이는 가정도 있다. 국가도 마찬가지다. 차곡차곡 쌓인 돈이 투자든지, 재투자이든지, 분배든, 선행이든지 뭔가를 위해 일할 수 있는 것이다.

있는 자의 것을 빼앗아서 없는 자에게 주어 봐야 별 소용이 없다. 일회성의 도움일 뿐이다. "밑 빠진 독에 물 붓기"인 것이다. 결국 다 같이 못살게 되어 하향 평준화가 이루어질 뿐이다. 북한을 비롯하여 여러 공산주의 국가가 이미 증명하지 않았는가! 개인에게 주는 것보다는 국가의 전체적인 수준을 올려서 기본적으로 물질로 인해 생기는 사람들의 인간성 훼손을 막아야 한다. 요즘 베네수엘라는 부패 정권들의 선심성 정책 실패로 인해 한 끼 음식을 먹기 위해 여자들이 7달러에 몸을 판다는 뉴스를 들었다.

요즘은 그동안 전혀 몰랐던 돈 공부를 유튜브를 통해서 배우고 있다. 유튜브를 통해 돈 공부를 가르치는 사람의 연령을 보면 젊은 20대부터 대체적으로 30~50대의 젊은 사람들로서, 돈을 모아 보고 남이 안 한 것들을 해보면서 성공한 사람들이다. 난 이 나이 되도록 뭘 했을까? 돈도 공부해야 하는 분야인 것을 한 번도 생각 안 하고 60년을 살았다. 그냥 열심히 살면 자연적으로 부자가 되는 줄 알았지, 목표와 전략을 세우고 돈을 모아야 되는 것은 몰랐다. 우리의 인생에서 돈 때문에 웃고 돈 때문에 울었으면서도 돈에 대해 깊이 생각하지도 않고 아무런 배움도 없이 대책 없이 산 사람이 비단 나뿐만이 아닐 것이다.

그들 말에 의하면, 돈은 돈이 없으면 없을수록 나가고, 돈이 있으면 있을수록 모이는 특징이 있다고 한다. 돈도 인격이라 존중해 주고 좋아하는 사람에게 가며, 쓸 줄 아는 사람에게 머문다. 또 돈도 몰려다닌다고 한다. 그래서 돈이 있어야 돈을 벌 수 있단다. 돈이 있으면 더 모으기 위해 노력하고, 아껴 쓰고, 돈을 벌 궁리를 하며 창출한단다.

반면 돈이 없으면 대출해서 쓰고, 이자 나가고, 또 대출해서 갚고, 끝도 없이 나가야만 하는 구조가 되며 악순환의 연속이란다. 풍요는 풍요를 부르고, 결핍은 결핍을 부른다고 한다. 다 맞는 말인 것 같다. 성경과 일맥상통하는 부분이다.

시장을 통해 가치가 결정되고, 누구나 무한 경쟁에 참여하여 노력한 사람들에게 노력한 만큼의 공정한 대가가 돌아가는, 그런 자유 민주사회에 살면서 개인의 능력을 최대치로 끌어내어 자신과 자신의 가정을 보호하며 풍요를 창출해야 한다. 부자들뿐만 아니라 건강한 모든 사람은 사회적 약자에 대한 배려가 필요하다고 본다. 누구나 다 똑같이 경쟁할 수 있지는 않다는 것을 또한 인정하고 (스스로 결정해서 자기 인생을 살 수 없는 사람들도 우리 주위에는 분명 있다-노인분들, 장애인, 정신지체인을 비롯하여) 꼭 혜택이 필요한 사람들에게는 혜택이 돌아갈 수 있는 신뢰의 사회가 되기를 바랄 뿐이다.

34.

남녀, 인종, 빈부의 차별 없이
모두에게

최근 들어 비즈니스를 5년간 했다. 그동안 4년을 집에서 꼼짝 않고 쉬었고 어느 정도 회복이 됐기에 일을 하고 싶다는 생각이 간절했다. 세상에는 제한된 일자리와 제한된 기회밖에 없지만, 주님의 포도원 품꾼들에게는 시간과 상관없이 모여든 모두에게 일을 주신 것처럼 나에게도 일을 주실 것을 주님께 구했다.

> **마 20:4** "그들에게 이르되 너희는 포도원으로 들어가라. 내가 너희에게 무엇이든 정당한 것을 주리라."

얼마간의 시간이 지난 후 기도의 응답으로 나에게도 원도, 한도 없이 해야만 하는 365일의 일이 주어졌다. 주님은 나에게 일을 주실 수 있는 분이셨으며, 나는 대형마켓에 매일 식품을 납품하는 일을 5년간 하면서 끊임없이 감사를 드렸다.

주님은 또한 포도원 품꾼들이 일하러 들어간 시간과 순서에 상관없이 모두에게 한 데나리온씩 주셨다. 이 말씀에서 먼저 와서 일을 한 자와 늦게 온 자 모두가 시간에 상관없이 한 데나리온씩 주시므로 우리 모두를 하나님과의 관계에서 동일하게 대하셨음을 알 수 있다. 주님이 우리에게 동일하게 행하신 것을 생각해 본다.

– 예수 그리스도만이 우리의 구원자이심을 믿고 믿음으로만 갈 수

있는 하나님 나라(왕국)
- 우리 모두에게 주어진 66권의 성경
- 모든 인생들에게 똑같이 주신 하루 24시간
- 물, 공기, 햇볕을 비롯한 자연 세계

이런 것은 우리 모두에게 주신 동일한 것들이다. 인종에 상관없이, 남녀의 구별없이, 빈부의 차별없이, 모두에게 동일하게 주신 한 데나리온이다.

그러나 품꾼들은 그동안 세상에서 받아온 차별이 있었으므로 차별이 당연하다고 생각했으며 차별하지 않고 주신 주님께 오히려 반발했다. 하나님의 것으로 동일하게 나눠 줬을 뿐인데 불평했다. 세상의 가치관은 모든 것을 비교, 평가해서 주는 상대적 가치관인데 하나님과 나와는 일대일의 절대적인 기준으로 평가하시는 절대적 가치관이시다. 그래서 누구도 반발할 수 없는 것이다.

그러나 지금은 상대 평가 시스템인 세상에서 살고 있으므로 차별이 존재함을 인정하고 스스로가 더 노력해야만 한다. 우리는 이를 자녀에게 성실히 가르치고 현실을 직시하게 해야 한다.

누구에게나 절대적인 관계 속에서 성경 말씀을 통해 주신 명확한 구원의 교리, 예수 그리스도의 이름 외에는 다른 이름으로 구원을 주시지 않았다는 동일한 한 데나리온이다. 나는 동일한 한 데나리온으로, 나의 구원자 예수님과 66권의 성경 말씀을 지키며 살아온 믿음의 사람들과 함께 하나님 왕국에서 사는 그날을 기다려 본다.

2부

부모 눈에 자식은
사랑 덩어리

35.
로또에 당첨되면
다 나에게 준다고 한다

비즈니스를 하면서 새로운 아이템을 추가해야만 하는 때가 있다.

잠 8:12 "나 지혜는 분별과 함께 거하며 재치 있는 창안물들에 대한 지식을 찾아내나니."

이 말씀을 마음에 품고 새로운 아이템을 찾고자 노력을 했고, 딸도 석사 논문을 준비해야 하므로 같이 이 말씀 구절을 나누며 '새로운 창안물, 재치 있는 창안물'을 기대했다. 비즈니스에서 새로 추가한 아이템인 내 창안물의 결과는 대박이 나지는 않았지만 전체 매출의 30% 정도를 차지하며 안정적인 수입을 가져다주었으며 멀리서도 찾아오는 단골손님들도 생겼다. 딸도 자신의 논문 주제와 결과에 대해 만족했다.

사 45:3 "네게 어둠의 보화와 은밀한 곳의 감추어진 재물을 주어 네 이름으로 너를 부르는 나 곧 주가 이스라엘의 하나님인 줄 네가 알게 하리라."

세상은 여러 사람의 것을 (사행성을 부추겨서) 한 사람에게 몰아서(몰빵) 로또, 복권 등으로 재물을 얻게 한 후에 그것으로 타락, 부패시키고 끝에는 망하게 한다. 그러나 하나님의 방법은 어둠 속에 감추인 보화를 각자의 달란트와 노력을 통해 찾게 하신다. 모든 보화는 감추어져 있다. 누가 돌을 감춰 놓겠는가? 또 누가 금이나 은, 귀한 것들을 감춰 놓지 않고 펼쳐 놓겠는가? 귀한 것은 흔하지 않다.

보화, 귀한 것을 얻기를 원한다면 찾는 수고와 노력을 해야 한다. 크리스천들에게는 수고 없이 그냥 주어지는 요행은 없다. 우리 집에도 30년 가까이 거의 매주 로또를 사는 분이 한 분 계신다. 당첨되면 다 나에게 준다고 한다. 다 나를 준다는 말에도 한 번도 기쁜 적이 없다. 하나님의 방법을 알기에 기도하며, 지혜를 구하고, 찾고, 두드리고, 노력할 때 기회를 주시고 생각지도 못한 아이디어를 주신다.

10년 전쯤 교회에 디자인을 공부하던 학생과 실용음악을 하는 학생이 있었다. 그 학생들에게 창의적인 생각의 지혜를 구하라고 말해 줬다.

골 2:3 "그분 안에는 지혜와 지식의 모든 보화가 감추어져 있느니라."

모든 보화를 찾고 싶은 자들의 열쇠는 바로 예수 그리스도시다.
예수 그리스도 안에 지혜와 지식의 모든 보화가 있다.

36.

선 약속, 후 결재

약속… Promise. 성경을 읽다 보면 하나님의 약속, 언약이 많이 나온다. 노아, 아브라함, 다윗 등을 비롯하여 나에게까지 약속을 주셨다. 나에 대한 약속은 천국(하나님 왕국)이다.

아브라함에게 하신 약속은 씨(자손)와 땅과 복에 대한 것이지만 땅에 대한 약속은 아브라함에게 땅을 바로 주신 것이 아닌 '땅을 주시겠다는 약속'이었다.

> 히 11:8 "믿음으로 아브라함은 부르심을 받아 훗날 상속 재산으로 받게 될 곳으로 나가면서 순종하였고."

아브라함은 본 적도 없는 땅을 약속으로 받고, 훗날에 자손들이 받을 상속재산을 지금 당장 받은 사람처럼 순종하는 행동을 보이셨다.

하나님께서 성도들을 이끄시는 방법은 선 약속, 후 결재이다. 예를 들어 하나님은 우리에게 선물을 주실 때 말씀으로 약속을 먼저 주시고 믿게 하신 후 선물을 주시는 구조이다. 먼저 말씀을 믿게 하시고, 그 말씀을 소망하게 하시고, 그 말씀이 이루어질 때까지 인내하게 하신 후 그제서야 그 말씀을 이루신다.

요셉도 17세에 꿈을 꾸고 30세에 총리가 되기까지 모진 인내의 시간을 견딘 후에야 그 약속의 말씀이 이루어졌다.

37.

딸을 위한 최고의 위로

언젠가 딸이 한숨을 쉰다. 너무 힘들다나, 세상 사람들보다 크리스천이 더 힘든 것 같다는 것이다. 당연하다. 누구나 겪는 시험(진학, 취업, 경제적인 문제, 인간관계, 세상살이로 인한 각종 어려움)이 있고 거기에 더해 우리는 믿음의 시험까지 있으니(정금 같은 믿음?) 더 힘든 게 사실이다.

딸은 기도를 해도 응답이 없고, 상황은 더 나빠지고, 다른 사람은 기도 응답도 빨리 받고 주님께 사랑도 받는 것 같은데, 자신에게만은 사랑도 관심도 없으신 것 같은 느낌에 더욱 외롭고 힘들며, 때때로 주님이 안 계신듯 느껴지기도 한다고 넋두리를 한다.

사 63:15 "하늘에서부터 내려다보시며 주의 거룩하고 영화로운 처소에서부터 바라보옵소서. 주의 열심과 주의 능력이 어디 있으며 나를 향한 주의 깊은 사랑과 주의 긍휼의 소리가 어디 있나이까?"

여자이다 보니 감정적이고 느낌이 더 강한 것 같다. 나는 딸을 위해 최고의 위로를 해야 했다. 주님은 느낌 속에 계시지 않고 말씀 속에 계시므로 말씀을 붙들라고, 우리의 믿음은 느낌이 아니라 주님이 우리에게 주신 약속의 말씀을 붙드는 것이라고, 나의 느낌, 생각, 이성과 상관없이 주님은 항상 나를 돌보고 계신다는 믿음, 내가 못 느껴도 나를 돌보신다는 믿음의 영역이라고 했다.

예를 들어 베드로전서 5장 7절 "너희의 모든 염려를 그분께 맡기

라. 그분께서 너희를 돌보시느니라"는 말씀에서 '진짜 돌보실까'가 아닌 '돌보신다'는 확신, 믿음이라고 말이다. '주님이 나와 함께 계실까'가 아닌 '함께 계신다'는 것이다. 이것은 느낌의 문제가 아니라 의지의 문제이고 내가 결정할 문제라고 했다.

"우리의 느낌, 기분으로 인해 연민에 빠지거나 감정에 속지 않게 하시고 우리가 주의 깊은 사랑과 긍휼 안에 거함을 굳게 믿게 하소서."

나의 딸을 위한 기도였다.

38.
너무 소중한 것은
너 혼자만 간직하고 꺼내 보는 거야

딸이 가장 좋아하는 성경 속 인물이 요셉이며, 딸은 요셉처럼 항상 꿈이 있었다. 하이스쿨을 졸업하면서 교회 친구들끼리 모여서 놀았다고 한다. 남녀 모두가 모여서 놀고, 서로의 꿈과 비전을 나눌 때 우리 딸의 비전을 들은 친구들이 "넌, 너무 꿈이 크다"고 했다는 것이다.

집에 와서 나에게 하는 말이, 사실 자기는 더 큰 꿈이 있는데 그것은 말도 안 했다는 것이다. 나는 딸을 불러 앉혀 놓고 너무 소중한 것은 너 혼자 간직하고 너 혼자만 꺼내 보라고 했다. 이해하지 못하는 사람들에게 이해받으려 하지 말라고, 사람들이 나빠서가 아니라 그들은 너의 꿈에 대해 너만큼 소중히 여기지 않으므로, 말로 때로는 행동으로도 너의 꿈을 망가뜨릴 수 있다고 말해 줬다. 요셉의 형제들처럼 요셉이 꿈을 가졌다는 이유만으로 미워할 수 있다고 말이다.

창 37:5 "그 꿈을 자기 형들에게 고하매 그들이 그를 더욱 미워하더라."

말하고 싶으면 부모에게만 말하라고, 부모는 자녀를 시기하지 않고 자녀의 소중한 꿈을 마음에 담아 두고 기도한다고 했다.

창 37:11 "그의 형들은 시기하되 그의 아버지는 그 말을 간직하였더라."

39.

아시안 블론디

딸이 중학생 때(7~8학년) 별명이 '아시안 블론디'였다고 한다. 그 의미를 물어 보니 '금발의 백인은 고지식하고 잘 속는다'였다.

하루는 어떤 아이가 휴대폰으로 보라색 햄스터 사진을 보냈는데 요즘은 과학의 발달로 가능하다는 말에 "오~그래"(그 말을 그대로 인정했고) 그렇게 인정하는 반응을 보였고, 또 속았다고 친구들 사이에서 심각하지는 않았지만 놀림감이 되었다고 한다. 보라색 햄스터는 염색한 것이라고 한다. 그 이후로도 딸은 사람들의 말에 대해 의심을 품거나 별로 반박하지도 않는 것 같았고 지금도 대체적으로 의심 없이 잘 믿는 편이다.

나는 성인이 된 딸에게 특별히 시간을 내어 크리스천이 왜 세상에 속으면 안 되는지 성경공부를 통해 배운 내용을 나눴다. 성경에도 마귀는 우리를 속이기에 "속지 말라"고 한다.

벧후 3:17 "너희가 이것들을 미리 알았은즉 그 사악한 자의 오류에 이끌려 너희도 너희 자신의 굳건함에서 떨어지지 아니하도록 주의하라."

- **마귀가 우리를 속이는 방법**
    1. 옳지 못한 일을 하도록 속인다.
    2. 옳은 일을 옳지 않은 방법으로 하게 속인다.

3. 옳은 일을 하면서 싸우게 한다.
4. 옳은 일을 잘못된 시간에 하게 한다.

- 우리는 무엇에 속는가?
    1. 죄에 속는다.
    2. 쾌락에 속는다.
    3. 재물에 속는다.
    4. 허탄한 철학에 속는다.
    5. 마귀와 사람들에게 속는다.
    6. 환경에 속는다.
    7. 자신의 감정에 속는다.

- 무슨 일을 할 때의 check up list(목록 확인)
    1. 옳은 일을 할 때도 때를 분별하자.
    2. 때와 동기, 목적, 방법이 맞는지 확인하자.
    3. 잘못된 일을 바로잡기 위해서는 후에 엄청난 대가가 필요하다는 사실을 인식해야 한다.

- 자녀들을 위한 기도
    1. 진리(복음)를 위해 일할 때에도 싸우거나, 정죄하거나, 죄짓지 않게
    2. 결혼, 취업, 선교, 공부, 기타 등 옳은 일들을 할 때도 right time (적당한 때), right person(적임자), right way(올바른 방법)로 할 수 있도록

Perhaps today…
(아마도 오늘)

딸이 킨더가든(유치원 과정) 때 시아버님이 돌아가셨다. 90세의 연세로 돌아가셨으므로(언제든지 일을 치를 것을 예상했기에) 장례식 분위기는 어둡지 않았다.

딸에게는 처음으로 '아는 사람의 죽음'이었다. 장례식이 끝나고 집에 오는데 딸이 물었다. 왜 할아버지가 하늘로 안 갔느냐고. 예수님 잘 믿는 사람은 하늘나라에 간다고 했는데 할아버지는 왜 하늘로 안 올라갔느냐는 것이었다. 딸의 생각 속에 할아버지는 목사님이었고 천사처럼 날아서 하늘로 올라가는 것을 기대했는데 땅속에 묻히는 것을 보고 실망했던 것 같았다.

나는 딸이 알아들을 수 있도록 먼저 우리에게는 생각하는 사람이 있다고 했다(딸은 생각하는 사람의 개념을 알고 있다. 집에서 동생과 싸우거나 잘못을 했을 때 생각하는 의자에 앉혀 놓고 반성하게 했는데, 일반적으로 유치원에서 벌주는 방법이다). 생각하는 사람이 먼저 하나님께 가고, 몸은 나중에 간다고 말해 줬다. 몸은 땅에서 가만히 잠자고 있다가 하나님과 천사들이 나팔을 불면 나팔 소리를 듣고, 그때는 예수님을 잘 믿었던 사람들은 모두 일어나서 정말 천사처럼 하늘로 올라간다고 했다.

딸이 묻는다. 나팔 소리를 못 들으면 어떻게 하느냐고. 학교에서 떠들다 못 들은 경험이 있는지 그것을 걱정하고 있었다. 예수님 믿은 사람은 떠들어도, 깊이 잠들어도 다 들을 수 있다고 설명해 주었다.

나는 시아버지 장례식을 통해 어린 딸에게 부활과 휴거에 대해 제대로 가르쳤다. 후에 딸이 하이스쿨 때 다시 한번 두 아이에게 성도들의 휴거와 주님의 재림에 대해 말씀으로 확인을 시켜 주었다. 그때가 한참 시끄러웠던 2012년, 미국에서는 세상의 종말을 외치는 자들이 많이 있던 해였다.

살전 4:16-17 "주께서 호령과 천사장의 음성과 하나님의 나팔 소리와 함께 친히 하늘로부터 내려오시리니 그리스도 안에서 죽은 자들이 먼저 일어나고 그 뒤에 살아서 남아 있는 우리가 그들과 함께 구름들 속으로 채여 올라가 공중에서 주를 만나리라. 그리하여 우리가 항상 주와 함께 있으리라."

나는 오늘도 기다린다. 다시 오실 우리 주님을!
Perhaps today….

41.

그분 편에
줄을 잘 서야 산다

잠 1:7 "주를 두려워하는 것이 지식의 시작이거늘…"

잠언 1장을 읽으면 1장 1-7절까지 잠언의 기록 목적이 나온다. 지혜, 정의, 명철, 공의, 훈계… 다 필요한 것들이고, 자녀들에게 다 가르치고 싶은 것들이다. 이 좋은 것들 중에 가장 먼저 가르쳐야 하는 것은 '주를 두려워하는 것'이 출발점, 스타트가 되어야 한다는 것이다. 내 말이 아니라 솔로몬의 말이다.

부모들은 자녀를 잘 키우고 싶어서 미국 이민을 오고, 자녀 교육에 목숨을 건다. 특히 동양권의 부모들에게 있어서 자녀들은 자기 분신이다. 자녀가 행복하면 부모인 자신이 행복하고, 자녀가 불행하면 자신이 불행하며, 자녀의 성취가 곧 부모의 성취처럼 받아들여진다.

자녀 교육에 목숨을 걸기 전에 주를 두려워하는 것부터 잘 가르침으로 첫 단추부터 잘 끼워졌는지 확인하는 것이 필요하다. 먼저, 자녀의 행복과 안위를 원한다면 fear of the LORD-주를 두려워하는 것을 먼저 가르치자.

어떤 크리스천들과 대화하다 보면 헷갈릴 때가 있다. 보기에는 신실한 크리스천인데 사사건건 하나님 말씀과는 정반대되는 정책을 지지하는 도무지 알 수 없는 사람들이 너무도 많다. 기도도 열심히 하는 것을 보면 하나님에 대한 믿음은 분명 있어 보인다. 하나님을 의지하고 사랑한다. 그런데 크리스천이면 누구나 다 알 것 같은 하나님의 뜻에는 왜 지체 없이 "NO"를 외치는 것일까?

　나는 그들에게도 우리 자녀들에게도 말하고 싶다. 하나님의 호의(favor)를 원하면 먼저 하나님 편에 가서 줄부터 바르게 선 이후에 기도하라고 하고 싶다. 성경의 하나님은 기본적인 시선이 있는 분이시다. 반 공산주의, 반 동성애, 반 진화론, 친 이스라엘 정책이다.

　하나님은 오른편에 계시는데 왼편에 서서 하나님을 부르면 소용없으니 줄부터 바꾸라고, 그분은 우리 편으로 절대 오시지 않는다고, 우리가 그분 편으로 옮겨 가서 서는 게 믿음이라고 말이다. 미국이 남북전쟁 당시, 하나님이 우리 편이 되어 주시기를 바란다던 부하의 말에 링컨이 우리가 하나님 편으로 가서 서야 한다던 말이 떠오른다.

　한국에서 자주 듣던 말, 줄을 잘 서야 살아남는다.

　자녀에게는 하나님 두려워하는 것을 먼저 가르치고, 우리가 그분 편에 줄을 바르게 섰는지부터 확인하자.

　미국 교육도 이제는 공정하지 않고 기울어진 운동장인 것 같다.

　아무리 집에서 성경적인 가치를 토대로 가르쳐도 나가서 듣고 보는 것으로 인해 서서히 물드는 게 눈에 보인다.

증명하라

마 27:40 "네가 만일 하나님의 아들이거든 십자가에서 내려오라."
마 27:42 "그가 이스라엘의 왕이라면 지금 십자가에서 내려올 것이라. 그러면 우리가 그를 믿겠노라."

'○○○이라면 ○○하라' 하며 사람들은 예수님께도 증명을 요구했다. 공생애 시작하실 때부터 돌로 떡을 만들라, 성전 꼭대기에서 뛰어내리라, 나에게 절하라, 그러면 하나님의 아들인지 믿겠으니 증명하라고 했다. 공생애 마치실 때까지도 십자가에서 내려오면 하나님의 아들, 이스라엘의 왕인 줄 알겠다, 그러면 믿겠다, 증명하라고 했다.

예수님은 사역을 통해 이미 메시아이심을 많은 기적과 구약의 성경 말씀으로 증명하셨다. 뭘 해도 믿지 않는 그들 앞에서 더 이상 어떤 증명도 필요 없으셨으나 사람들은 끈질기게 십자가에 달리신 마지막 순간까지도 증명을 요구했다.

때때로 사람들은 우리에게도 크리스천임을 증명하라고 요구한다. 믿는 사람이 어떻게 그럴 수 있어, 믿는 사람이면 ○○○ 했어야지, 믿는 사람이, 믿는 사람이…. 나는 나중에야 알게 되었다.

악을 행하면서도 죄의식조차도 없는 자들이 우리의 입을 막기 위해 우리의 인격을 들추고, 우리의 실수를 지적한다. 우리는 입을 닫을 수밖에 없음을 몇 번의 경험으로 배웠다. 사탄이 사람들을 이용해 우리의 입을 막고 복음도 전하지 못하게 하며 일하지 못하게 했음을 안다.

우리가 증명 받아야 하는 분은 하나님이다. 성도는 하나님 앞에서 자신을 거룩함으로, 스스로 세상의 가치관과 분리함으로 증명하면 되는 것이다. 사람들 앞에서 증명받으려 너무 애쓰지 말자. 세상에, 사람들의 말에 좌지우지될 필요조차도 없다. 우리를 증명해 주실 분은 하나님이시며 우리를 심판하실 분 또한 하나님뿐이시다.

고전 4:4 "나 스스로 판단 받을 아무것도 알지 못하노라. 그러나 이로써 내가 의롭게 되지는 아니하였나니 오직 나를 판단하시는 이는 주시니라."

43.
부모 눈에 자식은 사랑 덩어리

    부모 눈에는 자식처럼 예쁜 게 없다. 아무리 꽃이 예뻐도 사랑스럽지는 않다. 꽃을 가운데 두고 꽃 때문에 웃거나, 꽃 때문에 희망이 생기지는 않는다. 그러나 자식은 가운데 앉혀 놓고는 똥을 싸도 웃고, 하품을 해도 웃고, 먹어도 웃고, 넘어져도 웃는다. 뭘 해도 부모 눈에 자식은 사랑 덩어리이다. 나도 그랬다.

    아들이 네 살쯤이었다. 무엇을 먹을 때 항상 큰 것을 먼저 친구나 누나에게 주었다. 그날도 주스를 따라 주니 더 많이 들어 있는 주스 컵을 친구에게 주길래 "너는 마음이 예뻐서 하나님 일 해야지, 세상일 하기에는 너무 아깝다"고 아들에게 말했다. 그러자 그 말을 이해라도 한듯이 "그럼 그 일 내가 할게…" 하는 것이었다.

    나는 이 일을 친척들이 모인 자리에서 했고, 친척들도 재미있어 하며 "그럼 너도 할아버지처럼 목사님 돼라"고 했다. 친척들은 만날 때마다 진담 반 농담 반으로 목사가 될 건지를 물었고, 그래서 그런지 아들이 어렸을 때에는 목사가 되어야 한다고 생각했던 것 같다. 초등학교 시절 장래희망을 발표할 때 목사가 되겠다는 말에 친구들 사이에서 놀림감이 된 적도 있었다고 한다.

    대학 진학을 앞둔 11학년쯤 나는 진지하게 정말 목사가 될 생각이 있는지 물었다. 아들은 본 어게인(거듭나다)은 됐지만 콜링은 아직도 없다며 정치학과로 대학을 진학했다.

    요즘도 가끔 묻는다. "생각 바뀌면 말해… 엄마 기도 들어간다" 하면 아들은 웃으며 "아직은 아니야…"라고 한다. 그런데 "NOT YET"(아직 아니다)이 "NO WAY"(아니다)가 될 것 같은 예감이 든다.

가끔 목사님들의 간증들 중에 하나님이 모든 길을 막고(실패하고) 목사의 길로 인도했다고 한다. 난 그런 간증이 별로 마음에 와닿지 않는다. 이것저것 다 실패해서 마지막 기회로 그 길을 간다는 것까지는 이해한다. 누구에게나 선택의 자유가 있으니까. 그러나 그것은 하나님의 부르심이라기보다는 주의 길을 가고 싶어 최선을 다하고 있다고 했으면 좋겠다. 마지못해, 억지로, 코너에 몰려서, 어쩔 수 없어서 끌려왔다고 생각하는 사람보다 자원해서 온 사람이 자율적으로 사명감을 가지고 일을 훨씬 더 잘할 수 있다고 생각한다. 이미 스스로 헌신된 마음의 준비와 각오가 되어 있기 때문이다. 사람들도 아는 원리를 하나님께서 왜 모르시겠는가?

난 아들에게 바란다. 무엇으로 드리든지 가장 좋은 것으로, 가장 좋은 때에 드리기를 기도한다.

44.
엄마 말 대신
낯선 여자의 말을?

부모의 잔소리는 쓸 만한 잔소리였음을 내 경험을 통해 알 수 있다. 급할 때는 듣기 싫었던 엄마의 잔소리가 번쩍 떠오른다. 그로 인해 위험도 해결하고 위기를 벗어나기도 하며, 때로는 아이디어가 되기도 한다. 이런 잔소리 유용론자이다 보니 아이들에게도 좀 하게 된다.

딸에게는 엄마들의 전공 분야인 살림살이와 돈 관리를 말하게 된다. 전에는 음식 요리법도 자주 묻더니 요즘은 젊은이의 방법대로 구글과 함께 살아가는 것 같다. 인터넷 발달 전에는 부모가 자녀들에게 모든 지식과 경험을 전달했다면 지금은 거꾸로 자녀들에게 일일이 묻고 의지해야 한다. 그러니 부모의 말보다 구글의 권위가 더 세졌다.

얼마 전 아들과 둘이 프리웨이에서 운전 중에 내가 알고 있는 길과 구글맵의 길 안내가 다르자 아들이 구글맵에서 나오는 여자의 음성대로 따라가는 것이었다. 나는 서운함과 농담을 섞어서 '엄마 말 대신 낯선 여자 말을 듣고 따라가느냐'고 놀렸는데, 결국 그 길은 한참을 돌아가는 길이었다. 낯선 여자의 말에 귀를 기울이고 선택한 아들에게 일침을 가하고 미리 조심하기를 당부하며 엄마의 잔소리를 남기고 싶다.

잠언에도 모르는 낯선 여자에 대한 경계가 있다.

잠 7:4-5 "지혜에게 말하기를, 너는 내 누이라 하고 명철을 가리켜 네 친족 여인이라 하라. 그리하면 그것들이 너를 지켜 낯선 여자에게서 곧 말들로 아첨하는 낯선 자에게서 벗어나게 하리라."

45.
보복소비…인가?

 미국에서의 생활이 경제적으로 넉넉하지도 않았고 나 또한 wants(원하는 것)보다는 needs(필요한 것)에 맞춰서 돈을 쓰면서 살았다. 그러다 보니 아이들에게도 원하는 것보다 필요한 것들 위주로 사 줬다.
 딸이 어릴 때 함께 식료품 마켓을 갔다. 그날도 자주 사던 식료품 위주로 빠르게 장을 보고 나와서 차에 탔는데 딸이 심술이 나 있었다.
 "왜 그래?" 자신에게는 필요한 것을 사는 거라고 하면서 엄마는 맘껏 사고 싶은 것을 다 샀다는 것이었다. 아마도 늦은 시간에 마켓을 갔으므로 그동안 늘 사오던 것을 막 집어넣던 것을 보고 그렇게 생각했던 것 같았다. 나는 어이가 없었다. 집에 와서 딸에게 구매한 물건을 하나하나 집어 들고 이것이 누구에게 필요한 것인지, 누가 먹는지, 누가 쓸 건지를 물었던 에피소드가 생각난다.
 지난해 여름 서부에서 동부까지 자동차로 3주간 여행을 했다. 캘리포니아에서 네바다, 아리조나, 유타, 아이다호에 있는 옐로스톤, 로키산맥 등을 걸쳐서 왕복 23개 주를 여행했다. 최종 목적지는 딸이 살고 있는 Washington DC였다.
 혼자 살고 있는 아파트를 둘러 보았다. 깨끗하게 잘 정돈되어 있었고 필요한 것들이 다 갖추어져 있었으므로 나는 내심 만족했고 안심이 되었다. 그런데 옷장을 열어 보니 의외였다. 옷이 너무 많았고, 비슷하게 겹치는 스타일도 여럿 있었다. 화장품도 많았고, 사놓고 한두 번 쓰고 안 쓰는 립스틱도 많았다. 집으로 올 때 안 쓰는 화장품을 가져와서 나의 친구들과 나눠서 사용했다.

난 혼자 생각했다. '원하는 것보다 필요한 것들을 사게 했던 어린 날에 대한 보복소비…인가?' 잔소리하고 싶은 마음을 꾹 참고 우회적인 방법을 택했다. "이제부터는 사과를 사세요. 사과는 몸에 좋아요." 애플 주식을 1년에 몇 개 사서 모을지 계획하라고 했고 가끔 전화할 때 물어 본다. "지금 사과 몇 개 있어요?" 어느 날에는 사과가 많이 올랐다고 기뻐한다. 난 우리 딸이 현숙한 여인으로 잘 성장하기를 바란다.

잠 31:10 "누가 현숙한 여인을 찾겠느냐? 그녀의 값은 루비보다 훨씬 더 나가느니라."

46.
나는 그 친구를,
주님은 우리 딸을 후원해 주세요

딸이 뉴욕에서 대학원을 다닐 때 초등학교 3학년때부터 베프였던 친구가 뉴욕에 왔다고 했다. 서로 가족끼리도 잘 아는 사이였다. 그 친구는 아랍권 지역 위주로 활동하는 선교단체의 선교사가 되었으며, 잠깐 뉴욕에서 볼 일도 있고 딸을 만나기 위해 겸사겸사 왔다고 한다. 둘이서 오랜만에 유치했던 어린 시절을 추억했단다. 그러면서 그 친구랑은 매일 싸우고, 다음 날 언제 그랬느냐는듯이 매일 다시 놀았다는 것이다. 나는 그것을 처음 들었다. '우리 딸이 어릴 적에 매일 친구와 싸운 쌈순이였다구?'

나는 그 아이를 어렸을 때부터 잘 알고 있었으며 하나님을 사랑하는 것도 잘 알고 있다. 나는 딸에게 그 친구의 선교 후원을 하겠다고 하면서 딸에게 물어 보았다. 딸한테 마음에 걸리는 게 있었기 때문이었다. 딸도 뉴욕에서의 생활이 빠듯했고, 학비와 생활비의 일부를 Loan(대출)으로 해결하고 있었지만 경제적으로 지원해 주지 않고 있었기 때문이었다.

딸의 대답은 이랬다. 자기는 안전한 미국에서 살고 있고 정말로 급하면 엄마에게 도움도 요청할 수 있지만 그 친구는 자신보다 훨씬 위험한 이슬람권에서 활동한다며 괜찮다고, 자기보다 그 친구를 후원하는 게 당연하다고 했다. 그 말을 듣고 마음속으로 '난, 그 친구를 후원할 테니 주님은 우리 딸을 후원해 주세요'라고 했고, 지금도 나는 7년째 후원을 하고 있다.

47.
사랑을 더 많이 하는 쪽이 끌려다닌다더니

아들이 하이스쿨 때 나는 장난기가 발동하여 "엄마는 무조건 아들이 결혼하면 아들하고 같이 살 거야" 하고 말하자 아들은 의외로 "NO"라고 했다. "왜? 안 돼…?"라고 하자 와이프와 의논해서 결정해야 한단다. 와이프도 'YES'를 해야 된다나!

이번에는 장난기가 아니라 오기가 발동하여 꼭 아들을 이겨야겠다는 마음이 들었다. 한국인의 문화를 들먹이며 한국인은 대부분 부모와 같이 산다고 했다. 아들이 이유를 제시하는데, 벌써 내 아들이 내 아들이 아닌 사돈의 아들이 된 것 같았다.

미래의 와이프가 다른 형제가 없거나 그쪽 부모가 원하면 같이 살아야 한다는 것이다. 그쪽 부모는 원하면 되는데 우리는 원해도 안 되는 게 말이 되느냐? 그렇지만 장인, 장모와 같이 사는 것은 안 된다고 말할 수가 없어서 "그럼, 그쪽 부모하고 우리하고 다같이 살면 되겠네"라고 했더니, 그것도 "NO"라고 한다. 만약에 두 집이 싸우면 어떡하냐는 것이다. 난 물러날 수가 없어서 "엄마가 참을게!"라고 했더니 "음… 엄마가 참는다면, 그럼 Ok"라고 한다. 아직 있지도 않은 사돈을 질투하며 난 아들에게 KO패를 당했다.

사랑을 더 많이 하는 쪽이 끌려다닌다더니…. 우리 아들 마지막 말은 "난 엄마 사는 집 10분 거리에서 살 거야." 난 이 제안을 받아들이고 만족해야 할 것 같다. 내 아들의 행복을 위하여….

첫딸은
살림 밑천

우리 아이들 4학년, 1학년 때의 일이다. 커뮤니티 칼리지 내에 있는 매점을 운영한 적이 있었다. 아침 7시에 오픈해서 3시에 마감이다 보니 아이들이 잠잘 때 나와야 했다. 아침과 런치박스를 준비해두고 나와 남편은 6시 반 정도에 나오고, 나머지 일은 4학년 딸이 해야 했다. 제시간에 일어나서 동생을 깨우고 아침을 먹고 문 단속을 하고 둘이 학교를 걸어서 가야 했다. 다행히 동네 안에 학교가 있어서 위험하지도, 멀지도 않았다. 그러다 보니 딸은 어려서부터 책임감을 일찍 배운 것 같다.

어느 날인가 목사님이 어쩜 아들을 그렇게 단정하게 해서 학교에 보내느냐고 나를 칭찬하는 것이었다. 머리는 가르마를 타서 단정하게 빗었고 하얀 와이셔츠에 블루 조끼를 입고 있었다고 한다. 그 말을 들으면서 딸이 자기 동생에게 했을 일이 눈에 선했다. 지금 생각해 보니 과다한 책임감이었으리라. 나는 거기에다 가족 공동 책임까지 주장했다. 가족 중 누군가가 해야 할 일을 잘 못하거나, 안 하면 다같이 불편을 겪어야 하고, 다같이 아프며, 다같이 책임져야 한다며, 둘째에 대한 첫째의 책임까지 강조했다. 숙제 검사, 시험 공부, 준비물 등 엄마 대신이었다.

언젠가는 동생을 엄마가 낳았는데 왜 내가 돌봐야 하느냐며 야무지게 따져 묻기도 했다. 첫딸은 살림 밑천이라 하더니, 먼저 딸부터 주신 주님께 감사드린다.

49.
관계 단절,
결별을 생각하게 한다

　미국 대부분의 사람들이 그렇듯이 속은 어떤지 몰라도 그들은 겉으로는 친절하고, 나이스하고, 잘 배려하고, 참고, 기다려 준다. 우리 아이들도 그렇게 컸다. 그런 사회에서 생활해서 그런지 우리 딸은 나를 비롯하여 한국 사람들은 웃지도 않고, 무뚝뚝하고 리액션도 없고 너무도 무덤덤하게 보인다고 한다. 나는 딸에게 겉은 그래도 속은 따뜻하고 인정이 많은 게 한국인의 특징이라고 말했다.
　언젠가 한국 드라마에서 나오는 갑질과 무례함을 보며 도대체가 이해할 수 없는 캐릭터라고 한다. 무례함에 대해 잠시 생각해 보았다.

고전 13:5 "(사랑은) 무례히 행동하지 아니하며."

　무례하게 행동하지 않는 것이 어떤 사람과의 관계를 유지하기 위한 최소한의 방편이다. 누군가가 무례한 행동이나 태도를 보이면 더 이상 만나고 싶지 않다. 보고 싶지 않다는 관계 단절, 결별을 생각하게 한다. 한국 사람들은 감정적이다 보니 너무 쉽게 선을 넘는 무례를 범한다.
　남들과의 관계에서도 선을 지키는 것처럼 가족에게도 서로 선을 지키는 것이 더욱 중요하다. 남들과의 관계 단절이 불편함이라면, 가족과의 관계 단절은 불행이기 때문이다.

50.
누나의 조용한 카리스마 비결

어렸을 때부터 아들은 엄마인 나보다 누나를 더 무서워했다. 누나의 지시 사항에, 물 가져와, 게임 그만하고 공부해, 말 한마디에 바로 움직이는 아들을 보며 딸의 카리스마를 의아해하며 약간 부러워했다. 그런데 하이스쿨 때부터 누나의 카리스마가 흔들리기 시작했고, 딸은 자신의 카리스마가 흔들리자 바로 동생에 대해 손을 놔 버리는 것이었다.

한번은 "어떻게 엄마 말보다 누나 말을 더 잘 들어?" 그러자 엄마보다 누나가 더 무섭다고 한다. "왜?"라고 하자 누나는 말을 안 들으면 꼬집는다고 했다. 그때서야 누나의 조용한 카리스마의 힘이 무엇인지 알았지만 나는 계속 모르는 척했고 그들 사이에 개입하지 않았다. 내가 개입해서 어쩌겠는가? 둘이서 해결해야 하는 문제였고, 태어난 순서를 바꿔 줄 수도 없고 그렇다고 동생의 하극상도 볼 수 없지 않은가! 잘못 개입하면 형제간에 사이만 나빠지고, 누구의 편을 들어도 부모에 대해 서운해할 것 같았다. 또한 동생에 대한 사랑을 알기에 지켜보기로 했다.

드디어 아들이 하이스쿨 가서야 꼬집힘을 면하고 힘의 균형이 생겼으나 더 살벌한 긴장감으로 서로 눈빛 레이저를 발사하는 것이다.

형제들 간의 싸움은 누가 이기든 마귀가 승리자이다. 형제간의 잘못을 발본색원 하기 위해 칼을 잡지 말고 세워 주기 위해 자기희생을 하라. 십자가는 남을 죽이는 것이 아니라 나를 죽이는 것이라는 설교가 생각난다. 우리도 사남매이다 보니 형제지간의 적지 않은 갈등 경험이 있었고 시간이 지나면서 자정 작업이 생기는 것을 알았다. 성경에도 형제간의 싸움이 얼마나 많았는가? 야곱과 에서의 갈등, 야곱의 아들들인 열두 형제들, 그리고 만만치 않았던 다윗의 아들들….

그러나 성경은 형제는 어려울 때를 위해 예비되었다고 하지 않던가!

잠 17:17 "형제는 어려운 때를 위하여 태어났느니라."

부모로서 마지막까지의 바람은 형제 우애일 것이다.

51.
부모들은 속이 타들어 간다, 이들이 알기는 할까?

요즘 아이들은 무엇을 하면서 노는지 몰라도 90년대생인 우리 아이들은 어릴 때 디즈니 비디오를 보면서 자랐다. 영어판 라이온킹, 미녀와 야수, 헤라클레스, 신데렐라… 많은 비디오 중에 하나인 백설공주를 일부러 스페니쉬판으로 사줬다. 어릴 때 외국어에 빨리 노출시키면 배우기 쉽다는 유아 언어 교육이 생각났기 때문이었다.

그러나 우리 아이들은 막상 7~8학년 때 스페니쉬를 배울 때 쉽게 배우거나 특별히 잘하지는 않았던 것 같다. 언어도 필요에 의해 배울 때 효과가 있는 것 같았다. 딸은 대학 1학년 때 교환학생으로 중국 칭화대학을 다녀온 후부터 꾸준하게 중국어를 익혀 왔으며 잊지 않으려고 중국에서 유학 온 중국 친구들과 서로 영어와 중국어를 크로스 티칭하면서 지금도 노력하고 있다. 영어와 한국어에 이어 중국어가 제3의 언어가 되었으며 스페니쉬의 쉬운 말하기와 듣기 정도는 하는 것 같다.

딸을 중국에 교환학생으로 보냈을 때가 생각난다. 중국어를 할 줄도 모르고 읽을 줄도 전혀 모르는 19살의 미국에서 자란 여자아이가 중국 유학을 꼭 가야 한다고 고집을 피웠다. 중국 치안도 믿을 수 없었고, 그 당시 인신매매 소식도 흉흉했다. 그렇지만 딸의 고집을 꺾지 못했고 결국 두 손 두 발 다 들고 하나님께서 지켜 주실 것을 믿고 어쩔 수 없이 허락을 했다. 아마도 그때가 내 평생 가장 기도를 많이 했던 때였을 것이다.

주님은 이런 우리를 위해 한 사람을 미리 준비해 주셨다. 중국에서 중학교 때부터 유학해서 대학원에 다니고 있던 좋은 언니를 만나서 1년을 함께 살면서 안전하게 생활을 할 수 있었으며, 그 언니는 그때 우리 딸로 인해서 딸과 같은 교환학생 중 한 명이었던 남편을 만나 결혼하여 미국에서 잘 살고 있다.

딸은 중국어를 열심히 배우고 왔고 좋은 친구들과 많은 믿음의 산 증인들을 만났으며 중국에 커다란 믿음의 네트워크를 만들었다. 지금도 활발하게 교제하고 그들과 함께 '통일에 관한 내용'의 책도 발간했다.

교환학생 과정을 마치고 와서 들려준 이야기이다. 중국으로 간 지 3일 정도 지났을 때 학교 가는 버스를 잘못 타서 결국 학교 반대 방향의 종착역에서 내렸다고 한다. 거기가 어느 동네인지도 모르고, 한문 간판도 읽을 줄 모르고, 반대로 온 것도 모르고 헤매고 있는데 어떤 아줌마가 와서 묻길래 칭화대학 책을 보여 줬다고 한다. 그 아줌마가 우리 딸의 손을 잡고, 다시 버스를 같이 타고 학교까지 데려다주었다는 것을 들으며, 만약 그때 우리 딸을 다른 곳으로 데리고 갔다면? 생각만으로도 소름이 쫙 끼쳤다. 천지 분간 못 하는 아이를 보내 놓고, 천사를 보내서 우리 딸을 지켜 주시길 날마다 기도했던 것이 딸의 간증을 통해 실제가 되었던 것을 나중에 알게 되었다.

시 34:7 "주의 천사가 그분을 두려워하는 자들을 둘러 진을 치고 그들을 건지는도다."

정말 주님이 천사를 보내셨구나! 기도가 증명되는 순간이었다. 우리 주님께, 또 천사로 쓰임 받은 중국 아주머니께 그리고 1년간을 잘 돌보며 같이 살아 준 예쁜 언니에게도 다시 한번 감사드린다.

글을 쓰다 보니 딸도 내 속을 엄청 썩였구나 싶다. 이런 고집 때문에 부모들은 속이 새까맣게 타들어 가는 것을 자녀들은 알기나 할까?

52.
곰을 피하려다
호랑이를 만난다더니

　얼마 전 나는 아들과 조용히 이야기할 시간이 있어서 아들에게 물었다. 인생 중에 언제가 가장 힘들었었느냐고? 나는 아들이 US Army 입대 시 했던 7개월 군사 훈련일 거라고 속으로 생각하며 물었으나 의외의 대답을 하는 것이었다. 아들은 UC 버클리에서 공부할 때였다고 한다. 새벽 6시에 무조건 일어나 바로 도서관으로 갔다며, 읽어야 할 책과 공부할 분량이 너무도 많아서 토가 나올 정도였다고 한다.
　졸업 후 자기는 더 이상 공부하고 싶지 않다며, 공부를 더 시키고 싶으면 누나를 더 시키라며 자기에게서 공부는 다 끝났다면서 "I'm done"(난 그만할래)을 외치며 대학원 가는 것도 거부했다.
　그런데 웬 운명의 장난인가? 취직을 하면 공부를 안 해도 되는 줄 알고 들어간 IT 회사에서는 기술을 계속 업그레이드해야 하므로 공부를 놓을 수 없다는 것이다. 곰을 피하려다 호랑이를 만난다더니, 공부가 체질이 아니라고 외치는 아들이지만 후천적으로라도 공부가 체질이 될 것 같은 예감이다. 오늘도 회사에서 시간 될 때 공부해야 한다며 대학 때 쓰던 백팩을 메고 나가는 아들의 인생을 축복하며, 응원한다.

53.
자신감을 드러내던
딸이 조용하다

올해 4~5월, 딸이 무척이나 바쁘다. 거의 매주 친구들 결혼식이 있어서 Washington DC에서 캘리포니아로, 뉴욕으로 계속 일정이 잡혀 있는 것이다. 이틀 전에 친구 결혼식에 왔다가 오늘 새벽에 Washington DC로 돌아가는 딸을 배웅하며, 친한 친구들이 결혼하니 딸의 마음이 어떤지 물어 봤다. 아직까지는 일이 더 좋다며 괜찮다고 한다. 그래도 비혼주의는 아니니 결혼에 대해서도 항상 생각하라며, 더불어 나는 주님께서 우리 아이들의 중매자가 되어 주실 것을 요청 드렸다.

우리 아이들이 20대 초반일 때 스물여덟 살까지 짝을 못 찾아오면 무조건 엄마가 찾아온다는 말에 딸은 걱정 말라며 자신감을 드러냈고, 아들은 있을 수 없는 일이라며 정색을 했다. 한 번 한다고 하면 불도저처럼 무조건 밀어붙이는 엄마의 성향을 잘 알고 있기 때문이었다.

그런데 어떡하지? 다음 달이면 딸이 29살이 되는데, 자신감을 드러내던 딸이 조용하다. 정말 내가 나서야 하나? 걱정이 된다.

54.
꽃을 빨리 자라게 하려고
끄집어당길 수 없듯이

딸이 백일이 지나자마자, 난 미국에서 첫 번째 직장으로 프리스쿨 교사로 일했다. 딸을 2살 반에 12개월부터 보냈고(1년 빠르게) 나는 3살 반에서 일을 하게 되었다. 딸을 봐주시기로 약속하셨던 시어머니는 갑자기 몸에 무리가 와서 돌볼 수가 없으셨고 친정엄마는 비자가 만료되는 시점이라서 한국으로 돌아가셔야 하는 상황이었다.

딸이 18개월 때쯤 젖병을 더 빨고 싶어 하는 아이에게 충분하게 시간을 주지 못한 채 조금 이르게 시작한 젖병 떼기와 배변 훈련이 아이에게 무리였던 것 같다. 그때부터 엄지손가락을 빨기 시작하여 초등학교 2학년 정도까지 학교에서도 친구들 몰래 빨 정도였고, 하도 빨아서 손가락이 늘 헐어 있었다.

그러다 초등 2학년 때 손가락 빨기를 갑자기 멈추었다. 야단을 치고 타이르고, 손가락에 밴드를 감아 놓고, 별짓을 다 해도 멈추지 않던 것을 갑자기 멈추었다. 아마도 더 이상 하면 안 된다는 자기 각성이 있었던 것 같다. 아이는 훈련할 준비가 안 되었는데 엄마의 필요에 의해 서둘러 훈련을 했고, 그 결과 6개월 정도 앞당기려다가 6년 정도를 고생하며 서로 심한 스트레스를 받았다.

"문제 부모와 문제 교사가 있을 뿐, 문제 아동은 없다"라고 한다. 아이들에게는 자기만의 성장 속도가 있다. 꽃을 빨리 자라게 하려고 끄집어당길 수 없듯이, 부모 욕심대로 아이의 성장 속도를 앞당기려 할 때 심한 부작용을 경험한다.

55.
꿈은 이루어진다

　미국에 처음 발을 디딜 때부터의 꿈이었던 서부에서 동부까지 자동차 횡단 여행을 미국에 온 지 27년 만에 이루었다. 꿈은 이루어진다더니…! 왕복 3주 계획으로 남편과 아들이 교대로 운전하기로 했고, 최종 목적지는 딸이 살고 있는 Washington DC였다.
　우리는 캘리포니아를 출발하여 라스베이거스 야경을 보고 시간을 끌지 않고 바로 애리조나로 넘어갔다. 밤새 달려 도착한 애리조나의 아침은 황홀했다. 여행 첫째 날인데다 타 주의 향기와 아침부터 쏟아붓는 강렬한 태양과 붉은 색 퇴적층의 조화….
　우리는 홀스밴드(Horse band)라는 곳을 갔다. 위에서 내려다보니 물감을 풀어놓은 듯한 파란 강물 한가운데 말발굽 모양의 붉은 퇴적층이 있었다. 짙은 남색과 대비되는 빨강 퇴적층과 초록색의 풀로 경계를 이룬 홀스밴드는 27년 만에 이룬 꿈의 첫 번째 사진이 되어 마음에 저장되었다.
　홀스밴드에서 가까운 앤털로프캐니언이 우리의 주요 관광지였다. 안내원의 인도대로 끝도 없이 지하 계단으로 내려가서 위를 쳐다보니 붉은 퇴적물 사이 사이에서 들어오는 햇빛의 각도와 방향에 따라 빨주노초파남보 무지개로 페인팅해 놓은 것 같았다. 분명히 빨간색 돌산인데 노랑, 초록, 파랑 등으로 보이는 매직이었다. 자연의 신비였다. 우리는 붉은색 흙바닥을 힘든 줄도 모르고 헤집고 다니며 형형색색으로 변하는 빛의 마술을 경험하고 애리조나주를 떠나 유타주로 향했다.

56.

옐로스톤에서 8월에
한겨울을 체험하며

우리는 유타 솔트레이크에서 1박을 하고 시내 관광을 하기로 했다. 8월 중순이었지만 유타의 아침 기온은 60도(화씨) 정도로 캘리포니아 겨울 아침보다 훨씬 더 추웠다. 우리는 아침 식사를 마친 후 옐로스톤(Yellowstone)에 가기 위해 아이다호를 향해 출발했다.

옐로스톤은 8월임에도 불구하고 비와 서리가 내렸고 한국의 겨울보다도 추웠으며 2~3일 비가 더 온다는 일기예보에 우리는 하루 정도 더 둘러보기로 했던 여러 곳을 넘기고 유명한 가이서(솟아오르는 온천, 간헐천) 몇 군데를 본 후에 옐로스톤을 다 본 것으로 퉁치기로 했다.

나는 20대 초반에 읽었던, 책 제목은 생각나지 않지만, 인상 깊었던 한 대목이 생각났다. 조선 시대 민비와 선교사 부인과의 대화였다. 민비가 "미국은 어떤 나라입니까?" 하고 물었다. 선교사 부인은 "한날(같은 시간)에 봄, 여름, 가을, 겨울이 다 있는 나라입니다"라고 대답했다고 한다. 그만큼 땅덩어리가 큰 나라임을 말했으리라 생각이 되었다. 미 서북부 옐로스톤에서 한여름 8월에 추운 한겨울을 새삼 체험하며 그 대화가 생각났다.

미국은 하나님이 축복을 몰빵한 땅이라고 하는 사람들의 질투 어린 말이 생각난다. 수많은 지하자원과 쓸모없는 땅이라고는 한 치도 없는 넓은 땅덩어리와 누군가 쳐들어오고 싶어도 들어올 수 없는 태평양과 대서양을 끼고 있는 지정학적 유리함과 천혜의 요소를 갖추고 있는 땅 미국, 옐로스톤의 감흥을 이렇게 마무리하려 한다.

57.
덴버의 좋은 인상을 뒤로하고
로키산맥으로

 우리는 옐로스톤을 끼고 있는 몬태나와 와이오밍을 거쳐서 콜로라도에 도착하여 덴버와 로키산맥과 온천의 도시 아스펜에서 시간을 보내기로 했다. 덴버 시내는 로키산맥 때문인지 공기가 깨끗하고 청명했으며, 시내 곳곳에 꽃과 나무로 잘 정돈해 놓은 아름다운 도시였다.
 살아 보고 싶은 도시로 덴버가 마음에 자리를 잡았다. 로키산맥에서 내려오는 물줄기가 도시 곳곳을 휘감고 있어서 그런지 어디를 가나 시원하고 정감이 가며 약간 시골스러움과 동시에 현대적인 도시로도 낯설지 않은 묘한 어울림이었다.
 우리는 덴버의 좋은 인상을 뒤로하고 로키산맥으로 향했다. 갈수록 쭉쭉 뻗은 침엽수와 깊은 산속 정상까지 뚫려 있는 도로를 달리며 군데군데 호수와 사슴과 물소 등을 배경으로 처음이자 마지막이 될 것 같은 동서 횡단 여행을 간직하기 위해 열심히 사진들을 남겼다. 콜로라도에서의 소소했던 맛집과 곤돌라를 타고 올라갔던 동굴 탐험, 밤새 운전하는 아들을 위해 수다 떨던 시간들, 오늘만 누릴 수 있는 행복이었으리라.
 미국 쌀생산의 50%를 넘게 차지한다는 캔자스의 드넓은 평야를 거쳐 미시시피에서의 보타닉 가든(Botanical garden)은 디테일이 살아 있었다. 너무도 잘 조성된 가든과 수많은 꽃과 나무를 보며 처음 가 본 미주리주에 대한 무한 신뢰를 보냈던 기억이 떠오른다.

일리노이주와 인디애나주와 웨스트버지니아주를 지나며 동물원 아트 뮤지엄, 아쿠아리움 등과 시내 구경과 맛집도 빼놓지 않고 다녔다. 오랜만에 누려보는 호사스러움과 즐거움이었다.

미국은 내가 사는 캘리포니아뿐만 아니라 어느 주를 가든지 균형된 발전과 특색이 돋보였고 자유로움과 여유가 있었다. 1800년도의 서부 개척 시대의 영화만 봐도 제대로 된 길도 없이 말이 달리던 길이었다고 생각하니, 200년 남짓 인간의 지식과 욕망과 집념이 이렇게 발전을 이뤘는데 앞으로는 어떤 세상이 될지 기대보다 두려움이 더 앞선다.

58.
여행 중 맛집 순방은 빼놓을 수 없는 기쁨

드디어 버지니아에 살고 있는 딸의 집에 도착했다. 혼자 사는 딸 집에 오니 할 일이 태산이었다. 일어나자마자 한인마켓에서 장을 보고 며칠 있을 동안 먹을 반찬과 딸이 두고 먹을 수 있는 밑반찬을 만들어 놓고는 우리끼리 Washington DC 시내와 알링턴국립묘지, 링컨센터와 초대 대통령 조지 워싱턴이 영국과의 목숨 건 전투를 했다는 포토맥 강변과 백악관 등을 구경했다. 딸은 너무 바쁜 직장인이고 회사에 중요한 행사가 겹친 관계로 시간을 낼 수 없다고 미안해했다.

주말이 되어서야 온전히 4명이 뭉칠 수 있었다. 버지니아에서 다리를 건너니 메릴랜드주였다. 메릴랜드 비치는 대서양을 접하고 있으니 태평양을 접하고 있는 캘리포니아 비치와 다른 모습이리라 기대했으나 다르지 않았고, 내 느낌상 바다 향기가 더 짙었던 것 같다.

메릴랜드 유명 맛집에서 대서양에서 잡았을 블루크랩과 해산물을 먹고, 오랜만에 가족끼리 몰려다니며 거리를 구경하고 유서 깊은 명문대인 조지타운대학의 위용과 대학가에 몰려 있는 맛있는 디저트들을 먹었다. 뭐니 뭐니 해도 여행 중 맛집 순방은 빼놓을 수 없는 기쁨이었다. 우리 모두에게 달콤한 시간이었다.

이렇게 Washington DC에서의 마지막 밤을 보내고 딸과의 아쉬움을 남긴 채 다시 서부로 돌아가는 일정으로 조지아주를 향하기로 했다.

59.

조지아주에서 찾은
아름다운 호수 라니아

    여행의 마무리 이야기를 하려고 한다. 우리는 캘리포니아로 돌아가는 일정에 고민이 많았다. Washington DC는 미 북부와 미 남부의 딱 중간이었다. 미 북부로 가면 뉴욕과 나이아가라폭포를 구경하고 미시간주, 위스콘신주, 미네소타주, 타코마, 오리건주를 거쳐서 캘리포니아주로 돌아갈 수가 있다. 아니면 미 남부로 해서 조지아주, 앨라배마주, 미시시피주, 아칸소주, 오클라호마, 텍사스주, 뉴멕시코주, 캘리포니아주로 올 것인가 고민이 되었다. 8월 중순에 시작된 여행이다 보니 동부는 여름 우기로 관광지가 닫힌 곳이 많았다. 그중 하나가 나이아가라폭포였다.

    우리는 미 북부 대신 미 남부로 향하기로 했고 조지아주에서 살고 있는 너무나 만나고 싶은 지인을 만나러 가기로 했다. 딸하고 초등학교 2학년부터 같은 교회, 같은 학교, 같은 동네에 살았으므로 가족 모두가 서로 잘 아는 집안이었다. 두 집 다 8학년 때까지 북가주 실리콘밸리에서 살다가 한 집은 조지아주로, 우리는 남가주 오렌지카운티로 비슷한 시기에 이사를 했다. 우리는 그 집에서 하루를 지내면서 그동안 쌓였던 이야기를 나누고 아쉽게 헤어졌다.

    우리는 조지아에서 스톤마운틴을 갔으나 우기로 인해 닫혔으므로 라니아 호수로 향했다. 그곳은 손에 꼽을 만큼 아름다운 호수였고 또 조지아주는 콜로라도에 이어 살아 보고 싶은 곳으로 마음에 남게 되었다.

60.
처음으로
주식 계좌를 열다

어느 날 우리 아들이 대학생일 때 나에게 401K(은퇴연금) 또는 리타이어먼트 플랜, 은퇴 플랜이 있는지 물어 왔다. 없다고 하면서 솔직히 당황스러웠다. 부모 입장에서 자식에게 "없다"라는 말은 언제든지 어렵다. 뭔가 준비되어 있지 않아서, 혹시라도 자녀에게 부모가 부담으로 느껴지게 될까 봐 더욱 그렇다.

지금부터라도 조금씩 뭐라도 해야겠다는 생각에 유튜브를 통해 금융 공부를 시작하였다. 여러 가지를 들어 본 후 주식을 조금씩 모아가는 것으로 결론을 내고 58세에 처음으로 주식 계좌를 열었다. 다행히 50대 마지막 끝자락에 시작했음을 위안으로 삼기로 했다.

주식에 대한 조언을 들으려고 친구나 지인들을 찾아봐도 내 주변에서는 아무도 하고 있지 않았다. 어쩔수 없이 유튜브를 통해서 공부하면서 나에게 맞겠다 싶은 주식을 찾기 시작했다. 내가 전문가가 아니니 큰돈을 벌 수 있다는 기대감보다는 오르는 인플레이션에 맞춰 약간의 수익과 저축성 용도로 목돈이 필요할 때를 위함이었다.

안전하고, 신경 덜 쓰고, 단순하게 하기 위해서는 시총 1~5위 중에서 두 종목의 주식을 선택했다. 우리 삶을 바꿨고 내가 살아생전에는 대체 불가일 것 같은 휴대폰과 미래를 또 한번 크게 바꿔 놓을 수 있을 것 같은 테슬라, 그리고 나는 경제인들 중에서 일론 머스크를 제일 좋아한다. 그런 이유로 애플과 테슬라를 꾸준하게, 여윳돈이 생길 때마다 매수할 계획이다.

61.
우유가 늙었다?

　미국에서 한인 2세들과 이야기하다 보면 웃음이 빵빵 터질 때가 종종 있다. 어눌한 한국말 때문이다. 조카가 배고프다고 하길래 시리얼과 우유를 주니, 시리얼을 먹으려다가 "으응, 우유가 늙었어, 안 먹을래" 하는 것이다. "우유가 늙어? 뭔 말이여." 유통기간이 얼마 남지 않은 우유를 보고 늙었다고 말하니 웃지 않을 수가 없다.
　어느 날 아들과 같이 코스트코를 가기 위해 차에 앉았는데, 내가 안전벨트를 매지 않자 차가 야단친다고 빨리 안전벨트를 하란다. 안전벨트 신호음 딩딩딩 소리를 두고 하는 말이다.
　미국에서 사는 대부분의 아이들이 한국말을 하지만 단어, 어휘력이 풍부하지 않고 때에 맞지 않는 말을 사용하는 모습으로 우습기도 하고 오해가 되기도 한다. 한국말을 해도 미국식으로 한다. 안경도 입는다, 양말도 입는다…. 엄마들끼리 만나면 자녀들의 이런 말 때문에 한참을 웃고, 흉 아닌 흉을 본다. 또한 한국말 뉘앙스를 모르니 부모들은 상처도 받는다.
　하루는 아들이 누나에게 자기는 돈을 많이 빨리 벌고 싶다고 했단다. 왜 그렇게 빨리 벌고 싶은지를 물으니, 엄마와 아빠가 일을 그만하고 쉬게 하고 싶다는 것이었다. 거기까지는 아들에게 고맙고 감동이었다. 그다음 말이 상처였다. 이유인즉 아빠는 늙었고, 엄마는 병들었다는 것이었다. 이 말에 웃을 수도, 울 수도 없었다. 그때 남편은 60세가 막 넘었고 나는 60세도 되지 않았으며, 난 중풍이 가볍게 왔지만 얼굴에만 증세가 조금 남아 있었을 뿐, 내가 병들었다고 생각해 본 적도 없었고 일상생활에서도 남과 차이가 없다고 생각하며 살고 있었기 때문이었다. 그런 우리에게 늙었다, 병들었다는 말이 충격으로 들렸다. 엄마가 건강하지 않다는 말과 엄마가 병들었다는 말의 어감 차이가 어마무시하게 느껴진다.

한국에서 자란 자녀들이라면 이렇게 말하지 않았을까? 아빠는 점점 연세가 들어가시고, 엄마는 몸이 좀 안 좋다… 이 정도로 말이다.

62.

가짜를 받고도
이렇게 행복할 수 있을까!

우리 아들이 초등학교 2~3학년 때쯤 학교에서 리워드(rewards)를 모았다가 물건으로 바꾸는 시장놀이를 했던 것 같다. 여러 가지 간식, 학용품, 장난감, 기타 선물이 있었다고 한다. 우리 아들은 아기 주먹만 한 크기의 다이아몬드가 들어 있는 박스를 나에게 주며, 이것은 가짜인데 나중에 돈을 벌면 진짜를 사 주겠다고 했다. 가짜를 받고도 이렇게 행복할 수가 있을까? 세상을 다 가진 것처럼 행복했다.

비교 불가…우리 아들….

나는 아들이 하이스쿨 때, 다이아몬드를 들고 진짜 사 주겠다고 한 말을 기억하느냐고 물었다. 그랬더니 웃기만 한다. "아빠 있잖아…" 하며 이제는 아빠에게 받아야 한단다. 아무래도 아들에게 받을 희망이 없어 보인다. 성인이 된 아들이 다이아몬드를 산다고 할지라도 나는 곧 있으면 2순위일 테니까, 1순위에게 밀리겠지…. 남편에게 받는 게 빠를 것 같아서 결혼 30주년과 60세 환갑을 핑계 삼아 기어이 다이아 반지를 받아 냈다.

지금도 나는 그 많은 물건 중 엄마를 위해 모든 리워드를 바꿔서 가짜 다이아몬드를 가져온 아들 때문에 행복하다. 아직도 다이아몬드가 내 책상 뒤 선반 위에 있다. 아들 사진과 함께.

비.교.불.가. 우리 아들.

63.

나중에 그 아이랑
결혼하고 싶어?

딸이 초등학교 1학년 때 학교 끝나고 가는 애프터스쿨에 다니고 있을 때이다. 미국에서 애프터스쿨은 보통 부부 모두가 일을 할 경우 아이를 학교에서 픽업해서 보호해 주고 숙제도 봐 주고 공부도 시키는 학원 같은 곳이다. 미국은 13세 이하의 어린이들을 혼자 두지 않게 하는 법이 있으므로 누군가 보호자(guardian)가 있어야만 한다.

가디언 이야기를 쓰다 보니 우리 아들 친구였던 옆집 에피소드가 갑자기 생각났다. 토요일 아침에 그 집 엄마는 외출하고 아빠가 자녀 둘을 데리고 있었는데, 아이들이 자고 있기에 잠깐 30분 정도 홈디포에 다녀왔더니 집에 경찰이 와서 기다리고 있었다. 이유인즉 킨더가든(4살) 다니는 그 집 아들이 911에 전화하여 자기가 일어나 보니 집에 엄마, 아빠가 없다고 신고를 했다는 것이다.

경찰이 기다리고 있는지도 모르고 집에 돌아온 그 집 아빠는 너무 놀랐고, 잠깐 30분 정도 자리를 비웠다고 설명했다고 한다. 경찰은 아이를 오래 방치하지 않았음과 학대받은 흔적이 없는 것을 확인하고 경고만 주고는 곧 돌아갔다고 한다.

그 아빠는 흥분해서 네 집 건너에 살고 있는 우리 집으로 뛰어와서 경찰에게 신고한 그 잘난 자기 아들을 꼴통이라고 흉을 봤다. 너무 우스웠지만 학교에서 배운 대로 한 그 집 아들에게 어른들이라고 뭐라 하겠는가? 잘난 아들 덕에 생긴 일이니 어쩌겠냐고 했다.

딸의 이야기로 돌아와서, 애프터스쿨 다닐 때 처음으로 남자아이들에 대해 관심을 보였다. 어떤 남자아이가 한국에서 여름방학을 이용해 영어를 배우러 애프터스쿨에 왔는데 너무 웃기다는 것이다.

며칠 동안 그 아이의 웃긴 이야기를 하길래 "너, 그 아이 좋아해?"라고 하니 그렇다고 고개를 끄덕인다. "나중에 그 아이랑 결혼하고 싶어?"라고 하니 잠시 생각하더니 그건 아니라며 고개를 살래살래 흔든다. "으음, 그때 가서 보고… 예쁘게 컸는지, 예수님 잘 믿는지 봐야지" 하는 깜찍한 대답에 놀랐으며, 나보다 내 딸이 훨씬 낫다는 생각을 하며 전혀 생각지 않았던, 의외의 대답에 나는 감탄을 했다.

나는 믿음의 가정에서 자랐다는 말에 본인의 믿음이 수상했음에도 넘어갔는데, 만약 내가 예수님을 잘 믿는지를 신중하게 검토했다면 어땠을까? 난 어린 딸의 결혼에 대한 신중함에 칭찬을 안 할 수가 없었다. 끝까지 꼭 두 가지를 보고 결혼을 결정하기 바란다.

그 후에도 하이스쿨 때 교회 남자친구들 중에서 재미있는, 유머가 많은 친구 이야기를 종종 했으며, 지금도 주변에 유머가 많은 재미있는 사람들 이야기를 하는 걸 보면 딸의 취향이 보이는 것 같다.

예쁘게 컸는지? 예수님 잘 믿는지? 유머 감각이 있는지? 이 세 가지면 아마도 딸의 눈에 들지 않을까?

멘토에게 잘 배운 그대로

Washington DC에서 한 달 만에 친구의 결혼식 때문에 또 캘리를 방문한 딸이 이번에는 들러리까지 서기로 했다며 새벽부터 분주하다. 바쁜데 들러리까지 서야 하느냐고 잔소리를 했다. 그랬더니 꼭 들러리까지 서 주고 싶었다고 한다.

딸은 하이스쿨 때 거듭난 이후부터 매년 자기의 멘토를 찾고 자기가 멘티 해줄 상대를 찾아서 꾸준히 멘토와 멘티의 관계를 가져왔는데, 내가 보니 멘토에게 배운 그대로 멘티에게 해주고 있었다.

딸의 멘토인 언니는 UC San Diego(캘리포니아대학교 샌디에이고)에서 1~2주일에 한 번씩 2시간 차를 타고 와서 성경공부와 신앙 상담을 비롯하여 학업, 친구 관계 등 전반적인 멘토링을 했는데 식사 비용, 디저트 비용 어떤 것도 딸이 지불하지 못하게 했다는 것이다. 지불하고 싶다는 말을 여러 번 했지만 하고 싶으면 나중에 너의 멘티에게 해주면 된다며 한사코 못하게 했다고 한다.

멘토에게 잘 배운 대로 멘티를 3년간 교회에 데리고 다니느라 매 주일마다 라이드를 했으며 본인이 모든 비용을 부담했다.

이번 결혼식은 딸보다 한 살 어린 멘티의 결혼식이었고 들러리 부탁을 받았으니 꼭 해줘야 했고, 해주고 싶었을 것이었다.

다음 달 5월에는 또 초등 3학년 때부터 베프이며 선교사가 된 친구 결혼식이 있는데 직장 행사와 겹쳐서 걱정이란다. 가족끼리도 다 아는 집안이니깐 대신 다녀올 생각이다.

65.

우리와 다른 새로운 종족인
X, N, MZ세대들

 이젠 나이가 60세가 넘어서 그런지 추억을 먹고 사는 나이가 된 것 같다. 30년 전 기억이 더 또렷해진다. 어떤 것은 사진을 보듯 상황과 입고 있었던 옷과 기분까지도 생각나니 말이다. 그러니 "늙어도 마음은 청춘이야!" 하던 어르신들의 말이 이제야 이해가 되는 듯하다. 몸만 늙을 뿐 마음은 절대로 늙지도 않고, 잊지도 않음을….

 딸이 3~4살 때 그림책을 읽어 주었다. 신데렐라, 백설공주, 미녀와 야수… 많은 그림책을 다 보았고 마침내 여러 번 읽어 줬던 책에 대해 우리 딸이 결론을 내리는 것이었다. 난 '우리 아이가 혹시 천재가 아닐까?' 하는, 여느 엄마나 다 한다는 착각을 하게 되었다.

 우리 딸의 결론은 이랬다. 신데렐라, 백설공주, 미녀와 야수, 세 권의 책은 same story라는 것이다. 왜 same story라고 생각하는지 물었더니, 모두 엄마가 없어서 계모(step-mother)와 살았고, 모두 왕자하고 결혼을 했고, 베이비 이야기도 없이 책이 다 끝났다는 것이었다. 나는 딸의 나이에 뭔가 분석을 했고 결론을 냈다는 사실에 너무도 신기해하며 혹시 천재가 아닐까 생각하며 더 열심히 책을 읽어 줘야겠다는 다짐도 했다.

 언제인가는 신데렐라 그림책을 보며 어느 쪽 신발을 잃어버렸느냐고 묻는다. 또 어느 날 책에서 넘어진 내용이 나오면 무릎에서 피가 났는지를 물었다. 그럴 때마다 어른들과는 다른 시각이 있음에 깜짝 놀라곤 했다. 어른들은 줄거리, 아…이런 내용이구나 하는 내용 중심이라면 아이들의 시각에는 디테일이 있었고, 자기 경험에 비춰 피가 나면 더 아픈 것임을 알았으므로 주인공이 얼마나 아팠을까에 공감했던 것 같았고, 만약 나도 신발을 잃어버린다면 어떡하지 하는 생각도 한 것 같다.

어른들은 스토리에서 간접 경험을 얻는다면 아이들의 시각은 그 스토리에 자신을 투영한다고나 할까? 아이들은 어른의 축소판도 아니고 작은 어른도 아니었다. 어른의 축소판으로 생각하고 어른의 생각을 주입하려는 생각은 별 의미가 없음도 알게 되었다.

그러다가 세 살 어린 아들에게도 뭔가를 기대하며 그림책을 읽어 줬지만 우리 아들은 전혀 그런 반응은 보이지 않았다. 아무리 그 부분, 딸이 보인 반응을 끌어내려고 강조해도 'so what, 그래서 어쩌라고'의 반응밖에 없었다. 난 아이마다 다름을 인정해야만 했다. 이 남자 종족은 딱히 디테일도, 감수성도 별로 없는 또 다른 종족임을 배워야만 했다.

나는 날마다 이 새로운 종족들에 대해 지금도 배우고 있다. 거기에다 우리 시대의 종족들하고는 살아온 스케일과 환경이 달라도 너무도 다른 X, N, MZ, Millennium 세대까지… 시대도 바뀌었으니 배워 둘 것이 너무도 많다.

66.
'감사하기'를 결심하다

딸은 어렸을 때에는 별로 말이 없었다. 여느 여자아이들처럼 조잘조잘 말을 하지 않고 좀 조용한 편이었고 나와 비슷한 캐릭터였다. 학교 이야기도, 친구 이야기도 별로 없었고, 자기가 필요한 말만 하는 스타일이었다. 그러다 보니 불만이 좀 있었다.

그러다 어느 때부터인지 기억이 없지만 아마도 크면서부터 말이 점점 많아진 것 같았다. 나는 말 없는 어린 딸에게 항상 "Thank you!"를 하도록 강요했다. 집에서 식사 후에도, 작은 배려에도 식구들에게 서로 탱큐를 하는 것이 습관이 되도록 시켰던 것 같다.

딸은 대학 여름방학 때 파트타임으로 학원에서 아이들을 가르쳤다. 처음 사회생활을 시작하는 딸이 직장에서 무엇을 잘해야 하느냐고 물었고, 나는 20대에는 다른 것보다 만나는 사람들에게 무조건 인사를 잘하고 시간 약속을 잘 지키면 된다며, 20대에는 돈 버는 나이가 아니고, 경험과 인간관계가 더 중요하다고 했다.

지금은 어렸을 때와는 달리 말도 잘하고 탱큐도 잘하고 사회생활도 무난히 잘 해내고 있어서 다행이다.

또한 나도 올해는 감사노트를 쓰고 있다. '감사하기'를 결심하는 것이다. 평안한 일상을 보내는 것을 너무나 당연히 여기고 있는 것 같아서 나부터 감사, 오늘부터 감사, 작은 것도 감사하려는 것이다. 감사도 습관이고 시스템이라고 한다. 여태껏 살아온 것이 내 능력으로, 내 힘으로 산 것이 아닌 하나님 은혜로 살았음을 감사드린다.

67.

Sleeping songs
(슬리핑 송)

나는 우리 아이들이 아기 때부터 잠자리에 들기 전에 기도를 해주었다. 딸은 중학교 때까지, 아들은 고등학교 때까지 잠자리 기도를 해줬던 것 같다. 딸과 아들은 3년의 나이 차가 있었고 아들이 고등학생때 딸은 대학생이었다.

잠자리 기도는 보통 하루를 잘 마친 것에 감사하고 내일을 또 부탁드리는 기도와 축복으로 마무리하는 기도이다 보니, 딸은 엄마가 동생만을 위해 기도하고 축복하는 모습으로 보였던 것 같다. 어느 날 샘이 났는지 왜 동생만 붙들고 기도를 해주느냐고 도전적인 질문을 하길래, 너는 중학교 이후로는 스스로 하겠다고 선언했고 동생은 아직 스스로 하겠다는 선언을 안 하니 계속하는 것이라고 했다. 도전적인 질문을 한 그날 자기도 해 달라고 하길래 오랜만에 딸을 끌어안고 쌓였던 축복기도를 했던 것 같다.

부모의 축복은 의무이며 권리이다. 부모의 입술을 통해 선포된 말씀은 하나님의 시간 속에서 반드시 열매 맺을 것을 믿는다.

또 아이들이 아기 때부터 재울 때면 찬송을 불러 줬다. 주의 친절한 팔에 안기세, 주는 나를 기르시는 목자요, 주 안에 있는 나에게, 세 곡 정도 부르면 어느새 쌔근쌔근 잠이 들곤 했다. 이 세 곡은 우리 아이들의 '슬리핑 송'이었다. 꾸준히 하지는 않았지만 어느 시기 동안 가정예배를 드렸던 때가 있었다. 슬리핑 송으로 불러 줬던 찬송을 기억하고 가정예배 때면 아이들과 한국어로 불렀던 기억이 난다.

68.

Mother's day(어머니날)⋯
남자 둘만 있으니

　오늘은 Mother's day(어머니날)이다.
　우리는 일주일 전, 4월 말에 딸이 친구 결혼식 때문에 캘리포니아에 와서 식구가 다 모였을 때 하자며, 2주가 지났지만 4월 중순이었던 아들 생일, 다가올 5월 초순 딸 생일, 5월의 마더스데이(딸의 생일과 마더스데이가 거의 겹친다), 6월에 있을 Father's day를 비롯해서 한꺼번에 가족 모두의 행사로 외식을 했고, 타 주에 살고 있는 딸로 인해 아이들은 나와 남편에게 미리 선물을 했었다. 이미 다 했기에 마더스데이지만 어떤 이벤트도 기대하고 있지 않았다.
　집에는 나 외에 남자 둘만 있으니 식사도 내가 움직이지 않으면 마더스데이 아침부터 굶을 판이었다. 아무 기대감 없이 남편과 간단하게 아침 식사를 했다. 아침 식사를 마쳤는데 딸에게 전화가 왔다. "Happy Mother's day!"(어머니날을 축하합니다) 고맙다고 하고는 전화를 끊었다.
　아들이 늦게 일어나 갑자기 점심을 먹으러 나가자고 한다. 문밖에 나가니 꽃이 풍성하게 담긴 꽃병이 대문 앞에 있었다. 전혀 예상치 못한 일이라서 깜짝 놀랐지만 아들은 이미 누나가 문 앞에 꽃 배달 시킨 것을 알고 나를 밖으로 나오게 했던 것이다.
　'오늘은 마더스데이이니 분명 이 꽃의 주인은 나겠지?' 하면서도 이미 선물을 다 받은 터라 누가 보냈지 의아했다. 축하 메시지를 확인하니 딸에게서 온 것이었다. 딸에게 고맙다고 전화를 하며 지난번에

다 했는데 뭐하러 비싼 꽃을 또 보냈냐고 하니, 딸이 자기 친구 생각이 났다고 한다. 자기 친구는 엄마가 한 달 전에 암으로 돌아가셔서 꽃을 보내고 싶어도 보낼 곳이 없다고 했는데, 그 말을 듣고는 엄마가 자기들 옆에 있어서 너무도 감사하다고 한다.

나는 처음에는 전혀 기대하지 않았다가 마주한 꽃 때문에 행복했지만 딸과 통화한 후에는 마음에 찡한 감동이 밀려왔다. '아… 나에게 자식 노릇하는 딸과 아들이 있어서 너무 감사하구나!'

점심 식사 후 돌아와서야, 깜빡 잊고 있었던 미국보다 하루 빠른 한국의 어버이날… 어제 했어야 하는 한국에 계신 엄마에게 전화를 하니 받지를 않으신다. '엄마가 어제 얼마나 서운했을까? 막내딸 전화를 기다렸을 텐데… 주님이 나에게는 나보다 나은 자식을 주셨구나…' 하는 생각에 엄마에게 더욱 미안해진다.

3부

우리 아이들에게
세상을 바르게 사는 법을
가르치고 싶다

69.

앉았다가, 일어났다가…
은퇴가 너무나 낯설다

　일을 하던 사람이 집에서 놀려니 앉았다가 일어났다가, 도무지 뭘 해야 할지 모르겠다. 일찍 결정한 리타이어(은퇴)가 나에게는 너무 낯설다. 정해진 휴가라면 그 시간 안에 하고 싶은 일, 해야 할 일이 많으며 아마도 달콤 짭짤한 맛의 휴가였을 것이다. 그러나 나에게 찾아온 은퇴는 휴식 기간이 정해 있지 않은 밍밍한, 아니 시큼털털한 맛의 휴가 같다. 젊었을 때는 집에서 쉰다 할지라도 아이들로 인해 할 일이 산더미였는데 지금은 나에게 뭔가를 부탁하는 사람조차도 없다.
　나는 남편에게 하루를 베짱이처럼 딱히 잘 놀지도 못하고 어영부영 시간을 보내는 잉여 인간, 기생충 같다고 하소연하기에 이르렀다. 남편은 '1시간씩 운동, 성경공부, 미술, 피아노, 요리, 청소 등 과목을 정해 놓고 학교에서 일과 보내듯 50분 하고 10분씩 쉬는 시간을 갖고, 중간중간에 밥 먹고 커피 마시고 간식 먹고 그러면 하루가 다 갈 텐데' 하고 처방하며 놀린다. 나는 '해도 되고 안 해도 되는, 감독도, 평가도, 시험도, 보상도 없는 일을 스스로 결정해서 주도적으로 한다는 것이 쉽지만은 않구나! 바쁘게 해야 할 일과, 꼭 가야 할 곳이 있다는 것이 더 없는 축복이구나!' 하며 너무 빠르게 은퇴했음을 깨닫는다.
　또 강아지를 기르겠다고 하니 이번에는 남편이 반대한다. 자기하고 동물은 안 맞는다나? 조카가 잠깐 달력에 나오는 강아지같이 예쁜 강아지를 맡긴 적이 있었는데 남편은 그것조차 싫어했으므로 나는 강아지를 위해서 포기하기로 했다.

딸은 봄이니 꽃밭을 가꾸라고 조언한다. 난 그것도 정말 싫다. 시어머니와 함께 살았던 기간이 있었다. 지금 생각해 보니 어머님도 그때 나처럼 심심하셨는지 뒷마당 한편에 근대, 상추, 부추, 고추 등을 심으셨다. 난 마당에 나가서 물을 주거나 상추를 따러 나간 적도 없었다. 나중에는 어머님이 누가 상추 뜯어다 먹는 사람이라도 있었으면 좋겠다고 하신 말씀이 생각난다. 상추도 뜯어다 주지 않으면 먹지 않는 며느리에게 불만이셨던 것 같다. 그 정도로 난 농사에는 관심조차 없고 해 본 적도 없는 서울 깍쟁이다.

그러니 지금도 우리집 정원에서 자라는 아보카도와 자몽과 레몬도 겨우 따서 먹는다. 매년 새로 심어야 하는 1년초라면 아마도 어림도 없었겠지만 다행히 손 한 번 움직이지 않고 매년 따기만 하면 되는 나무이니 그나마 매년 열매를 먹었구나 생각하니 그것도 하나님 은혜이다. 나의 건강을 위해 꼭 챙겨 먹는 음식이다 보니 어쩔 수 없이 따러 나가면서 햇볕도 받고 땅도 한 번씩 밟아 보곤 한다.

내년 봄에는 정말 꽃밭을 가꿔야 할 것 같다. 우리 딸이 나에게 숙제를 주고 갔다. 꽃밭 좀 예쁘게 가꿔 놓으라고, 내년에는 우리가 꼭 엄마 마음에 드는 사윗감, 며느리감 데려올지도 모르니 집 좀 예쁘게 꾸미란다. 올해는 딸도 나도 자신이 없는 것 같다.

그렇다면? 말해 뭐해, 싫어하는 일이라도 무조건 한다! 올해는 벌써 봄이 거의 지난 5월이므로 내년을 기약한다.

70.
수박의 연한 속살을
딱딱한 큰 통에 담으신 걸 생각하면

레몬과 자몽 그리고 아보카도 이야기를 쓰다 보니 우리 딸과의 대화가 생각난다. 어느 날 딸과 함께 과일을 먹으면서 '엄마는 하나님의 신성을 가장 가까이 느낄 때가 과일 먹을 때'라고 했다. 어떻게 그 많은 종류의 과일이 맛과 향과 모양이 다 다를 수 있는지, 수박을 먹을 때는 수박의 식감과 여름에만 어울리는 향과 맛을 주시고 수박의 연한 속살이 부서지지 않게 딱딱한 큰 통에 담으신 걸 생각하면 어찌 하나님의 지혜가 아니겠는가! 포도, 딸기, 바나나, 사과, 망고, 오렌지, 참외, 멜론, 복숭아, 파인애플… 한 가지씩 생각해 보면 너무나 다른 식감과 맛과 향인데 어떻게 이런 향을 내셨을까, 어떻게 이런 맛을 내셨을까, 하나님의 신성을 너무도 가까이 느낀다고 했다.

딸은 "엄마, 맞아!" 하면서 자신은 하나님의 신성(놀라움)을 강아지를 볼 때 너무 가까이 느낀다는 것이었다. 그러면서 나에게 강아지를 생각하며 떠올려 보란다. 푸들, 불독, 치와와, 시추, 리트리버 등 강아지 종류들을 이야기하면서 그 많은 종류의 강아지와 생김새가 다 다른 귀, 눈, 코, 입과 털과 다리의 길고 짧음을 보며 어떻게 이렇게 특성 있게 귀여운 것들을 만드셨는지 자기는 너무 감동스럽고 놀랍단다.

그렇게 둘이 나의 하나님에 대해 서로 자랑했던 기억이 떠오른다. 그러니 앞으로 우리가 갈 하나님 나라는 얼마나 완벽하고 멋질까? 하나님이 만드신 이 세상, 죄로 물들었음에도 아직도 하나님의 신성으로 말미암아 이렇게 멋진 것들이 남아 있음을 생각할 때 앞으로 이루어질 천년왕국과 하나님 왕국은 어떨까, 너무도 기대가 된다.

하나님의 신성을 느낄 수 있는 게 어디 한두 가지일까? 하나하나를 생각할 때 모든 곳에서 우리는 하나님을 찾을 수도 만날 수도 있지만 사람들은 생각해 보려고도 않고 알려고도 않고 의도적으로 무시하고 모르는 척할 뿐이다. 그렇게 하지 않으면 우리는 언제, 어디서든 아주 가까이서 하나님 창조의 모든 것들로부터 하나님의 신성(신격)을 찾을 수 있으리라고 생각된다.

> **롬 1:20** "그분의 보이지 아니하는 것들 곧 그분의 영원하신 권능과 신격은 창세로부터 분명히 보이며 만들어진 것들을 통해 깨달아 알 수 있나니 그러므로 그들이 변명할 수 없느니라."

먹는 것을 좋아하는 나에게 주님은 특별히 맛있는 과일을 통해 하나님의 신격을 가까이서 보고, 만지고, 맛보고, 냄새 맡고, 느끼면서 오감으로 주님의 창조를 기억하고 즐거워하게 하셔서 나는 너무도 행복하다.

> **창 1:29** "하나님께서 이르시되, 보라, 내가 온 지면 위에 있는 씨 맺는 모든 채소와 또 속에 씨 맺는 나무의 열매를 가진 모든 나무를 너희에게 주었노니 그것이 너희에게 먹을 것이 되리라."

71.
꼭 마지막 날까지…
가야만 하나요?

딸이 대학원을 위해 뉴욕에 있는 아파트를 얻어야 했다. 뉴욕은 캘리포니아와 달리 아파트 렌트 규정이 더욱 까다로웠다. 뉴욕 근처 미술대학원에 다니는 친구와 캘리에서 하이스쿨 때부터 같은 교회에 다녔던 친구와 같이 아파트를 얻기로 서로 약속이 되어서 3베드룸을 찾으러 다녔다. 마침내 원하는 아파트를 찾았고 아파트 서류 작성을 이메일로 주고받았는데, 렌트 조건상 우리에게만 문제가 생겼다.

문제인즉, 세 명 모두 매달 수입이 생기는 직장인이 아닌 대학원생이므로 부모의 재정 보증 능력을 요구하는 것이었다. 매달 아파트 렌트비 80배의 수입을 부모가 재정 보증을 해야 한단다. 한 달 렌트비에 80배를 곱하니 전체 금액이 나왔고 그것을 세 명이 나눠서 각각 해당되는 금액을 각각의 부모가 증명해야 한단다. 두 가정은 기한 내에 했지만 우리는 그때 비즈니스 오픈 첫해였으므로 제대로 수입을 증명할 수 없었다. 우리 딸은 매우 초조해하며 어쩔 줄 몰라 했고 나는 하나님이 하실 거라는 믿음이 있었지만, 딸의 조바심으로 인해 사랑의 빚 외에는 지지 말라는 말씀을 어기고 다른 사람에게 코사인(co-sign)을 부탁했고 나는 또 한 번 하지 않아도 되는 실수를 하였다.

서류를 증명해야 하는 마지막 날이었다. 머리는 아무런 방법도 생각도 없이 텅 비어 있었다. 그러나 마음으로는 딸이 뉴욕에 가는 것을 원치 않았다면 대학원 시험에서 떨어졌겠지 아무렴 아파트 서류가 안 되서 못 가겠는가 하는 믿음이 나를 편안하게 했다. 드디어 마지막 날 아파트 관리 회사로부터 먼저 연락이 왔다. 두 명 중에 한 명의 부모가 너무 많은 수입을 증명했으므로 우리까지는 더 이상 재정 서류가 필요치 않다며 기본적인 정보만 작성하라는 것이었다.

우리는 또 한번 하나님께 감사와 더불어 투정을 부렸다. "왜 꼭… 마지막 날까지… 가야만 하나요…?" 내가 코사인을 부탁하기 전에, 며칠 전쯤 연락 주시면 안 되는 건가…. 누군가의 해답이 생각난다. 그래야만 하나님이 하신 줄 안다고, 그렇지 않으면 하나님으로부터의 응답으로 여기지 않는다고. 어찌어찌 하다가 우연치 않게 일이 잘되었다고 생각한다고.

그 세 명은 대학원 졸업까지 그 아파트에서 잘 살았다. 그중 제일 많은 재정 보증을 한 친구가 졸업 후 시카고로 떠나면서 다시 한번 우리의 재정 증명이 필요했는데, 그때 우리는 비즈니스 3년째였으므로 무난하게 그것을 할 수 있었다.

딱 한 걸음씩만 인도하시는 하나님을 의지하며 오늘도 주님이 우리 가정을 어떻게 인도하셨나를 다시 기억하면서 두려울 것이 없음을 되새긴다. 오늘도 우리 주님 안에 있으므로….

72.
죽을 만큼 무서웠던 그 순간

우리 아이들에게는 나에 대한 트라우마가 한 가지 있다. 나의 운전 실력이다. 초·중·고 시절에는 부모가 운전을 해주지 않으면 친구들과의 만남도, 친구들과 함께 해야 하는 프로젝트도, 작은 물건 구입도 할 수가 없다. 그래서 미국 엄마들은 늘 바쁘다. 보통 자녀 2명만 있어도 바쁘다. 아이들을 학교에 보내 놓고 잠시 집안일 하고, 점심을 먹고 간식을 준비하고 나면 또 학교에 데리러 가야 하고 그때부터는 아이들과 프로젝트며, 학원이며, 준비물이며, 같이 움직이다가 집에 같이 들어와야만 일이 끝난다. 그러다 보니 엄마들은 운전을 해줘야 할 일이 많다.

그런데 난 운전 실력이 별로이며 특히 길을 잘 찾지를 못했다. 갔다가 돌아오는 길을 헤매거나 길을 잃어버려서 애를 먹곤 했다. 아이들은 항상 나에게 떠나기 전에 가는 길을 잘 알고 있는지를 확인했고, 내가 운전하는 차를 타는 것을 못미더워하고 불안해 했다.

또 아들이 2살 정도일 때 나와 함께 차를 타고 가다가 교통사고가 난 적이 있었다. 복잡한 프리웨이에서 상업용 트럭이 우리 차 앞부분을 살짝 건드리고 갔는데 워낙 큰 트럭이다 보니 우리 차는 앞 범퍼와 유리창이 산산조각나면서 나와 앞자리 카시트에 앉아있던 아들에게 유리 파편이 쏟아져 들어왔다. 차를 폐차시켰지만 나와 아들은 어디 한 군데도 다치지 않았다. 그러나 유리창이 깨지면서 쏟아져 들어온 유리 파편이 아들의 머리에 극적인 장면으로 오래 각인되어 있었다.

　북가주에 살 때 남가주에 살고 계시던 친정엄마 일로 또는 방학 때 다니러 가기 위해 아이들과 나만 움직여야 할 때가 몇 번 있었다. 캘리의 겨울은 낮에는 여름같이 덥다가도 갑자기 일교차가 뚝 떨어져서 겨울처럼 춥고 비와 서리와 우박이 올 때도 있다.

　그날도 나와 아이들이 남가주 오렌지카운티에 사는 엄마 집에서 북가주 우리 집까지 9시간 정도 걸렸는데, 북쪽으로 올라가는 도중에 산 중간쯤 넘어갔을 때 갑자기 천둥과 번개에 이어 골프공만 한 우박이 떨어지기 시작했다. 자동차는 우박에 맞아 알람이 울렸는데 그 소리가 얼마나 컸는지, 공포 그 자체였다. 차 천장에 떨어지는 우박 소리는 세상을 다 부술 것만 같았으며 차의 유리창에 부딪치는 우박으로 유리창이 곧 깨질 것만 같았다.

　이런 날씨를 운전 중에, 그것도 차들도 별로 다니지 않는 한적한 산길에서 한 번도 경험한 적이 없었으므로 어떻게 해야 할지를 몰랐다. 너무도 갑자기 일어난 일이었다. 죽을 만큼 무서웠고 그순간 죄인의 삶이 얼마나 두려운 것인지도 새삼 느꼈다. 우리 셋은 자연의 무서움을 처음 경험하며 그날 "하나님, 살려 주세요!" 그렇게 하나님을 부르며, 얼마나 하나님을 찾았는지 모른다.

　산길 도로에서 당한 우박의 공포는 나와 아이들에게 또 한 번의 트라우마가 되었고, 그 이후로 아이들은 아빠 없이 나와 함께 가는 남가주행을 거부했다.

　나는 막내로 자라서 그런지 육신의 위험뿐만 아니라 영적, 경제적, 인간관계에서 위험이 닥쳤을 때 또는 문제가 발생했을 때 누군가에게 의존하는 경향이 있다. 주님은 나에게 이 부분을 많이 훈련시키셨고 이제는 좀 익숙해진 것 같다. 아직도 내가 훈련에서 통과하지 못하고 있다면 주님은 나에게 끝까지 맑은 정신으로 "주를 찾으라"고 하실 것 같다.

> **시 34:10** "주를 찾는 자들에게는 모든 좋은 것이 부족하지 아니하리로다."
> **시 22:26** "주를 찾는 자들은 그분을 찬양할 것이요, 너희 마음은 영원히 살리로다."
> **시 34:4** "내 모든 두려움에서 나를 건지셨도다."
> **잠 28:5** "주를 찾는 자는 모든 것을 깨닫느니라."
> **암 5:6** "주를 찾으라. 그리하면 너희가 살 것이요."

언제 어디서나 영·혼·육 모든 것의 구원자가 계시기에 나는 오늘도 그분께 모든 것을 맡기고 쉼을 얻는다.

73.
아들과 딸 중에
누가 더 예뻐요?

딸이 2~3학년 때쯤 같은 교회를 다니는 여집사에게 묻더란다. 그 집도 딸과 아들이 있었는데 "딸과 아들 중에 누가 더 예뻐요?"라고. 여집사는 둘 다 똑같이 예쁘다고 했다고 한다. 딸이 나에게도 여러 번 확인했던 기억이 났다. 물었을 당시에는 별로 대수롭지 않게 생각했는데 꼭 그렇지만은 않은 것 같아서 한번은 짚고 넘어가야겠다고 생각을 했다.

나는 딸에게 하나님은 엄마들에게 '모성'이라는 특별한 감정을 주셨다고, 모성은 생명을 키워 내는 힘이라고, 첫째에게 엄마의 사랑을 다 줬으니 줄 게 없는 게 아니라 두 번째 아기에게도 하나님께서 엄마의 사랑을 또다시 채워 줘서 똑같이 두 번째 아기도 사랑하면서 키운다고… 세 번째, 네 번째, 여덟 번째도 다 똑같이 아기들은 엄마의 사랑을 받는다고 했다. 아빠도 할머니의 여덟 번째 막내 아기였고, 엄마도 외할머니의 네 번째 막내 아기였지만 다 똑같이 사랑을 받았다고 했다. 엄마, 아빠는 너와 동생도 똑같이 사랑했고 동생은 더 어리기 때문에 더 돌봐야 한다며 너에게도 똑같이 했다고 안심을 시켰다.

그러고는 두 번 다시 그것에 대한 이슈가 없었는데, 얼마 전 성인인 딸이 나중에 결혼해서 우리들이 아기를 데려오면 손주들을 차별할 거냐는 말을 또 하는 것이었다. 다 커서 딸이 하는 말이, 어릴 때 친할머니에게 놀러가면 아들 손주인 동생만 더 예뻐했고 자기와 외손녀에게는 그렇지 않았다는 것이다. 친할머니가 친손과 외손을 차별한 것과 또 친손주 중에도 손녀와 손자를 차별한 것에 대해 이야기를 했으며 또 외할머니에게서도 똑같이 손주들에 대한 차별 대우를 느꼈다며, 할머니들의 비리들을 말하는 것이었다.

  나는 두 분 할머니들을 너무도 잘 알고 있었으므로 익히 차별했을 것을 어느 정도 눈치는 챘지만 우리 딸이 차별에 대해 커서까지 이렇게 민감하게 새기고 있는 줄은 몰랐다. 나는 웃으며 그 시대 할머니들은 거의 다 아들만 좋아했지만 지금은 아니며 절대 차별 없이, 손자, 손녀, 친손, 외손 할 것 없이 똑같이 예뻐하겠다는 약속에 약속을 했다. 그제서야 꼭 잡혀 있던 딸의 손에서 풀려났.

  확실히 여자들은 감정적인 부분에 예민한 것 같다. 아들은 할머니나 나에 대해서 단 한 번도 사랑을 확인한 적이 없다. 자기가 사랑받았는지, 누가 누구를 더 사랑했는지 관심조차 없었다. 이런 것을 보면 딸들에게는 더 신경쓸 것이 많은 것 같다.

74.
남편은 찬성, 나는 반대

　부모에게는 자녀들에 대한 믿음도 있지만 한편으론 혹시 무슨 일이 생길 수도 있다는 두려움 때문에 과잉보호를 하게 된다. 아들이 3~4학년 때 학교에 자전거를 타고 다니겠다고 했다. 학교가 안전한 주택가에 자리 잡고 있어서 큰길을 건너지는 않았지만 그래도 각 집 차고에 세워 둔 차가 후진할 때 사고가 날 수 있으므로 나는 불안해했다.
　그런데 남편은 스스로 자신을 보호할 줄 알아야 한다며 괜찮다고, 자전거 통학을 시키라고 한다. 남자아이들은 싸서 키우면 안 된다며 자기 보호를 스스로 할 줄 알아야 하니 밖으로 굴려야 한단다. 밖으로 밀어내 높은 곳에서 떨어뜨리려는 독수리 같은 부성애와 한사코 내 품에 끌어들여야만 안심이 되는 모성애의 충돌 속에서 그때 처음으로 두렵지만 아들을 믿고 내놨던 것 같다.
　부엌 창문에서 아들이 헬멧을 쓰고 자전거를 타고 학교 가는 모습을 보이지 않을 때까지 지켜보곤 했다. 아들은 중학생 때에도 가끔씩 자전거로 통학을 했다. 중학교는 큰길을 여러 번 건너야 했지만 본인이 원했으므로 허락을 하였다. 남편은 남자 형제가 많은 집에서 자라서 그런지 아들에 대해 보호보다는 모험을 지지하는 편이다.
　군대 갈 때도 나는 반대, 남편은 찬성이었다. 군대에 보내 놓고 날마다 하나님께 도움을 간청했던 날들이었다. 자녀 문제뿐만 아니라 일상에서의 두려움도 우리를 늘 위협한다. 어떤 일에 한번 두려움이 느껴지기 시작하면 끝이 없다. 어느 선에선가 두려움을 끊어 내고 평정을 되찾아야만 끝이 난다. 평정을 되찾는 방법도 나에게는 주님의 말씀을 확인하는 것이다.

성경에는 "두려워 말라"는 말씀이 365번 나온다고 한다. 하루 한 번씩 되새기면서 두려움에서 벗어나라는 것일까? 인생들이 얼마나 나약하고 잘 속는지를 아시는 하나님이시기에, 또한 두려움의 감정을 사탄이 얼마나 잘 이용하는지도 알고 계시므로 주님은 우리를 위로하시며 말씀으로 굳게 세우시기를 원하신다.

가나안 입성을 앞두고 두려움에 휩싸이지 않도록 여호수아에게도, 이스라엘 백성에게도 또한 우리에게도 말씀하신다. "두려워 말라."

수 1:9 "마음을 강하게 하고 크게 용기를 내라. 두려워하지 말며 놀라지 말라. 네가 어디로 가든지 주 네 하나님이 너와 함께하느니라."

생각해 보면 내가 다 잘해서 잘 살아온 것 같지만, 나의 등 뒤에서 지켜보며 늘 도우시는 하나님이 계셨기 때문일 것이다. 오늘도 지난날을 돌아보며 한순간도 떠나지 않고 지켜보며 도우셨던 손길을 떠올려본다.

75.
부부는 로또 당첨과 같다고, 왜?

부부가 살다 보면 다툴 일이 너무도 많다. 서로 너무 안 맞는다는 말을 우리 부부도 입에 달고 살았다.

누군가에게 들은 얘기로 부부는 로또 당첨과 같단다. 나는 로또 당첨의 행복함 때문인가 생각하며 왜라고 물었는데 대답은 그게 아니었다. 모든 숫자에서 서로 비껴가기만 해서, 어쩜 이렇게 비껴가며 안 맞을까 한다는 것이다. 나는 고개를 격하게 끄덕이면서 사사건건 맞지 않음이 정상인 것인가, 결혼 초에는 우리만 그런가 하는 생각을 했던 것이 떠올랐다.

우리에게는 너무도 가까운 지인이라고 해두겠다. 삶의 거의 모든 자세한 내막을 서로 잘 아는 사이이다. 우리보다 15년 정도 연배이며 부부 모두가 좋은 직업과 경제적인 여유와 좋은 집을 소유하고 있었고, 아들이 하나 있었으며 외형적으로는 남부러울 것이 없었다.

그런데 내 눈에는 너무도 커다란 문제점이 보였다. 아들을 붙들고 서로가 상대 배우자의 흉을 보는 것이다. 아버지는 아들에게 아내 흉을, 엄마는 아들을 붙들고 남편 흉을 보고 있었고, 서로의 배우자뿐 아니라 그들이 알고 있는 거의 모든 사람이 대상이었던 것 같다. 하루 이틀이 아니고, 아들이 어렸을 때부터였던 것 같다.

내 관점에서 그들이 아들에게 한 짓은 거의 학대(abuse) 수준이었다. 나는 참다못해 그 엄마를 붙들고 아들에게 날마다 부정적인 말로 독가스를 뿌리고 싶으냐고 했다. 날마다 독가스를 들이마시고 어떻게 잘 자라겠느냐고 뿌리인 부부가 상대 흉을 그렇게 보면 뿌리가 썩지 않겠느냐고, 썩은 뿌리에서 꽃이 피겠냐고, 열매가 맺겠냐고 마음의 양분은 주지 않고 어쩜 그렇게 독가스만 뿌리느냐고 했다.

나는 그날 그 집 아들이 너무도 불쌍했고, 내 눈에 그 집 아들은 독가스로 인해 호흡 곤란을 느끼는 것처럼 보였다. 그래서 오랫동안 쌓아 놓았던 말을 다 해 버렸다. 내가 그 말을 한 때는 그 집을 다닌 지 10년 정도 지난 후였고, 한동안 그 집에 발걸음을 하지 않았다.

몇 년이 지난 후 그 집 아들은 자기 아빠, 엄마라면 신물이 난다며 거의 연을 끊고 살았으며, 인생을 잘 풀어 가지 못하고 있었다. 이 집을 미국에 처음 와서부터 보아 왔으므로 나에게는 좋은 교훈이 되었으며, 자녀 교육을 하면서 절대 아이들에게 해서는 안 되는 항목으로 여기고 남편과 다짐을 했다.

또 한 가지, 그 집 아들이 하이스쿨 때 몹시도 방황하며 학교도, 집에도 들어오지 않고 부모 속을 썩였지만 아이를 잡아 줄 부모는 누구도 없었다. 부모 말이 씨알도 먹히지 않았고 그 아들의 마음에는 상처만 있을 뿐 부모의 자리가 남아 있지 않았다. 결국 그 당시 주택 평균 가격의 3분의 1에 해당하는 가격의 최고급 스포츠카를 사 주고 집으로 데리고 왔다고 한다.

그들 부부가 아들을 덜 사랑하거나 사랑이 없었다고 보지는 않는다. 아들의 일이라면 물불을 가리지 않고 헌신적이었으며 아들이 속을 썩일 때는 거의 날마다 울고 다녔다고 했다. 너무도 아들을 사랑했지만 어떻게 사랑하는 것인지를 몰랐을까? 아들의 친구들을 흉보고, 그의 부모들과 교회와 친척들을 헐뜯고 아들을 남과 비교하며, 남 흉보기 주제가 대화로 적절하다고 생각했을까? 아니면 아들하고 할 말이 그것밖에 없었을까? 할말이 없으면 그냥 말 없이 아들 바라보며 웃어 주기만 했어도 훨씬 관계가 돈독해지지 않았을까?

우리도 혹시 아이들이 속을 썩일 때 쓸 수 있는 마지막 카드를 남겨 놓아야 할 것 같아서 아이들의 마음에 아빠, 엄마의 자리가 있어야 한다는 생각을 하게 되었다. 그래서 아이들 앞에서는 싸우지 말고, 없을 때 싸우자고 약속했다. 이것은 오래 지켜지지 않았다. 대신 아이들 앞에서 싸우게 되더라도 사건에 대해서 시시비비를 가리고 서로의 인신공격은 안 하기로 타협을 했다.

그리고 또 한 가지, 아이들 붙들고 서로 또는 가족, 친척, 친구, 타인에 대한 흉을 보지 않기로 했다. 지금도 아이들이 주변 사람들에 대해 안부라도 물으면 미니멈 정도로 짧은 대답만 한다. 이유는 이것저것 말하다가 불평이나 흉으로 변할까 봐. 이것은 아직까지 지켜지고 있다.

그 집으로 인해 내가 얻은 자녀 교육의 중요한 가르침이었다.

아이들에게 부모의 자리를 만들어 주자. 아이들이 길을 잘못 가다가도 부모의 말을 한 번쯤은 생각해 보고 유턴할 수 있도록, 아이가 방황하다가도 마지막에라도 부모를 떠올리고 돌아올 수 있도록, 아이들을 위해서이다.

쓰다 보니 성경의 돌아온 탕자 이야기가 생각난다. 마지막에 내 아버지 집으로 돌아가야겠다며 아버지를 떠올렸던, 가던 길에서 유턴하여 아버지 집으로 돌아온 말썽쟁이였던 둘째 아들인 우리, 아니 내가 보인다. 돌아올 아버지 품이 있어 돌아온 우리들은 행복한 자들이 아닌가!

눅 15:18-20 "내가 일어나 내 아버지께 가서 그분께 이르기를, 아버지, 내가 하늘을 대적하여 죄를 짓고 아버지 앞에 죄를 지었사오니 더 이상 아버지의 아들이라 불릴 자격이 없나이다. 나를 아버지의 품꾼 중 하나로 삼아 주소서, 하리라, 하고 일어나서 자기 아버지께로 가니라. 그러나 그가 아직 멀리 떨어져 있을 때에 그의 아버지가 그를 보고 불쌍히 여겨 달려가 그의 목을 껴안고 그에게 입을 맞추매."

76.

우리 딸에게
여신이 등장하다

딸이 초등학교 2학년 때 우리는 남가주에서 북가주 실리콘밸리 지역으로 이사를 하게 되었다. 그때는 2000년 1월 밀레니엄으로 전 지구적인 새 출발에 동참하여 우리도 7년간의 남가주 생활을 정리하고 북가주에서 생활을 시작했다.

이사한 북가주 실리콘밸리는 1990년대의 닷컴 경기로 인해 버블 상태였으며 개도 100불 지폐를 물고 다닌다고 할 정도로 10년 정도 지역 경기가 호황이었다고 한다. 그러나 우리가 도착했을 때는 1998년 닷컴 버블로 인해 경기는 푹 꺼져 있었고 호황 때의 추억만 남아서 성공담만이 돌아다니고 있었다. 부자가 망해도 3년은 간다고, 그래도 경기가 다른 지역보다는 좋았다. 그렇다 보니 가장 어려웠던 것이 하우스 렌트였다. 집을 구하기도 어려웠고 렌트가 나왔을 때 바로 계약하지 않으면 집을 얻을 수도 없었다. 어렵게 또 비싸게 집을 얻고 북가주에서의 생활이 시작되었다.

북가주 지역의 렌트 사정이 그렇다 보니 아이들 학교 사정도 꽉 찬 상태여서 만만치가 않았다. 도착하자마자 우리가 거주하는 스쿨 디스트릭에 있는 학교는 정원 초과로 대기자 명단에 올려놓고는 다른 지역의 학교를 다니면서 자리가 생길 때까지 이리저리 옮겨야 했다.

그로 인해 어린 딸의 힘난한 초등학교 생활이 시작되었다. 지금도 생각하면 딸에게 너무 미안하다. 남가주에서 북가주로, 북가주 첫 번째 하우스에서 두 번째 하우스로, 이렇게 집을 세 번 이사했지만 딸은 초등학교 6년 동안 학교를 일곱 번 옮겨야 했다.

두 번째로 옮긴 하우스는 학군에서 가장 높은 성적을 자랑하는 최고의 학교이다 보니 자리가 나오지를 않아서 너무도 애를 먹었고, 적게는 3일에서 3개월 정도씩 다른 관할에 있는 학교를 여러 군데 옮겨 다니다가 우리가 거주하는 우수한 학교로 올 수 있었다.

조용한 성격의 딸은 더 조용해졌으며 한동안 웃음을 잃었고 그로 인해 사춘기도 더 빨리 왔던 것 같았다. 아마도 4~5학년부터 8학년 정도까지로 기억되는데, 그때가 자녀 양육 기간 중 가장 힘들었던 것 같다. 딸은 학교에서의 낯섦과 스트레스를 다 나에게 풀었으며, 나 또한 첫 아이였기에 전전긍긍하며 자녀 양육의 어려움을 이때 가장 심하게 겪었던 것 같다.

그렇게 스트레스가 서로 가득 차 있을 때 우리 딸에게 여신이 등장했다. 3~4학년 때부터 같은 반, 같은 교회, 같은 동네 친구의 엄마였다. 그 엄마는 네 살 때 미국으로 이민 온 거의 한인 2세로 세련되고 예쁜 바비 인형 같은 외모에 완벽한 영어를 구사했고, 전문직종에 근무하고 있었으며, 나이도 나보다 10살이나 어린 30대 초반이었다. 상냥하고 매우 친절했으며, 우리 딸을 아주 예뻐했다.

이 집은 아들만 둘이었고, 때마다 잊지 않고 딸과 우리 아들의 생일 선물까지 챙겼으며, 하물며 시험 기간에는 그 집 아들과 함께 시험 공부까지 시켰다. 미국에서 교육받은 자신의 어린 시절을 토대로 가르칠 수 있는 것들을, 미국에서 여자인 딸이 알아야 하는 상식들을 하나하나 가르쳐 주었다. 정말이지, 착한 성품이었고 인생에서 다시 만나기 힘든 좋은 이웃이었다.

후에 딸은 자기의 롤모델이었다며 지금까지도 너무도 좋은 기억으로 남아 있어서 가끔 페이스북으로만 본다고 한다. 얼마 전 페이스북에 초등학교 친구인 아들과 함께 찍어서 올린 사진을 보니 여전히 젊고 예쁘다고 한다. 이렇게 하나님께서 좋은 롤모델을 만나게 했으며, 엄마가 가르칠 수 없던 것들을 친구 엄마를 통해 많은 부분 배우게 하셨던 것 같다.

딸과 함께 외출해서 식당이고 어디에서고 항상 웃으며 친절하고 상냥한 모습을 볼 때마다 나는 그 예쁜 여신이 우리 딸의 모습과 오버랩 된다.

아이는 한 마을이 함께 키운다고… 아프리카 속담을 어디선가 들은 것 같다.

77.
정말 이혼해야 하나?

    사람과의 관계에서, 가족 중에서나 형제끼리도 더 잘 어울리고 서로 끌어당기는 친한 부모와 형제가 있다. 우리 가족 중에서는 나와 아들과의 관계가 그렇다. 남편과 딸이 있지만 그중 아들과의 관계가 더 친밀하다.

    가만히 생각해 보면 아들은 어렸을 때부터 나의 수호천사 같았다. 집안일을 하다가 힘들어 하거나 우울해 보이면 무슨 일 있는지, 괜찮은지 물었고, 내가 미용실이라도 다녀오면 항상 예쁘다고, 잘 어울린다고 칭찬을 하고, 음식을 해주면 꼭 맛있다고, 최고라고 말해준다.

    작은 일이라도 눈에 띄면 항상 칭찬과 더불어 내 편을 들어 준다. 내가 실수한 일이 있어 고해성사라도 하면 그럴 수 있다며 나의 입장에서 위로하고 격려도 해준다. 난 그런 아들이 너무 좋다. 그러니 나도 아들도 서로에게 잘한다.

    어느 날 남편이, 내가 아들에게 하듯이 다른 사람들에게도 하면 좋겠단다. 그게 되겠는가. 아무리 음식을 해다 바쳐도 먹기만 할 뿐 맛있다, 잘 먹었다 소리 한 번 없는데… 칭찬 한 번 하지 않는 남편에게 잔소리를 하면 아무 말 없이 먹는 게 칭찬이라나, 우리 나이에 누가 낯간지러운 그런 말을 하면서 사느냐며 조선 시대 사람인양 말한다. 이제는 남편의 반응이 익숙하다.

    그런데 3년 전쯤 남편과 관계가 심각할 정도로 나빴던 때가 있었다. 정말 이혼해야 하나를 생각할 정도였다. 나이 들어 이혼하는 사람들이 이해가 되었다. 이런 문제들이 쌓여서 자녀들이 크고 나면 의무에서 벗어나 각자 길을 갈 수 있겠구나, 황혼 이혼 하는 사람들의 마음이 느껴지기까지 했다.

그동안 무수히 참고 그냥 살아왔던 것들이 하나하나 넘어가지지 않고 심각하게 대립되었다. 원인을 생각해 보니 남편은 예전 모습 그대로인데 내가 참지 못했던 것이다. 참지 못한 원인으로는 나를 알아주지 않는다는 서운함이 제일 컸던 것 같았다. 내가 이민 1세대로 아이들 키우면서 수고하고 노력한 것들을 어느 날 하늘에서 뚝 떨어진 것처럼 누군가에 의해서 거저 주어진 것처럼 말하는 것이다. 그러나 모든 엄마들이 눈에 잘 띄지 않는 집안일, 자녀 돌봄의 일을 하면서 열매를 맺기 위해 얼마나 많은 날들 동안 인내와 보이지 않는 수고와 기도의 시간들을 보냈는지 아는가?

> **고전 13:7** "(사랑은) 모든 것을 참으며 모든 것을 믿으며 모든 것을 바라며 모든 것을 견디느니라."

자녀에 대한 사랑도 마찬가지로 자녀가 어려워하는 것을 보며 같이 참고, 자녀가 잘 해낼 것을 믿어 주고 자녀의 소망을 같이 바라봐 주고, 끝까지 할 수 있다고 격려하고 응원하며 견뎌 내는 것이 엄마들의 몫이다. 가정에 대한 사랑과 믿음 없이는 할 수 없는 이 일들이 엄마들의 일이다. 가정과 자녀를 키우고 지켜 내는 것은 엄마들에게 마치 신앙과도 같다.

젊은 날에는 이것저것 생각할 여유조차 없었지만 지금은 시간을 갖고 생각해 보니 남편에 대한 서운함이 점점 더해 갔다. 나의 수고와 결과에 대해 알아주지 않는 것에 대한 서운함과 나를 알아주지 않는 것에 대한 상처인 것 같았다.

젊었을 때는 쿨하게 넘어갔던 일들이 오히려 이제는 더 서운하고 민감하게 살아서 꿈틀대고 있으며, 이것은 분명한 심경의 변화였다. 나는 나의 심경 변화를 인정하고 남편이 알아주든지, 아니든지 나 자신을 보듬어 안기로 마음먹고 스스로를 인정해 주고 상을 주고 나를 다독이기로 마음을 다졌다.

고전 10:31 "그런즉 너희가 먹든지 마시든지 무엇을 하든지 다 하나님의 영광을 위하여 하라."

내가 살면서 주님 안에서 했던 모든 일, 일하고, 살림하며 자녀 키우고, 먹고, 경제 활동 하고, 잠자고 했던 것까지 포함하여 하나님 안에서, 하나님 앞에서 했던 모든 일을 누군가가 알아주지 않아서 서운해 할 것이 아니었다. 우리 인생을 세상에 보내면서 우리에게 주신 사명 곧 땅을 채우고 정복하고 다스리라는 명령의 일환으로, 하나님의 자녀로서 하나님의 영광을 위해 했던 일들이며, 믿음의 눈으로 바라보면 남들이 나를 알아주지 않아도 당연히 해야만 하는 사명이었다.

그렇게 생각을 바꾸자 서운함이 사라졌다. 가정을 지키고 자녀를 키우는 일은 하나님 영광을 위해 한 모든 일이고, 곧 그리스도의 심판대에서 내가 한 모든 일들이 드러날 것이므로…. 그리고 그때부터 나에게 연말에 상을 주기 시작했다. 작은 상품에 해당하는 소소한 것들이지만 나에게 주는 상으로 명명하였다. "올 한 해도 아이들이 성숙해졌고, 가정도 굳건히 잘 지켜 냈으니 1년 동안 수고했어, 잘했어!"

78.

수많은 전쟁을 치르며
지켜 낸 자유와 번영

아들이 대학을 다니면서 군대에 파트타임으로 입대하였다. 7개월 간 기본적인 군사 훈련과 군대 보직에 대해 공부한 후 매달 1회 토요일과 일요일에 군복무를 하는 것으로, 학생이나 직업을 가진 사람들이 할 수 있는 군복무이다.

7개월 후 군사 훈련을 마치고 집에 왔을 때 소감을 물었다. 아들은 대학 입학 후 1학기를 마치고 군대에 갔으니 틴에이저였으므로 군대는 아들이 한 번도 겪어 보지 않은 어른들의 세계였을 것이다. 군대가 어땠느냐고 묻자 아들은 어른들의 세계가 그다지 좋지 못하다는 짧은 반응을 내놓았다. 남자들만 주로 모아 놓은 곳이니 그것도 군대니 상상이 되지 않겠는가? 거칠고, 욕설에, 음담패설에, 명령과 힘에 의해서만 작용하는 작은 사회였을 것이다.

아들은 7개월 기간 중 크리스마스 시즌에 맞춰 한 번 휴가를 나왔고 우리는 그 짧은 크리스마스 휴가를 끝내고 다시 공항으로 데려다주었다. 비행기를 타기 위해 사람들이 길게 줄을 섰을 때 비행기 기장으로 보이는 사람이 우리 아들에게 가까이 가더니 뭔가 귓속말을 하니 아들이 처음 만난 그분을 따라가는 것이었다.

나는 무슨 일인가 싶어서 쫓아가서 물어 보니 아들이 웃으면서 하는 말이, 군인은 일반인들 줄에 서지 않고 기장이나 스튜어디스들이 출입하는 곳으로 바로 갈 수 있다며 함께 가자고 했다는 것이었다.

아들이 기장을 따라가는 것을 바라보며 잠깐 생각을 하게 되었다.

그냥 지나가도 됐을 텐데 일반인 줄에 서 있는 한 군인을 보고 일부러 찾아와서 덜 복잡하고 편한 길이 있다고 말해 주는 기장을 보며 고마웠고, 정말 미국인들은 군인에 대해 예우를 하는구나를 느꼈다.

　미국인들은 군인들에 대해서 계급에 상관없이 항상 고마워하고 존경을 해준다. 비행기 안에서도 좋은 자리가 생기면 군인들에게 먼저 업그레이드 혜택을 주고 탑승시에도 군인들은 먼저 비행기에 타라고 안내 방송을 하기도 한다. 또한 식당이나 카페 같은 곳에서도 손님 중에 서로 아는 사이가 아니더라도 군인이 먹은 식사를 조용히 지불해 주고 나가는 사람들도 종종 있다고 한다. 이외에도 자동차 구입 시에도, 보험료에도 디스카운트가 있으며 대부분 빅 컴퍼니 스토어를 비롯한 현대, 토요타 기타 등에서도 물건 구입 시 의외로 많은 부분에 혜택을 주고 있다고 한다.

　나는 아들이 군인의 신분임을 만나는 사람들에게 말하기도 한다. 학생이든지 직장인이든지 파트타임으로도 군복무를 할 수 있으며, 다양한 군복무 형태가 있다. 생활이 해이해질 때쯤 군대에서 부르면 머리를 짧게 깎고 빡세게 군기 잡혀서 내가 해야 할 잔소리를 군대에서 다 알아서 해서 보낸다. 한 달에 한 번 군복을 입고 복무하러 가는 아들이 대견스럽다.

　작년에 Washington DC 알링턴 국립묘지에 갔다. 국립묘지 안에서 운행하는 셔틀을 타고 가도 가도 끝이 없는 군인들의 희생을 보며 수많은 전쟁을 치르면서 자유와 번영을 위해 누군가가 했어야만 하는 희생을 이들이 했구나 하는 생각이 들었다. 군대에 복무하는 모든 분들께 더 없는 존경을 보낸다.

79.

언제가 됐든지
내가 거둬야만 끝이 나는 일

　나는 우리 아이들에게 자신이 심은 것을 그대로 거둔다는 성경의 원리를 신중하게 가르쳤다. 선도 악도 내가 뿌리고 심은 그대로 거둔다는 성경의 원리이자 자연의 원리(섭리)를 어려서부터 가르쳤다. 이것을 통해 하나님 앞에서 숨길 수 있는 것이 하나도 없다는 것과 자기 행위에 대한 책임을 가르쳐 왔다.
　우리 딸이 중학교 때, 어느 날 친구를 험담한(gossip) 일을 고백하며 심각하게 내 생각을 물었던 일이 기억난다. 그때 나무의 예를 들면서 한 개 심어서 하나만 나면 좋은데 30배, 60배, 100배의 열매가 나는 것이 농사의 원리라고 하면서, 너는 한 명에게 말했지만 네가 한 말이 3명에게도 6명에게도 널리 퍼질 수 있음을 심각하게 말해 줬다. 또 입장을 바꿔서 누군가가 너에 관한 이야기를 했는데 3명, 6명, 10명에게 퍼진다면 어떨 것 같냐고도 물었다. 죄의 심각성과 폐해를 말해줬다.
　반면 가십의 열매뿐 아니라 죄의 열매도, 선의 열매도 원리가 같다고 말해 주었다. 죄의 열매로 30, 60, 100배를 거둘 것인지, 선한 의의 열매로 100배의 풍작을 거둘 것인지 판단하라고 했던 기억이 난다. 우리 딸은 그 말을 다 듣고는 "하나님이 너무 두렵다"는 말을 하였다.
　그러나 지금은 소셜 미디어의 발달로 인해 30, 60, 100배가 아니라 그보다 더한 확산이 이루어짐을 우리는 알고 있다. 어떤 통계에서 좋은 이슈를 들으면 3명 정도에게 전하고 나쁜 이슈는 7명 정도에게 전해진다고 한다. 좋은 열매는 30배의 소득이지만 나쁜 열매는 70배의 소득임을 생각해 봐야 한다.

　이 통계를 보면서 꽃보다 잡초가 더 잘 자라고 생명력이 긴 것을 새삼 떠올려 본다. 꽃은 내가 심어야 피지만 잡초는 심지 않아도 생기고, 번지고, 뽑아도 뽑아도 계속 자란다. 죄의 속성이다. 사람이 선보다 악을 행하는 것이 더 쉽듯이 자연도 꽃보다 잡초 내기가 더 쉬운 것 같다. 인간의 타락과 함께 모든 창조물도 같이 타락하였기 때문이다.

　나도 한때 이런 적이 있었다. 나는 말수가 적은 편이었고 말로 인해 시비가 붙거나 말로 인해 곤경에 처한 적이 거의 없었다. 그런데 중풍이 온 이후부터 내가 모든 것을 너무 참고 견딘 것 같다는 생각이 들었다. 그 후 한동안 나의 감정과 하고 싶은 말을 참지 않고 주변에 쏟아 내기 시작했고, 마음 한가운데서는 절제와 통제가 이루어지지 않았다.

　말을 쏟아 내면서도 뿌린 대로 거둬야 함을 성령님께서 일깨워 주셨지만 알면서도 본성대로 행하였고, 그때 행한 일로 인해 아프게 거두었던 시간도 있었다. 거짓말과 과장은 하지 않았지만 할 필요가 없는 말을 많이 했던 것 같다. 그러다 보니 영양가 없이 쏟아 낸 무수한 쓰레기를 정리해야 했던 시간이 있었다.

　내가 어떤 씨앗을 뿌렸다면 내가 거둬들여야 함을 충분히 알고 있다. 하나님은 각 사람이 행한 그대로 갚으신다는 준엄한 말씀, 그리고 내가 뿌린 씨앗이 선이든 악이든 뿌린 종류대로 날 수밖에 없으므로, 언제가 됐든지 내가 거둬야만 끝이 나는 일인 것을 아프지만 인식해야만 했다. 그러나 주님께서는 내가 거둬야 하는 나쁜 씨앗은 흉작으로 거두게 하셨고, 좋은 씨앗들은 풍작으로 거두게 하심을 감사 또 감사드릴 뿐이다.

80.
어쩌다 난
이런 엄마가 됐을까!

아들이 하이스쿨 때 테니스팀에서 주장(캡틴)으로 활동을 했다. 주장으로 뽑혔다고 하길래 나는 좀 의아했다. 왜냐하면 아시안, 백인, 흑인, 히스패닉 등 다인종이 골고루 섞여 있는 학교였으므로 체력들이 장난이 아니었고, 우리 아들은 테니스를 그리 잘하는 편은 아니었기 때문이었다.

어떻게 주장이 되었는지를 물으니 전임 캡틴이 후임 캡틴을 지명했다고 한다. 아마도 전임 캡틴은 테니스를 잘하는 후임보다는 성실하고 원칙주의자인 우리 아들에게 테니스팀을 맡기고 싶었던 것 같다. 아들은 11학년 1년간 공부하면서 타 학교들과 토너먼트로 시합하며 승률을 높여야 했기에 엄청난 스트레스를 감당해야 했다. 또 거리가 먼 지역 학교끼리 시합이 붙으면 스쿨버스로 몇 시간씩 이동하였으므로 일주일에 한두 번은 밤늦은 시간에 귀가를 했다.

그때는 내게 중풍이 온 지 얼마 되지 않았던 시기였으므로 어떠한 도움도 아들에게 주지 못했고 나는 나의 상태에만 깊이 빠져 있었다. 어느 날 테니스 가방을 열어 보니 기가 막혔다. 가방 안에는 테니스 채와 운동복과 테니스화가 들어 있었는데 테니스화가 다 찢어져서 덕테이프로 감겨 있었다. 어찌된 일인지 물으니 테니스화를 사러 갈 시간도 없었고, 신을 만했다고 했다. 아마도 엄마가 건강 상태가 좋지 않으니 걱정할까 봐 일부러 말을 하지 않았던 것 같다.

나는 너무도 마음이 무거웠다. 불편하니 당장 사야 한다고 닦달하는 자식이 낫지, 참는 자식이 더 낫지 않음을 그때 처음 느꼈다. '어쩌다 난 이런 엄마가 됐을까…!' 하는 생각이 들었다.

그 후에도 아들은 나에게 부담이 될 것 같은 어지간한 것들에 대해서는 거의 말이 없었으며 정말 안 되겠다 싶으면 그때서야 말을 했고, 나는 그런 아들인 것을 알았으므로 듣는 즉시 시행해 주었다. 지금도 물어 보면 무엇이든 괜찮다고만 한다.

"Everything OK." 정말 괜찮은 건지, 나중에 부모가 나에게 해준 게 없다는 말은 듣지 않을지 걱정이 된다.

나는 전에 알던 어떤 사람에게서 부모가 자기에게 해준 것이 아무것도 없다는 말을 들었다. 대학원을 보내 줬나, 집을 사 줬나, 보약 한 첩을 해줬나 하는 것이었다. 내가 볼 때 그의 부모는 그것 세 개 빼고는 다 해준 것 같았다. 건강하다고 생각했으므로 보약은 약한 동생만 먹인 것 같았고, 명문 사립대학까지 졸업시켰으므로 컴퓨터 엔지니어로 일할 수 있었고, 대학원은 자기가 해결해야 맞는 것이고, 부모가 큰 부자가 아닌 다음에야 집을 사서 장가들이는 부모가 몇이나 될까?

나는 그에게 이렇게 되물었다. 나중에 아들에게 집을 사 줄 거냐고. 안 사 준단다. 또 물었다. 대학원 보내 줄 거냐고. 그것도 아니란다. 또 물었다. 보약은 해 먹일 거냐고. 그것도 아니란다. "그럼 ○○ 아빠도 아들 ○○에게 해준 것이 아무것도 없겠네…."

10살 정도 어린 부부에게서 나는 그때 처음으로 세대 차를 느꼈다. 우리는 부모가 특별히 뭘 안 해 줬어도 말 한마디 못했고, 어려웠던 시대에 자식들을 키워 준 것에 늘 감사했다. 우리가 살았던 시절하고는 또 다른 세대의 사람들과의 만남 같았다.

81.
무슨 부부가 의리로 사냐, 조폭도 아니고…

딸은 결혼에 대해 많은 환상을 가지고 있는 듯하다. 아빠, 엄마의 현실판 결혼 생활을 보면서도 이상적인 결혼에 대한 생각이 바뀌지 않았다. 우리는 그렇게 모범적인 결혼 생활을 하지 않았다. 결혼 생활을 파탄 낼 만큼의 문제는 서로 갖고 있지 않았지만, 그렇다고 그다지 행복하거나 다정한 부부의 모습도 아니었다.

서로가 별말이 없고, 늘 덤덤하고 크게 싸울 일도 없고, 서로에 대한 기본적인 신뢰, 그리고 가정과 자녀를 지켜야 한다는 책임감, 의리를 기반으로 사는 것 같은, 최소한 배신은 서로 하지 않을 것 같은 부부의 모습이다.

한번은 지인들끼리의 모임에서 우리 부부는 의리로 산다고 하니 '무슨 부부가 의리로 사느냐? 조폭이냐?' 해서 웃었던 일이 기억난다.

그런 우리를 보며 딸은 결혼에 대한 많은 지침과 결의를 가지고 있었다. 그중에서 자녀 교육과 입양에 대한 생각이 있었고, 만약 배우자가 허락하면 아이들을 입양하고 싶다는 말을 하였다. 이 말에 대해 아들도 같은 입장이라고 한다.

어느 날 딸이 자기들도 다 컸으니 엄마가 입양하는 건 어떻겠냐고 물었다. 평범치 않은 환경에서 자라야 할 아이에게 평범한 가정을 주는 것이라며 우리를 키웠듯이 키우면 된다고 한다. 그러면서 누군가에게 최소한 평범함의 가치를 누리게 하고 싶지 않느냐고 의견을 물으며, 크리스천으로 감당했으면 좋겠다며 강력하게 입양을 권하는 것이다.

　나는 나와 딸을 잠시 비교해 보았다. 나에게는 한국적인 사고가 있어서 핏줄에 대해 연연하지만, 딸은 자녀를 자신들에게 주신 하나님의 선물로 받아들여서 입양한 아이도 자신들의 아이로 똑같이 받아들일 수 있는 미국식 사고를 가지고 있으므로 입양이 가능해 보인다. 나는 딸이나 아들이 결혼 후 입양을 결정한다면 반대할 생각은 없다. 그리고 할머니로서 핏줄과 마찬가지로 그들에게 동일하게 대하려고 노력은 할 것 같다. 나도 해 본 일이 아니라서 나에게 가능한 일인지는 모르겠다.

　또 딸은 결혼하면 시부모와 친정부모에게도 무엇이든 똑같이 하겠단다. 용돈도, 선물도 그 말에 찬성표를 던졌으나 아들이 그렇게 말하면 조금 서운할 것 같았다. 손해 보는 느낌이랄까?

　나는 딸이 결혼하면 친정보다 시댁에 더 잘 하라고 할 것이다. 아들에게도 처가보다 본가에 조금 더 잘해야 한다고도 말할 것이다. 한국 시어머니들의 DNA는 미국에서 오래 살아도 안 바뀌는 것 같다.

　나는 성경에서 공평한 저울을 사용하라는 교훈을 생각해 보았다.

　잠 20:10 "서로 다른 추와 서로 다른 되는 둘 다 주께 똑같이 가증한 것이니라."

　사업하는 사람뿐 아니라 누구에게나 교훈이 되는 말씀이다. 부모 입장에서 딸과 아들에게는 마음대로 늘리고 줄여서 잴 수 있는 고무줄 잣대를 들이대고, 사위와 며느리에게는 한 치의 어김도 없는 대나무 잣대를 들이대는 그런 부모가 되고 싶지는 않다. 나는 아들이나 사위, 딸이나 며느리 모두에게 성경의 교훈대로 동일한 잣대를 사용할 것이다.

82.
우리 아이들에게 세상을 바르게 사는 법을 가르치고 싶다

딸은 대학을 다니면서 방학 때 학원에서 아르바이트 일을 하였다. 그날은 여름방학이었으므로 아침부터 아이들을 가르쳐야 하는 스케줄인데, 아침을 안 먹고 나간다고 하길래 이유를 물으니 아침 금식을 하겠다고 한다. 금식하는 이유가 더 나은 영적 성장을 위해서라고 했다. 아마도 어떤 간증을 들은 듯하다.

나는 딸에게 나의 의견을 말해 줬다. 밥을 굶으면 영적 성장이 되느냐고, 밥 많이 먹고 나가서 열심히 아이들 잘 가르치는 것이 올바른 크리스천의 삶이라고 말했다. 지금이야 괜찮지만 3~4시간 지나면 배고플 것이고, 기운이 빠져서 한 개 더 가르쳐야 할 때 한 개 덜 가르치는 게 하나님 영광 가리는 것이니 많이 먹고 가서 많이 가르치고 하나 더 가르치고 오라고 하며, 그게 크리스천의 삶이라고 했다.

그리고 금식은 자신이 심각한 죄로 인해 회개가 요구되거나 꼭 해야 할 사명이 있을 때 또는 특별히 기도해야 할 중요한 결정을 앞두었을 경우에는 허락할 수 있지만 영적 성장을 하고 싶다고 금식하는 것은 허락할 수 없다고 했다.

영적 성장을 하고 싶으면 성경 말씀을 읽고, 읽은 말씀을 그대로 믿고, 그러다가 말씀과 현실이 부딪칠 땐 말씀을 선택하고, 말씀을 붙들고 현실을 충실히 살다 보면 자연적으로 그 영적 성장이 이루어진다고, 그것이 성화의 삶이라고 했다.

사실 딸은 말씀을 붙들고 이기는 삶이 어떤 것인지를 잘 알고 있으며 이기는 경험도 많이 있다. 거듭난 이후로 말씀을 지키기 위해 자신을 지키며 성화의 삶을 위해 매사에 신중하며 절제하는 생활을 하는 것을 알고 있다. 하지만 어리고 예민한 나이이다 보니 남의 간증 등에 종종 영향을 받는 것을 느낀다.

남의 간증을 듣고 자신에게도 동일한 일이 일어날 것처럼 믿는 사람들이 주변에 의외로 많은 것 같다. 그 사람의 간증은 말 그대로 그 사람의 간증이다. 사람마다 특징과 상황이 다르고 하나님의 계획 속에서 행하시는 일이므로 동일한 환경에 처한다 할지라도 동일한 결과를 주시지는 않는다. 예를 들어 사자굴에 들어갔던 다니엘은 사자에게서 구해졌지만 초대교회 많은 성도들은 사자의 밥이 되었다.

그날 아침 나는 금식하겠다는 딸을 설득하여 아침을 잔뜩 먹여서 보내면서 씩씩하고 활기차게 하루를 보내고 아이들을 잘 가르치고 오라고 격려했다. 그것이 올바른 크리스천의 삶이라고 그것이 영적 성장이라고 했다.

나는 우리 아이들에게 세상을 바르게 사는 법을 가르치고 싶다. 자신에 대한 책임과 맡은 일에 대한 책임과 공동체에 대한 책임을 능히 감당할 수 있는 강한 자녀로 키우고 싶다. 신앙생활을 감정의 영역이 아닌 매사에 말씀을 지키려는 의지의 영역으로 받아들였으면 좋겠다.

83.

너무 멀리 가면
돌아올 때 힘들어!

　어제 오랜만에 아들과 이야기를 하게 되었다. 저녁을 먹은 후 식탁에 앉아서 시작된 대화가 3시간을 넘겼다. 믿음, 직장 생활, 지난 추억들이 줄줄이 소환되어 고구마 줄기처럼 끝이 없었다. 특히 하나님에 대한 믿음에 대해 자기가 생각하는 것들을 쏟아 내기 시작했다. 너무 많이 변해 있었다. 어렸을 때부터 교회 다니면서 그대로 수용했던 믿음에 "Why?"(왜)라는 질문이 많아진 것 같았고 결론이 나지 않은 상태였다. 주변으로부터 아이들이 대학 가면 그때부터 확 달라진다는 말을 여러 차례 들었지만 그래도 우리 아들은 그럴 것 같지 않았는데 별수 없이 우리 아들에게도 대학 4년간 리버럴한(자유분방한) 생각들과 세상의 잡다한 지식들이 많이 자리 잡고 있음을 알게 되었다.

　나는 아들에게 8학년 때 거듭난 것을 상기시켰고, 거듭난 사람도 믿음 생활 중에 그런 고민을 할 수 있고 또 거쳐야 하는 과정이며, 그런 시간을 잘 보내는 것이 필요한 일이라고 하면서 충분히 생각하고 결정하라고 했다. 그러나 그 시간을 너무 끌지 말고 너무 멀리 가지 않았으면 좋겠다고 하면서 너무 멀리 가면 돌아올 때 힘들다고 했다.

　거듭난 사람에게는 성령님께서 내주하시고, 하나님은 구원에 대해서 봉인하시는 분이신 것을 믿기에, 아들이 자신의 믿음과 자신의 거듭남에 대해 다시 확인하는 과정을 필요한 시간으로 생각한다.

　아들이 묻는다. 만약 자신이 하나님을 확신할 수 없어서 믿음에서 떠난다면 엄마는 어떻게 할 거냐고. 어릴 때처럼 회초리로 엉덩이 때리고 싶냐고 웃으면서 가볍게 말하지만 나의 반응을 신중하게 살피고 있음을 느꼈다. 엄마는 기도할 거라고, 네가 다시 믿음으로 돌아올 때까지 기도할 거라고, 그게 엄마의 책임이라고 했다.

어려서부터 교회를 다닌 나도 20대 초에 2년간 그런 과정을 지났으며, 그 과정(방황의 시간)을 거치고 거듭난 이후에 어떤 회의도, 근본적인 물음도 더이상 문제가 되지 않았다. 아들은 그 과정을 나와는 반대로 겪고 있었다. 너무 어린 나이에 거듭나게 되어서일까?

내가 거듭난 이후를 잠깐 생각해 보았다. 나도 몇 번 믿음의 위기가 왔다. 그럴 때마다 내가 위기를 극복했다기보다 하나님이 붙들고 계셨고 나는 멀리 갔다가 곧 돌아왔다. 우리 아들도 동일하게 인도하실 것을 믿는다. 아들에게 진리(Truth)로 이끌어 주실 것을 기도하라고 했다. 세상의 많은 오류와 잘못된 가치관과 헛된 철학을 피해 하나님의 진리로, 찬송가 가사처럼 진리 등대의 빛을 받으며 하나님 안에서 닻을 안전히 내리길 바란다.

나는 아들이 이 시간을 불안해하지 않았으면 좋겠고, 충분히 생각하고 내가 믿는 하나님이 창조주 하나님, 구원자 하나님, 하늘과 땅과 모든 만물의 주인이시며 만주의 주이시며 세상 역사를 주관하시는 왕이심을, 또한 천국과 지옥 열쇠의 주인이시며, 각 개인의 삶을 주관하시고, 나를 사랑하셔서 무죄한 자신의 외아들을 십자가에서 피를 쏟게 하시고 그 피로 나를 구원하시고 부활하여 우리에게 영원한 생명과 영원한 처소를 약속하신 그분을 믿는 믿음으로 굳건하게 세워지는 시간이 되기를 바라며, 낭비가 아닌 믿음의 엑기스를 만드는 시간이 되기를 기도한다.

나는 남편을 비롯해서 두 자녀와 그들로 인해 생기는 가족들까지 함께 같은 목적과 같은 장소인 나의 주님이 계신 본향을 향해 걸어갈 것이다.

84.
인생은 불공평한 것, 출발선은 다르더라도

전편에 이어 아들과 대화한 에피소드 하나를 더 쓰려고 한다.

아들은 특히 '운명'이라고 할 수 있는 부분에 대해 하나님이 불공평하다는 의문과 불만이 있었다. 이슬람 지역이나 북한 같은 곳에서 태어나서 하나님에 대한 인식조차 못하는 사람들에게 영원까지도 바꿀 수 없는 결과는 불합리하다며 나의 생각을 묻는다.

엄마도 모든 것의 해답을 알고 있어서 하나님을 믿는 것은 아니고, 우리가 알 수 없는 것은 알 수 없는 대로 그대로 놔두고 믿는 것이라며 네가 엄마에 대해 다 아느냐, 엄마의 생각과 가치관과 계획과 좋아하는 것과 싫어하는 것 등을 다 아느냐고 했다. 엄마가 너를 낳았다고 하지만 네가 태어날 때 엄마 얼굴을 기억해서 지금 엄마라고 부르느냐고, 엄마라고 하니깐 엄마인 줄 아는 거지, 우리가 눈에 보이고 매일같이 지내는 가족의 모든 것도 다 알지 못하는데 하나님에 대해 어떻게 다 알겠느냐고, 그분의 섭리와 계획을 아주 일부만 알고 있을 뿐이라고. 성경에 말씀하신 부분은 그대로 믿고, 말씀 안 하신 부분까지 상상해서 만들어서 믿을 필요는 없다고, 지역적이고 운명적인 그 부분에서도 하나님은 계획을 가지고 계실 것이며 누구도 반박할 수 없는 하나님의 공의를 이루실 것이라고 했다.

전 3:11 "그분께서 자신의 때에 모든 것을 아름답게 만드셨고 또 그들의 마음속에 세상을 정하여 두셨으므로 아무도 하나님께서 만드시는 일을 처음부터 끝까지 알아낼 수 없도다."

그리고 인생은 어차피 불공평한 것이라고, 불공평을 인정하는 것에서부터 인생은 출발해야 한다고, 너도 부잣집에서 힘 있는 부모 밑에서 금수저 물고 태어날 수도 또 북한이나 중동 어딘가에서 태어날 수도 있었다고, 지금 믿음의 가정, 복음을 들을 수 있는 땅에서 태어난 것을 감사하자고, 거기까지가 우리의 할 일이라고 말했다.

잠시 인생의 재미에 대해 생각해 본다. 서로의 출발선이 다르고 불공평할지라도 때로는 추월할 수 있는 추월 차선을 주시고, 때로는 일찍 출발했어도 길을 잃고 돌아가게도 하시고, 때로는 고속도로로 남이 모르는 지름길로도 가게 하시는, 개인에 대한 하나님의 인도하심을 본다. 인생을 바꿀 수 있는 기회도 주시고 자신에게 있는 노력, 신념, 열정, 끈기, 믿음을 사용하여 높은 곳을 뛰어넘어 정면 돌파할 수도 있어 우리 같은 평범한 인생들도 힘내게 하신다.

시 18:29 "내가 주를 힘입어 군대 사이를 달려가며 나의 하나님을 힘입어 담을 뛰어넘었나이다."

복음을 듣기 어려운 곳에서 태어나서 탈북하여 복음의 전사로 북한 동포를 구원하는 일을 하시는 분들을 비롯하여, 많은 선교사와 방송과 여러 가지 방법으로 일하실 수 있는 하나님이 계심을 믿는다. 모든 상황과 환경까지 역전시키시는 하나님의 일하심을 기대하며 가장 척박한 이슬람 지역과 북한에서 복음의 전사들이 쏟아져 나올 수 있음을 믿으며 소망해 본다. 사람이 아니라 하나님의 하시는 일이시기에 사람의 계산을 뛰어넘는 일이 얼마든지 가능하지 않겠는가?

85.
끊으려야 끊을 수 없는 사이,
그래서 더 조심해야 하는 사이

내가 첫째인 딸을 임신하였을 때 마침 한국에서는 기독교계뿐만 아니라 사회적으로까지 이슈가 되었던 92년 다미선교회의 휴거 사건이 연일 뉴스를 장식하고 있었다. 휴거 날짜가 맞다 틀리다의 관심보다 그 사건을 보면서 정말 주님이 오실 때가 가까워졌나 보다 하는 경각심이 느껴졌다.

주님의 재림 날짜는 누구도 알 수 없다고 했으므로 관심이 없었으나 '거의 시간이 되었을 수도 있겠구나' 하며 주님이 오시기 전 마지막 세대일 수도 있다는 생각을 하였다.

1993년에 태어난 딸에게 백일쯤 되어서 유아세례를 받게 하며 이 아이를 주님의 말씀으로 부지런히 양육하겠다는 약속을 하였다. 장로교의 유아세례가 성경적이지 않다는 많은 공격을 받고 있지만 유아세례 당시 유아세례로 인해 이 아이가 구원받았다는 생각이 아니라 엄마인 내가 하나님의 말씀으로 양육하겠다는 부모로서의 약속, 서약이라고 생각하며 유아세례에 임했다.

나는 거의 마지막 세대의 부모로서 엄중한 부담과 함께 육아에 대해 물어 볼 사람도, 수다 떨 친구 하나 없이 임신 8개월에 낯선 미국에 들어왔다. 두 달 후 새 생명이 태어나 나의 품에 안겼다. 지금 생각하면 그 시간을 어떻게 보냈을까 싶다. 당시에는 외로움이나 독박육아의 연민에 빠질 시간도 없이 그저 바쁘고 피곤했다는 생각밖에 없었다. 3년 후 둘째인 아들이 태어났고 똑같이 유아세례를 받게 하며 동일하게 주님의 말씀으로 키우겠다는 부모로서의 서약을 하였다. 나름대로 아이들을 믿음 안에서 양육하기 위해 나에게는 각오가 필요했다.

> **엡 6:4** "너희 자녀들을 노엽게 하지 말고 오직 주의 교육과 훈계로 양육하라."

첫째로 자녀를 노엽게 하지 말라, 둘째로 주의 교육과 훈계로 양육하라고 했는데, 자녀를 노엽게 하지 말라는 말이 마음에 들어왔다. 우리의 어린 시절은 노여웠고 억울할 때가 많았다. 우리네 부모님들은 자식들에게 욕도 잘했고 이로 인해 자식들의 마음에 상처도 많았으며, 학교 선생님들과 동네 어르신들에게도 종종 별 이유도 없이 혼나곤 했던 기억이 있다. 그로 인해 자녀를 노엽게 하지 말라는 말씀이 나에게 단단히 자리 잡았던 것 같다.

나는 야단을 치더라도 야단을 치는 이유를 먼저 말해 줬고, 욕이나 폭력은 사용하지 않았지만 꼭 필요 시에 매는 들었다. 대신 매를 맞는 부위는 엉덩이와 손바닥으로 제한을 했다.

내가 대학생일 때 동네 한가운데 사람들이 지나다니는 대로에서 6~7세 되어 보이는 여자아이를 발가벗겨 아버지인듯 보이는 남자가 매질하는 광경을 보았다. 그 아이는 매질의 아픔보다 수치가 더 컸는지 매질을 당하면서도 얼굴을 가리고 있었다. 그 광경을 보며 울분을 참을 수 없었고 그것은 너무도 큰 쇼크였다. 이 일이 그 아이에게 얼마나 마음에 깊은 상처가 되었을까. 오랫동안 잔상이 남아서 한동안 마음이 아팠고 부모라도 자녀에게 그렇게 상처 줄 권한이 없다는 것과 힘없는 아이들의 인권이 보호되어야 한다는 생각이 생겼다. 부모로서의 자세를 많이 생각하면서 가정에서 일어나는 폭력이나 언어폭력은 절대 안 된다는 생각이었다.

부모 자식 관계는, 동양적인 사고로는 운명, 끊으려야 끊을 수 없는 천륜인데 비해 성경이 바탕이 된 서양의 사고는 그렇지 않다. 자녀는 하나님의 선물이라는 생각이 있어서 그런지 부모와 자녀의 인생이 깊이 연결되어 있지만 운명으로까지 끊을 수 없는 관계는 아닌 것 같다. 부모의 인생을 갈아 넣거나 자녀를 소유물처럼 생각하지 않고, 각각 하나의 다른 개체, 다른 인격체로 보는 것이 동양적 사고보다 건강하고 건전한 생각인 것 같다.

그러나 우리 동양의 사고는 어떤가? 나는 어려서부터 부모 자식 관계를 운명으로 여기고 사신 부모님 밑에서, 그런 공동체에서 살아서 그런지 나 자신도 자녀를 하나님의 선물로 기쁨으로보다는 운명으로, 책임으로 더 무겁게 받아들였던 것 같다. 끊으려야 끊을 수 없는 사이, 그래서 더욱 조심히 다뤄야 하는 사이로 인식되어 있는 것 같다.

60대가 되고 보니 시어머니와 며느리들의 팽팽한 기 싸움에 관한 이야기들을 종종 듣게 된다. 남편은 내가 아무래도 걱정이 되는지 정신 무장을 자주 시킨다. 아들은 장가보내고 나면 끝이라고, 마음을 접어야 한단다. 그 말을 들을 때마다 마음에 각오를 한다.

창 2:24 "그러므로 남자가 자기 아버지와 어머니를 떠나 자기 아내와 연합하여 그들이 한 육체가 될지니라."

왜 남자에게 아버지와 어머니를 떠나라고 했을까? 아마도 하나님은 친정부모보다 시부모가 더 '갑'의 위치가 될 것을 아신 것 아닐까? 작은 천국으로 독립적인 둘만의 가정 공동체를 세우라는 주님의 깊으신 뜻을 알 것 같다.

자녀들을 잘 보내 주는 것까지가 부모의 일…일 것 같다.

86.
왜 죽음이 두려우세요?

나의 시어머님은 97세까지 건강하게 사시다가 하나님의 부름으로 영원한 본향으로 가셨다. 자식들은 3년 더 채우고 100세에 가셨으면 좋았을 텐데 하며 100세를 채우지 못한 것을 아쉬워했지만 시어머님의 죽음은 호상이었다. 걸을 때에 무릎이 조금 아플 뿐 거의 아프신 데가 없었고 아스피린이나 혈압약도 정기적으로 드시지 않았으며 식사 또한 잘 하셨다.

돌아가시기 6개월 전에 위급 상황으로 병원에 가셨고, 거의 돌아가실 것이라고 생각했으므로 한국, 호주, 미국 각 타 주에 살던 자식들과 며느리들이 모두 자리를 지켰으나 예상을 깨고 회복하셨다. 몸에 힘은 없었지만 맑은 정신과 또랑또랑한 음성으로 자식이 모두 모인 자리에서 자식들 한 명 한 명에게, 며느리 한 명 한 명에게, 손주들에게도 그동안 자신이 잘못한 것이 있으면 용서하라는 부탁과 꼭 주님 계신 곳에 모두 다 오라는 부탁을 하시는 것이었다.

나는 어머님의 마지막 정리하시는 모습을 보면서 아름답게 죽음을 마무리하신 것에 감사했다. 특히 그동안 살면서 당신이 잘못한 것이 있으면 다 용서해 달라고 일일이 부탁하며 자식들에게 용서를 구하며 화해를 청하는 모습은 크리스천의 모습 그 자체였으며, 나도 죽을 때 모습이 저래야겠구나 하고 생각되었다. 하나님이 만들어 주신 이벤트 자리 같았다.

또 한국에서 오신 시숙님 말에 의하면, 자신들은 시차 적응이 안

돼서 잠을 설친 새벽녘에 어머님이 가만히 앉아 있으시기에 물으셨다고 한다. "왜 죽음이 두려우세요…?" 어머님이 내가 주님께 갈 건데 죽음이 뭐가 두렵겠느냐며 하나도 두렵지 않다고 대답하셨다고 한다. 난 시어머님의 죽음을 보며 예수님 안에 있는 자들의 두려움 없는 담대한 죽음 또한 복이며 좋은 죽음이라는 생각이 들었다.

또 하나의 충격적인 죽음을 말하려고 한다. 이것은 내가 본 실제의 죽음이 아니라 영화 속에서의 죽음이다. 만약 극장에서 봤다면 제목이 기억에 남아 있겠지만 집에서 본 많은 영화 중의 하나이므로 제목은 기억에 없지만 스토리와 마지막 죽음의 장면이 크리스천인 나에게 충격을 주었다.

어느 행복해 보이는 가족의 모습으로 시작되었고 부부와 두 명의 자녀가 등장했으며, 세상적으로 사회적으로 경제적으로 더할 나위 없는 완벽한 그런 상류층 가정의 모습이었다. 60대 초반으로 보이는 부부 중 아내에게 3개월 정도의 시한부 삶이 남아 있었고 함께 남은 시간을 정리하고 있었다. 남은 기간 동안 남편과 함께, 자녀와 친구들과 함께 추억도 만들고 정리도 하고 화해도 했다.

아내는 불치병으로 죽으면서 고통스러운 모습, 초췌하고 볼품없고 비참한 모습으로 죽고 싶지 않다며 남편에게 마지막까지 품위 있게 건강한 모습으로 죽을 수 있도록 안락사를 부탁한다. 안락사도 자기가 침대에 반듯하게 누워 잠자듯이 갈 수 있도록 약을 마시고 죽는 것으로 계획되어 있었다. 드디어 모든 계획대로 마지막에 약을 꼴깍 다 마신 후에 하는 말이 나에게 너무도 충격이었다.

약을 마신 후 그제서야 "그런데, 나 어디로 가는 거지?"라는 마지막 한마디를 하고는 죽었다.

긴 인생을 살면서 사후세계에 전혀 관심도 없었고, 죽음을 정리하는 3개월 동안에도 품위 있게 죽을 생각뿐 죽음 이후의 삶에는 관심이 없었고, 약 먹기 10분 전에도 관심이 없다가 약을 마신 후에 그때서야 어디로 가는 것인지를 생각한다는 장면에 너무도 큰 충격을 받았다.

평생을 영원의 삶을 위해 준비하며 살아가는 사람도 있는데, 죽음 이후의 삶을 단 한 번도 생각하지 않고 현실만을 바라보다가 죽으면 곧 썩을 육신의 품위까지는 생각했지만, 죽음 후의 삶은 단 한 번도 생각해 보지 않는 죽음도 있겠구나! 나에게는 매우 충격적인 죽음의 장면이었다.

두 명의 죽음을 비교하며 새로운 장소로 이사 가기 위해 영혼의 단장을 잘 하고 가는 성도의 삶과 살아생전 사후를 생각조차 하지 않는 사람들의 죽음을 떠올리며 죽음이 마지막이 아닌 것이 감사하다.

나를 평생 사랑하고 지켜 주신 나의 하나님 아버지와 신랑이신 주님과 믿음의 성도들과 새로운 장소에서 새로운 시작을 할 수 있음에 감사할 뿐이다.

87.
신약 시대에
구약 성도로 사는 사람들

딸과 나는 대부분 신앙에 관한 문제나 생활 중에 서로에게 필요한 의견을 늘 조정해 왔다. 그런데 한동안 한 가지 문제에서 서로 의견을 좁히지 못하고 있었다. 십일조에 관한 것이었다.

딸은 대학 다니며 파트타임으로 일을 시작할 때부터 지금까지 적든지 많든지 십일조라는 타이틀의 헌금을 하였다. 나는 십일조라는 타이틀을 더이상 사용하지 말고 신약 성도답게 자유로운 헌금을 하라고 했었다. 주정헌금이나 감사헌금, 주일헌금이란 타이틀을 사용하라고 조언했다.

예수님께서 십자가에서 죽으심으로 모든 율법의 완성이 되었고 예수 그리스도 피로 구속되고 율법에서 자유함을 받았는데, 십일조 문제만은 벗어나지 못하고 지켜야 한다는 고집을 갖고 있는지 물어 보았다.

딸은 자기는 평생 십일조 헌금을 하고 싶고 조금도 바꾸고 싶지 않다고 한다. 나는 10% 드리는 것을 반대하는 것이 아니라 십일조라는 타이틀은 신정국가였던 구약 시대 이스라엘 백성들에게 주어진 것이며 십일조의 타이틀로 제대로 하려면 22.5%라고 설명해 주었다(소출에 대한 10% + 레위인과 가난한 이웃을 위한 10% + 4년에 한 번씩 내는 십일조 + 0.25% = 22.5%).

구약과 신약의 구별과 함께 하나님의 경륜에 대해서도 많은 내용의 말씀을 서로 나누었다. 구약 시대의 성전, 제사장, 헌물, 십일조, 제단 등의 개념이다. 주변의 대다수 교인들은 신약 시대에 신약 성도가 아닌 구약 성도로 살고 있다.

- 대형 교회에 걸린 성전 봉헌이라는 문구의 플래카드
- 교회 장로들 기도 시 헌물을 제단에 바친다는 내용의 기도
- 남편이 우리 집 제사장이라는 교인

나는 묻고 싶다. 남편이 제사장이면 하나님과 가족 사이에 서서(카톨릭 신부에게 고해성사하듯) 남편을 통해 죄 용서 받는지, 신약 성도라면 도무지 해서는 안 되는 말을 너무 아무렇지도 않게 자랑스럽게 말한다.

벧전 2:5 "너희도 살아 있는 돌들로서 영적 집으로 건축되고 예수 그리스도를 통해 하나님께서 받으실 영적 희생물을 드리는 거룩한 제사장이 되었도다."

예수 그리스도의 몸이 단 한 번 영원히 드려짐을 통해 우리가 거룩히 구별되었으며 이로 인해 누구의 중재도 없이(제사장 필요 없이) 홀로 스스로 하나님의 은혜의 보좌 앞에 담대히 나아가 죄 용서와 간구를 할 수 있고, 스스로 영적 희생물을 드릴 수 있는 거룩한 제사장이 되었다고 하는데도, 아직도 남편을 사이에 두고 하나님께 나아가야 한다니 말이 되는가? 남편은 우리 가정의 제사장이 아니라 우리 가정의 머리라고는 할 수 있다.

고전 11:3 "각 남자의 머리는 그리스도시요, 여자의 머리는 남자요, 그리스도의 머리는 하나님이시니라."

예수님의 초림 이후 2,000년이 지나도록 구약과 신약을 혼동하는

교회와 교인들을 보면 가슴이 좀 답답하다.

구약은 우리의 배움을 위해 있는 것이지 신약 시대인 현재도 구약의 제도들을 지켜야 한다는 것은 아니라고 생각한다. 예를 들어 조선 시대의 법을 지키라고 여자들에게 칠거지악을 들이대면서 아들을 못 낳으면 쫓아내고 시기 질투하면 소박 맞는다 하는 법을 지킬 사람이 지금 어디 있으며 그것이 무슨 법적 효력이 있는가? 그러나 교훈적인 의미로 시기, 질투가 사람들에게 좋지 않았으므로 엄격히 다뤘던 시대가 있었구나 하는 교훈적 의미로 배울 수는 있다.

지금 대한민국에서는 대한민국이 제정한 헌법을 지켜야지 조선 시대의 법을 지키지 않듯이, 구약은 하나님의 백성인 이스라엘 백성에게 신정 통치 시대에 지키라고 주신 것이므로 하나님의 경륜을 구별해야 한다고 생각한다. 그리고 우리 신약 성도들은 바울 서신을 통해 주신 이방인을 위한 복음, 즉 정확한 복음의 원리를 따라 살아야 한다고 믿는다.

고후 9:6-8 "인색하게 뿌리는 자는 또한 인색하게 거둘 것이요, 풍성하게 뿌리는 자는 또한 풍성하게 거두리라는 것이라. 저마다 자기 마음속에 정한 대로 낼 것이요, 마지못해 하거나 억지로 하지 말지니 하나님은 즐거이 내는 자를 사랑하시느니라. 하나님께서 능히 모든 은혜를 너희에게 넘치게 하시나니 이것은 너희가 항상 모든 일에서 모든 것이 넉넉하여 선한 일을 풍성히 하게 하려 하심이라."

내가 딸에게 10% 헌금을 드려도 십일조라는 타이틀을 쓰지 못하게 하는 이유이며 나 스스로도 십일조라는 타이틀을 쓰지 않는 이유이다. 나는 우리 딸만큼은 구약 성도가 아닌 신약의 성도로, 율법의 시대가 아닌 은혜의 복음 시대에 사는 건강한 크리스천으로 살았으면 좋겠다.

88.
반기독교의 물결이
폭포가 되어

    크리스천으로서 자유로울 수 없는 것이 성화이다. 가정에서나, 직장에서나, 교회에서나, 사회에서나 어디서나 우리는 이 문제로 비난을 받고, 넘어지고, 입에 오르내린다. 아예 이제는 기독교가 아닌 개독교라고 한다. 지금은 기독교를 믿지 않는 세대가 아니라 기독교가 미움을 받는, 혐오의 종교인 세대가 되었다. 특히 기독교의 가치관으로 세워진 나라 미국에서는 더 심하다. 이제는 대놓고 기독교에 대해 사사건건 심한 공격을 하고 반기독교적 정책을 택한다.

- **미국 글로벌리스트들의 어젠다**(유튜브 마이클심 TV에서 참고)
  동성애: 이제는 화장실조차도 남녀 공용으로 같이 사용해야 하며 아이들이 남자인지 여자인지 스스로 성을 선택해야 한단다. 남자로 태어났어도 원하면 여자의 성을 선택할 수 있단다.
  - 자신이 선택할 수 있는 성의 종류가 40개라고 한다: 남자 수영 선수가 자신은 여자라며 여자 수영 종목으로 출전하여 금메달을 따내는 웃지 못할 일이 버젓이 일어나고 있다.
  - 미국 한인 찜질방 사건: 백인 남성이 스스로 순간 자신이 여자로 느껴지면 여자란다. 그래서 한인 스파 여탕에 들어가겠다며 주장했고 경찰이 와서도 법적으로 제지할 수가 없어 여자들이 스파를 나왔던 사건으로 정상적인 사고로는 살기 힘든 세상이 되었다.
  - political correctness(정치적 PC): 대중이 듣기 좋은 말, 거부감

없이 받아들일 수 있는 말, 말만 번지르르한, 대중의 공감을 얻어 내기 위한 인기몰이의 말, 또는 책임 회피 등을 목적으로 하는 정치 전술… 책임지지 않고 무수히 쏟아 내는 말들… 예를 들어 사람이 먼저다, 약자의 편에 서야 한다 등의 말들을 하면서 행동은 반대로 하는 그런 부류들

- cancel culture: 지우다, 왕따시키다, 자기와 다른 목소리를 내는 사람의 글을 지우고, 존재 자체를 지우는, 왕따시키는 문화. 중요한 사건이 있어도 자기 쪽 사람들의 일이 아니면 침묵하며 아예 언급조차 하지 않는 방송과 언론들…(부정 선거가 자행됐음에도 거의 모든 방송에서 언급조차 안 하므로 사건조차 묻어 버리는 전략이라고 한다)
- wokism: '깨어나라'의 의미이지만 사실은 big money(거금) + big tech(일류 첨단기술) 기업 + 미국 민주당의 결합으로 자신들의 이익을 위해 소외계층을 이용하는… 말과 정책들

    기독교의 가르침과 글로벌리스트들의 어젠다는 빛과 어둠만큼이나 차이가 있다 보니 그들에게 있어서 기독교인들은 미움과 공격의 대상이다. 기독교가 사회의 적이 되어 버린 것 같다.
    이제는 조금씩 바뀐 반기독교의 물결이 폭포가 되어 쏟아부어지는 느낌이다. 한국 TV에서 유명 MC가 교회 목사였던 아버지의 직업을 말하면서 매우 부끄러워하고 숨기고 싶은 뉘앙스로 말하는 것을 보았다. 그만큼 지금의 시대는 기독교인에 대해 부정적이고 사회적으로 인식이 좋지 않으며 자신이 크리스천임을 드러내지 않으려 한다. 이쯤에서 크리스천의 성화를 생각해 보자. 이러한 상황까지 갔을 때는 마지막 시대이기에 점점 악해지는 흐름도 있지만 크리스천의 성화와 책임도 간과할 수 없다.

- 소명의식 없는 목회자들의 목사 직분
- 교회를 사유화하려는 욕심
- 기독교 사상과 절대 같이 갈 수 없는, 교회에 침투된 공산주의 좌파사상 수용
- 세상을 변화시키겠다며 세상 속으로 걸어 들어가는 교회

그래서 세상이 오히려 교회의 변질을 걱정하는 시대인 것 같다. 내가 사는 지역의 대형 교회 모토로 "세상을 변화시키는 교회"라는 표어를 보았다. 성경에 교회에게 세상을 변화시키라는 사명을 주셨던가? 복음으로 다시 태어난 성도가 세상과 구별되어 세상의 가치관이 아닌 성경적인 가치관을 가지고 빛과 소금으로 살면서 세상을 비추는 작은 불빛이 되어 어둔 세상을 비추는 삶이 사명 아닌가…?

- 교회의 정체성조차도 없는 교회와 교인들
- 세상보다 더 세상스러운 교회와 교인들

이들을 바라보며 나도 그 속의 일부로 자리하고 있음을 인정하고 점검하는 시간이다. 성화는 나에게도 너무 어려운, 자녀들의 성경 교사를 하면서도 제일 체면이 안 서는 부분이기도 하다. 특히 딸은 나에게 친절하지 않다는 공격을 제일 많이 한다. 가족에게도, 밖에 나가서도 무뚝뚝하고 친절하지 않다고 한다. 나는 성격 자체가 무뚝뚝하다고 말해 보지만 인정할 수밖에 없다. 사실이다. 나도 솔직히 좀 부드럽고 친절한 사람이었으면 좋겠다는 생각을 많이 하면서 산다.

나는 성화에 대해 누구에게도 책임을 돌릴 수 없는 나이가 되었다. 세상 때문에, 환경 때문에, 부모 때문에, 자식 때문에, 배우자 때문에… 모든 성화의 문제는 '나' 자신인 것이다.

89.

은퇴, Retire… second life
(세컨드 라이프)

    Retire, 타이어를 바꿔 끼우다. 리타이어(은퇴)한 지 딱 1년이 되었다. 1년 동안 무엇을 하면서 지냈나? 지금 나는 60대 초반으로서 적어도 20~30년을 더 살 것 같은데.
    최소한 앞으로 15년 정도까지는 육체적으로나 정신적으로나 뭔가를 할 수 있는 계획이 있어야겠다는 생각이다. 1년을 되돌아보니 시간을 어영부영 쓰고 있다는 생각 때문에 죄책감이 느껴진다.
    오전 6시에 일어나서 아들과 남편의 출근을 위해 1시간 정도 아침 식사와 도시락 준비로 아주 바쁘게 움직였다. 이후의 시간 7시부터 1시까지는 나만의 할 일, 내가 하고 싶었던 일들을 이것저것 하며 오전 6시간 정도를 보냈다. 문제는 오후 시간에 할 일이 너무 없다는 것이다. 1년 동안 영화, 미국 드라마를 하루에 5시간 이상씩 보니 그 많던 영화와 미드가 이제는 더 이상 볼 게 없을 정도이다. 이제는 무엇이든지 실컷 다 해 본 느낌이다. 잠도, 노는 것도, 보는 것도, 먹는 것도, 여행도 시간이 없어서 못 해 봤다는 말은 이제는 못할 것 같다.
    내가 앞으로 남은 시간에 가장 하고 싶은 게 뭘까? 남은 15년 정도 일할 수 있는 시간을 생각해 보지 않을 수가 없다. 그런데 내 안에 꿈이 아직도 남아 있었다. 20대 대학 다닐 때의 꿈이었던 선교이다. 나는 선교 훈련 과정을 끝까지 다 마쳤지만 결국 평신도를 만나서 미국으로 들어와 평신도의 삶을 살면서 풀타임 사역은 하지 않았고, 간간이 교회 전도사로 사역을 하며 아이를 키웠다. 누구나 자신이 가지 않은 길을 돌아보면 아쉬움이 남는다.

내가 선교 훈련을 했을 당시인 30대 초반까지도 나는 북한 선교에는 관심이 없었다. 그 당시 노태우 대통령은 북방 외교로 러시아를 비롯하여 중국과도 한중수교 관계를 맺으므로, 북한을 위한 선교 단체가 곳곳에 만들어지고 있었다. 그러나 나는 북한 선교에 관심이 없고, 불교 지역이나 아프리카 선교에 더 관심을 가지고 있었으나 결국 선교를 가지 않았다.

그 후에 그렇게 열정적으로 훈련받고도 왜 안 갔을까, 나 자신을 자세히 들여다보는 시간이 필요했다. 그 당시 주님을 만나고 주님과의 첫사랑이었을 때 나의 선교 비전은 거짓이 아니었고 순교도 할 수 있다고 할 정도의 순수함과 주님에 대한 사랑, 복음의 열정이 있었다고 기억된다. 그런 믿음을 가지고 어떻게 평신도의 삶을 살겠다고 선택을 했을까?

첫 번째, 내 삶을 통째로 드리겠다고도 말했지만 말씀에 기초한 단단한 믿음의 헌신이 되어 있지 않은 탓이었을까?

> **마 13:22** "가시나무 사이에 씨를 받은 자 또한 말씀을 듣되 이 세상의 염려와 재물의 속임수가 말씀을 숨 막히게 하므로 열매 맺지 못하는 자니라."

세상에 대해 취약했던 감정적인 헌신이었던 것 같다. 함께 선교 훈련을 받았던 선교사들이 거의 다 선교지로 갔다는 말을 후배를 통해 들으며 나 혼자 back sliding(미끄러지다)했다는 자책이 오랜 시간 힘들게 했으며, 특히 남편과 영적인 부분이 부딪칠 때마다 하나님께 징계받는 것 같았다. 주님만을 온전히 믿고 인생을 걸어야 하는 주님의 시험(test)에 보기 좋게 떨어졌다는 생각이 들었다.

두 번째는 하나님에 대한 100%의 믿음 부족이 아니었나 싶다.

젊은 날 들었던 어떤 목사님의 설교가 생각난다. 어떤 사람이 99%의 믿음을 가지고 있으면 우리는 100%의 믿음과 다르지 않다고 생각한단다. 학교에서 100점 맞은 학생과 99점 맞은 학생의 실력은 똑같다. 어쩌다 실수를 했지 실력의 차이는 없다. 누구나 동의가 되는 말이다.

그런데 어떤 여자가 결혼을 했는데 99일 동안은 남편에게 충실하고 100일 중에 단 하루만 다른 사람과 살고 온다면 결혼 생활이 유지가 되겠느냐는 것이었다. 단 하루일지라도 명백한 이혼 사유이다. 99일은 하나님께 헌신하고 1일은 세상 마귀에게 펄펄 뛰며 제사한다면 하나님과의 언약 관계를 유지할 수 있겠느냐고 물었다.

그 비유를 듣고서야 1%에 대한 심각성이 느껴졌으며 성경에서 왜 온전한 100% 믿음을 요구하시는지를 이해하게 되었다. 또 교리적으로 주님께서 우리를 구원하실 때도 100%의 주님의 은혜로 구원하시는 것이지 우리의 행위(행실)가 단 1%도 섞이지 않는 것을 다시 확인하며 99+1은 없는 것이다.

롬 11:6 "만일 은혜로 된 것이면 그것이 더이상 행위에서 난 것이 아니니 그렇지 않으면 은혜가 더이상 은혜가 아니니라."

그런데 나는 1%도 아닌 20~30%의 부족함과 세상 사랑이라니, 하나님의 자녀라면서 세상에 마음을 두고 산 것 같다.

특히 경제적인 두려움과 자녀들의 안위에 대한 두려움이 컸다. 선교 시 가장 철저하게 의뢰해야 하는 부분에서 가장 큰 두려움을 가지고 있었으며 그것은 나의 가장 큰 약점이자 제일 약한 고리였으니, 그로 인해 선교사가 아닌 평신도의 길을 택하지 않았나 싶다.

그러나 내 선택과는 달리 결혼 후 나는 경제적인 불안함 속에서 자녀를 키우고 싶지 않다는 이 기도를 들어주지는 않으셨다. 나는 미국에서 계속적으로 경제적인 스트레스를 감당해야 했으나 대신에 자녀들이 거의 영향을 받지 않도록 잘 성장시켜 주신 것 같다. 하나님께서 들어주셨던 또 다른 방법의 기도 응답이었다.

눅 9:62 "예수님께서 그에게 이르시되, 손에 쟁기를 잡고 뒤를 돌아보는 자는 아무도 하나님의 왕국에 합당하지 아니하느니라, 하시니라."

또다시
back sliding(미끌어지다)하지 않기 위해

　전편에 이어서, 이렇게 아이들을 키우며 경제 활동을 하던 나에게 내 선교의 영을 깨우는 사건이 일어났다. 한인 2세인 로버트 박 선교사의 허락되지 않은 북한 입국으로 인해, 그가 북한에서 체포되었고 심한 고문을 받은 후 억류된 사건을 연일 미 주류 뉴스와 한국 방송들이 다루고 있었다.

　왜 허락 없이 북한으로 들어갔느냐며 사람들 사이에선 찬반 의견이 갈렸지만 나는 찬반 의견과 관계없이 그가 다시 미국으로 돌아오기를 간절히 기도했는데 그 사건을 계기로 북한 선교에 대한 기도와 열망이 생기기 시작했으며, 나의 마음 깊은 지하 속에 감추어 있던 하나님을 향한 열망과 북한에 대한 선교의 불씨가 일어나고 있었다.

　이로 인해 나의 딸도 북한 동포와 그들의 인권을 위해 국제적인 활동을 하게 되었다.

　그때부터 북한의 문이 합법적으로 열려서 북한에서 복음 전파를 하게 해 달라는 기도가 시작되었다. 지금은 2022년으로, 10년 가까이 지났지만 지금도 문이 열리지 않고 있다. 하나님은 왜 아직도 북한의 문을 열어 주시지 않으실까?

　지금은 자녀도 경제도 모든 것이 자유로운 상태로 온전히 하나님께 드릴 수 있는 시간이 된 것 같다. 기도하면서 천천히 다시금 나의 믿음의 상태를 점검하며 조심스럽게 back sliding(미끌어지다)하지 않기 위해 준비하는 시간을 갖고 있다.

91.
경제적인 자립 없이는 부모로부터 독립이 안 된다

아들이 하이스쿨을 졸업하고 대학 1학년 때 파트타임 군인으로 입대하여 한 달에 이틀, 토요일 새벽부터 일요일 오후까지 근무하는 플랜으로 학업과 군대를 병행하고 있었다. 이때부터 아들은 나에게 단 한 번도 용돈을 가져가지 않았다.

나는 아들에게 군대를 가고 싶은 이유를 물었다. 나는 미국 국가에 대한 애국심이라는 말을 기대했으나 아들의 대답은 그렇지 않았다. 교회 형들 이야기를 하며, 대학 졸업하고 대학 학비 대출이 너무 많아서 결혼도 선교도 힘들었다는 말을 들었다며 군대 입대 이유가 군인에 대한 파이낸싱 베네핏(융자 혜택)이 좋기 때문이라고 한다. 나도 주변에서 대학 때 받은 서로의 학비 대출로 인해 결혼이 깨지기도 한다고 이야기를 들었다. 특히 의대나 약대 등은 수업료가 너무 비싸서 학교를 졸업하고 나면 30~50만 불 정도의 대출이 남아서 평생을 일해 갚아야 한다고 한다. 거의 집 한 채 값이다. 이렇게 미국에서 대학을 졸업한 후 사회생활 시작부터 빚쟁이로 살아간다.

대신 미국에 사는 부모들은 자녀들로부터 경제적으로 자유로워진다. 우리 딸도 뉴욕에서 생활비와 학비를 론(대출)으로 감당했다. 정말 이렇게 많은 론을 받아서 대학원을 다녀야 하는지 고민이 많았다. 결국 우리는 론으로 공부하고 졸업 후 열심히 일해 갚는 것으로 결론을 내고 대학원 진학을 했다. 얼마 전 딸에게 물어 보니 후회하지 않는다고 한다. 석사 졸업으로 인해 하고 싶은 공부를 했으며 더 많고 좋은 기회가 생겼으므로 만족한단다.

한국은 대학 졸업까지는 보통 부모가 자녀의 학비와 용돈, 생활비를 부담하지만 미국은 하이스쿨 때까지만 돌보고 대학부터는 자신이 모든 경제를 책임져야 한다. 미국 부모 중 심한 경우는 하이스쿨 졸업 후 집에 있지 못하게 무조건 내보내서 부모 집 근처에 다른 집 방 하나를 렌트해서 사는 경우도 보았다. 그렇다 보니 미국 아이들은 자립이 빠르고 성공도 실패도 다 자신의 몫으로 여기며 다 자신이 감당한다.

또한 미국은 초등학교부터 아이들에게 물건을 팔아 오게 하기도 한다. 크리스마스 시즌에는 크리스마스 선물용 포장지를 비롯하여 조그만 장식품을 팔아 오도록 나눠 주고 어느 때는 카탈로그를 주어서 먼저 주문과 돈을 받아 오도록 했다. 나는 정말이지 이해가 되지 않았고 한국 부모 대부분은 부정적이었다. 아이들에게 장사 시키는 것이 싫어서 대부분 부모가 나서서 친척들에게 강매시키든가, 부모가 사든가, 교회 교인들에게 부탁하던 기억이 난다.

아들이 3학년 때쯤 초콜릿과 캔디 등을 학교에서 가져와서 동네 집집마다 벨을 눌러서 door to door(집집마다) 판매를 하겠단다. 판매 매출이 가장 높은 학급은 서프라이즈 피자 파티가 있다며 의욕을 드러냈다. 그렇게 학급별로 경쟁을 붙이기도 한다. 나는 할 수 없이 허락을 했고 아들은 초콜릿과 캔디를 들고 20여 가구를 방문했다. 결과로 몇 가정이 사 줬고 팔지 못한 초콜릿과 캔디는 우리가 사서 집에 두고 먹었다.

나는 그 당시에는 아이들이 자신이 판매하는 물건에 대해 프로모션 할 수 있고 누군가를 컨택(접촉)해서 물건을 팔 수 있는 자신감을 배운다는 좋은 의도보다는 '왜 아이들에게 이런 것을 시키나?' 하는 불만이 더 컸다.

그런데 그렇게 어린 나이부터 판매를 하고 자신과 자신이 팔려고 하는 물건을 강하게 프로모션하면서 자라서 그런지 그런 사람들에 의해 세워진 미국 기업들은 영업의 신들인 것 같다. 세계 어느 곳이든지 파고 들어간다는 다국적 기업의 대표인 코카콜라, 프랜차이즈의 개념 자체를 만든 프랜차이즈 메카인 맥도널드를 비롯해 네트워크 마케팅의 대가인 암웨이 등 획기적인 판매 방법을 고안하는 것을 보면 미국은 역시 다른 것 같다.

경제적인 자립 없이는 부모로부터 독립이 안 된다. 아마도 어려서부터 독립적인 인간으로 키우기 위한 미국의 계획된 마케팅 플랜이 아니었나 싶다. 지금의 나라면 아이들 초등학교 때 했던 판매를 이해하고 적극적으로 시킬 것 같다. 그러나 그때만 해도 아이들에게 무슨 물건을 팔아 오라고 해 했으니 나도 뭘 정말 모르던 젊은 나이였다. 후에 손주들에게는 열심히 판매해 보라고 격려할 것 같다.

나이가 들고 보니 어떤 경제 활동이든지 영업의 중요성이 느껴진다. 변호사든, 의사든, 어떤 전문 직종이든, 스몰 비즈니스를 하든, 자신에 대해, 자신의 능력에 대해, 아니면 자신의 물건에 대해 충분히 프로모션 할 수 있을 때 비로소 경제적인 가치를 최대치로 끌어올릴 수 있다는 것을 이제야 알았으니… 나도 어쩔 수 없이 사농공상 중 상업을 가장 천시 여겼던 조선 시대 선조들의 사상이 알게 모르게 많이 남아 있었나 보다.

그러나 지금은 절대 아니다. 누구보다도 영업의 가치를 높이 평가하고 있다. 나도 이제는 미국 물을 마실 만큼 많이 마신 탓인 것 같다.

92.
미국에서 한인 자녀들의 결혼식 엿보기

　미국에서 성장한 한인 자녀들의 결혼 과정을 써 보려고 한다. 나도 이제는 60대가 되다 보니 내 주변의 자녀들이 결혼을 하는 나이가 되면서 결혼 과정에 대한 정보를 듣게 된다. 예단들은 주고 받는지, 결혼 비용 분담은 어떻게 하는지 물어 보니 양가에서 서로 오고 가는 예단이 거의 없다는 것이다. 그리고 한국과는 다르게 부모가 간섭할 부분이 거의 없다고 한다. 결혼 당일에 맞춰서 부모 본인들만 잘 챙겨 입고 가면 된다고 한다. 혼주복조차도 같이 맞춰 입지 않는 것 같고, 서로 양장할지, 한복을 입을지 정도의 이야기를 맞추는 것 같다.

　또한 자녀들이 외국인들과 결혼하는 경우도 많기 때문에 꼭 한복만을 고집하지도 않는다고 한다. 결혼 당사자 자녀 둘이서 모든 것을 계획하고 준비한단다. 결혼식을 비롯해서 꽃 장식, 결혼 장소, 식사, 모든 웨딩 비용들과 자신들의 살 집도 서로의 사정에 따라 아파트 두 달치의 월세를 내고 가볍게 시작할 수도 있으므로 한인 부모들은 한국에 사는 부모들처럼 집에 대한 부담이 크지는 않은 것 같다.

　나는 몇 번의 결혼식을 참석하며 한국하고는 달리 좀 색다른 부분을 볼 수 있었다. 결혼식에 신랑, 신부 측 들러리를 각각 3~4명 세우는데 결혼식 전에 신랑, 신부와 들러리들이 모여서 예행 연습도 하고, 결혼식 전에 자신의 친구들끼리 각각 모여서 총각, 처녀 파티를 1박 또는 3박 4일 정도를 하기도 한다. 내가 볼 때 이런 비용들이 만만치 않아 보인다.

한국은 결혼식 위주라면 미국은 결혼식이 끝나고 연회가 있다. 한국은 식당에 가서 음식을 먹고 바로 돌아가지만 미국은 거의 친구들과 하객들이 남아서 3~4시간 연회를 같이 즐긴다. 보통 주말 오후 4시 정도에 결혼식을 하고 이어서 연회가 열린다. 보통 디너와 케이크와 와인이 나오고 신랑, 신부 친구들 위주로 연회가 주관되고 연회를 충분히 즐기면 결혼식을 마친다.

내가 최근 다녀온 결혼식을 예로 들어 보려고 한다. 그들은 미국 고급 스테이크 하우스에서 결혼식을 진행했다. 미국 식당들 중에서도 골프장을 끼고 있는 뷰가 좋은 곳이었다.

야외에서 결혼 예식을 마친 후 손님들과 신랑, 신부 가족들이 서로 인사하고 교제하며 fingers food(핑거 푸드)와 음료수를 마시면서 사진도 찍다가 1시간 정도가 지난 후 디너와 연회가 본격적으로 시작되었다. 저녁 식사로 야채 샐러드와 빵 그리고 와인을 식당에서 서빙했으며 나머지 메인 요리는 각자가 뷔페처럼 가져다 먹었다. 메인요리는 로스트비프와 연어였다.

그때부터는 신랑, 신부 가족들이 나와서 연회를 즐겨 달라는 인사후 신랑, 신부 친구들이 사회를 보며 갖은 재롱(?)을 부리는 그들만의 시간이었다. 부모의 친구들인 우리는 디너를 먹은 후에 적당한 시간에 조용히 퇴장했지만 신랑, 신부 당사자들과 그 친구들은 본격적인 연회 시간을 보내며 결혼식 당일의 기쁨을 늦은 시간까지 만끽하는 것 같았다.

93.
남편과 아들은 초딩 입맛

    아들은 어려서부터 비위가 약해서 음식을 잘 토하는 편이었다. 그러다 보니 싫어하는 음식은 전혀 먹으려 하지 않았으며 강요하지도 않았다. 먹을 수 있는 것 위주로 음식을 해주다 보니 편식이 심했다.
    특히 생선을 무척 싫어했다. 이유를 물으니 바다 냄새가 싫다고 한다. 아직도 생선은 물론 새우도 싫어한다. 이제는 커서 그런지 연어 정도는 먹는다. 거기다가 야채도 싫어하고 매운맛도 못 먹는다. 먹는 야채도 양상추와 오이, 감자, 양파 정도이다.
    아들과 남편의 입맛은 초딩 입맛이다. 거기다가 입들도 짧아서 연거푸 올리는 음식은 잘 먹지도 않는다. 생선과 야채를 빼면 먹을 수 있는 음식은 고기가 전부이다. 하루에 몇 번씩 고기 요리를 해대다 보면 새로운 메뉴가 바닥이 난다.
    음식 이야기를 쓰다 보니 남편과의 사건 아닌 사건이 생각난다. 시어머님이 살아 계실 때 가끔 어머님 사시는 아파트를 방문하면 만날 때마다 어머님은 당신 아들에게 밥은 먹었느냐고 물으신다. 남편은 "네, 먹었어요"라고 대답하면 될 것을 항상 이렇게 말을 하여 나와 싸움을 만든다. "커피 마셨어요. 커피가 밥이에요." 나는 기가 막혔다. 양이 많은 사람은 아니지만 매번 밥을 먹어 놓고는 커피가 밥이라고 대답을 하는 이상한 사람이다.
    젊어서는 이 문제로 정말 여러 번 싸웠다. 어머님 돌아가신 후에 잊고 있었는데 며칠 전 남편의 친구가 우리 집을 지나는 길에 들렀다면서 같이 식사하러 가자고 하자 그 친구는 남편에게 식사했느냐고 물었다. 그때 남편이 커피 한 잔 했다며 "커피가 밥이지 뭐…" 하고 대답하는 것을 듣는 순간, 오랜만에 또 뚜껑이 열렸다.

젊었을 때 그렇게 싸웠던 주제가 생각나며 어머님뿐 아니라 누구에게나 그렇게 대답했음을 이번에 또 알게 되었다. 그렇게 남편 친구 앞에서 짧게 말다툼을 했다. 하루 세끼 다 챙겨 먹는 삼식씨 주제에… 어쩌면 저런 말로 나를 이렇게 서운하게 만드는지, 남편은 모르는 걸까? 아니면 나를 열 받게 하려고 일부러 작정을 한 것일까? 기왕 이런 소리 듣는 김에 커피만 잔뜩 사다 놓고 아예 밥을 해주지 말까? 생각이 많아진다.

남자들은 나이가 들어가면 모든 일에 고정관념이 더 강해지고 고착되는 느낌이다. 남편에게 외식하자고 하면 자동으로 "순두부 먹자"라고 한다. "반찬 뭐할까? 뭐 먹고 싶어?" 하면 "된장찌개"라고 한다. "아침은?" 하면 "계란 프라이"라고 한다. 이 세 가지 외에는 구체적으로 찾는 게 없고 뭐가 먹고 싶다고 요구하는 것이 없다. 사람들은 쉬운 반찬만 해 달래서 좋겠다고 한다.

나는 결혼해서 30년 넘게 살면서 계란 프라이만 몇 톤을 부친 것 같다. 계란이 떨어지면 마켓에 가야 했고 늘 계란을 식재료 중에 먼저 체크해야 했던 기억이 나며, 나도 계란 프라이를 좋아했지만 지금은 먹지 않고 남편에 대한 반발로 삶은 계란만 먹는다.

덕분에 된장찌개와 계란 프라이, 순두부는 저절로 싫어하는 음식이 되었다. 오늘도 예외 없이 끼니마다 계란 프라이 2개를 남편 밥상에 올려 준다.

난 나를 위해 된장찌개가 아닌 김치찌개를 끓인다. 또 가끔 나를 위해 쉬운 음식이 아닌 난이도 상에 속하는 어려운 음식을 한다.

94.
60대에는 건강한 몸이 경쟁력 1순위

나와 딸은 둘 다 완전 몸치이다. 운동에는 거의 꽝이다. 내가 중·고등학교 다니던 시절에는 고등학교, 대학 입시에 체력 점수가 포함되어 있었다. 어쩔 수 없이 모두가 체력장이 끝날 때까지 체력 종목을 훈련했다. 나는 전 종목을 뛰고도 기본 점수밖에 못 받았을 정도였다. 그런 나를… 우리 딸이 꼭 닮았다.

딸이 초등학교 시절에는 자신이 체육을 못하는 걸 몰랐다가 중·고등학교 시절에는 눈에 띄게 체육을 못하는 것을 느꼈던 것 같다. 그러니 운동이나 춤, 이런 몸을 쓰는 일에는 둘 다 거의 참여하지 않는다.

딸과 나는 미국의 동부 끝과 서부 끝에서 살다 보니 서로 만나는 것은 1년 내지는 2년에 한두 번 정도이다. 어쩌다 만나면 서로의 변한 모습에 놀란다. 딸은 몸치임에도 불구하고 매일 시간을 내어 조깅과 필라테스를 한단다. 자신의 몸매를 보완하고 유지하기 위해 애를 쓰고 있었다.

나는 내 인생에 과목별로 점수를 매겨 보았다. 이유는 아직 보완할 수 있는 시간적 기회가 남아 있다고 생각하기 때문이다. 특히 체육, 건강이라는 과목에서의 평가는 죽지는 않았으니 F는 아닐 것이고 중풍이 와서 아직도 데미지가 있으니 A등급은 아니고 잔병치레는 없으니 C등급 정도는 줘도 되겠다 싶다. 앞으로의 목표는 B등급으로 끌어올리는 것이다.

나의 생존과 결부되어 있는 건강을 소홀히 할 수 없는 나이다.

95.

생명 존엄에 대해
개인이나 사회가 좀 진지해졌으면

몇 년 전 딸이 왜 한국은 20% 정도인 천만 명이 크리스천이라고 하는데 태아 낙태율이 세계 1위 국가인지 물었다. 나는 할 말이 없었지만 기독교 교육의 잘못이 아닐까 하는 개인적인 생각이 든다. 크리스천의 인구는 5명 중 1명의 높은 비율이다. 크리스천들의 낙태율이 높다는 것이 아니라 사회 정화에 기여하지 못한 것 같다는 의미이다.

세상에 살 때는 세상 사람으로 세상의 가치 기준을 따라 살고 교회에서만 교인처럼 선데이 하루 교인으로 사는 삶 때문인 것 같다. 우리가 기독교인이라고 하면서 기독교의 믿음대로 살지 않거나 말과 행위가 다를 때, 우리는 위선자 또는 괴물이 된다.

또 어떤 경우는 말하는 자신이, 즉 자신의 말이 자신이라고 생각하는 사람들도 많다. 그러나 사람들의 평가는 냉정하다. 말이 그 사람이 아니라 그 사람의 행동이 그 사람임을 우리는 안다.

지금부터 20년 전 내가 북가주에 살 때의 일이다. 한 교인이 첫 아이를 임신했을 때 아이에게 문제가 있어서 기형아가 태어날 것이라는 의사의 진단을 받았다고 한다. 자신은 아이를 도저히 낙태할 수가 없다는 생각에 하나님께 기도로 맡기며 끝까지 하나님께 소망을 두고 출산을 했다고 한다. 띠동갑 정도로 나보다 어린 자매였지만 그때 그 간증을 들으며 정말 영적 거인처럼 느껴졌다. 기형아 진단을 받고도 낳겠다는 결심이 쉬웠겠는가! 아이의 아픔과 어려움을 보며 부모가 끝까지 감내해야 할 일들, 평생 남보다 어려운 길인 것을 알면서도 하나님 말씀과 하나님께 소망을 두고 믿음을 택한 길이었을 것이다.

나는 생각을 해 본다. 우리가 정말 하나님에 대한 믿음이 있다면 어떤 일을 할 수 있을까? 못 할 일이 전혀 없을 것이다. 그러나 우리는 믿음을 가졌다고 하면서도 못 하는 일들이 너무도 많다.

또 하나의 사례로, 내가 프리스쿨 교사로 있을 때 우리 반 아이를 등원, 하원시키는, 내가 보기에는 늦둥이 엄마 같은 분이 있었다. 나중에 사연을 들어 보니 딸이 하이스쿨 때 아기를 낳았고 생명에 대한 책임을 지겠다며 끝까지 아이를 출산하고는 대학을 다니며 생활전선에서 뛰고 그의 부모(젊은 할머니, 할아버지)가 아이를 돌보고 있었다.

미국에서는 다양한 민족들이 모여 커뮤니티를 형성하고 산다. 예를 들면 우리는 코리안 커뮤니티라고 한다. 멕시칸 커뮤니티, 베트남 커뮤니티…각 민족마다 커뮤니티를 형성하고 살고 있다. 그런데 다른 커뮤니티들보다 코리안 커뮤니티는 기준에서 벗어나는 일에 대해 용납을 잘 못한다는 느낌이 든다.

이 아이의 엄마가 하이스쿨 때 아이를 출산한 것을 두고 한인 교회에서도 한인 학부모들도 거의 왕따를 시키며 수군거려서 이중, 삼중고를 겪었으며 딸과 그의 부모는 상처를 많이 받았다고 한다.

사실 다른 커뮤니티의 경우에는 굉장히 호의적이다. 학교 다니며 아이를 양육한다고 격려하고, 도와주고, 서로 돌봐 주는 데 비해 한인 커뮤니티는 냉정하고, 아주 차갑다. 나는 이럴 때 크리스천이 이런 잘못된 사고와 편견에서 벗어나서 최소한 아기의 생명을 보호하겠다는 십대 청소년보다 나은 어른들이었으면 좋겠다.

그렇다고 10대 출산을 지지하는 것은 절대 아니다. 나는 90년대에 원아워 포토샵(사진관)을 운영했던 적이 있었다. 한참 틴에이저들이 친구들과 패키지 사진을 찍고 스티커를 만들어 가던 시절이었다.

어느 날 동남아시안으로 보이는 15살 정도 된 예쁜 여학생이 사진을 찍고 너무 만족해 하며 돌아갔다. 일주일 정도 지난 후 2살 정도 아장아장 걷는 아기와 젊은 아줌마로 보이는 사람과 같이 왔다.

나는 다시 찾아온 학생을 환영하며 "누구냐?"며 관계를 물으니 자신의 아이와 엄마라고 하며, 가족사진과 아이를 위해 사진을 찍으러 왔다고 한다. 나는 너무 놀라서 몇 살이냐고 물으니 15살이란다. 14살에 벌써 한 아이의 엄마가 되었으며, 그의 엄마 말이 자신도 그의 딸을 15세에 낳았다며 지금 33세란다. 15세의 엄마와 33세의 할머니가 되어 있었던 것이다.

아직도 부모의 보호 속에서 친구들과 뛰놀아야 할 나이에 한 아이의 보호자가 되어 있는 어린 엄마와 어린 할머니였다. 나는 이것도 대물림되는 것처럼 보였다.

발달 단계에 맞게 꾸밈없이 뛰놀며 친구들과 우정을 쌓아야 할 때에는 우정을 쌓고, 공부해야 할 때에는 공부를 하고, 이성을 만나 사랑을 책임질 수 있을 때, 그때 그렇게 하고, 누구든지 자신의 몸과 인생을 좀 아꼈으면 좋겠다.

요즘 미국에서도 낙태에 대해 아기의 생명을 보호해야 한다, 여성의 선택을 존중해야 한다는 찬반 의견이 뜨거운 감자였다. 얼마 전 낙태 금지가 대법원 판결에서 합헌 판결로 나와 보수의 승리라는 의견이 지배적이다. 보수, 진보의 이슈가 아닌 생명 존엄에 대한 문제로 개인이나 사회가 좀 진지해졌으면 좋겠다.

96.

어디서부터
잘못된 것일까?

　7년 전쯤에 전에 다니던 교회의 한 교인이 물어 보고 싶은 것이 있다고 만나자고 한다. 이런저런 말을 하다가 본격적으로 자신의 이야기를 꺼내 놓았다. 많이 망설이다가 꺼내놓는 이야기 같았다. 두 가지 질문인데 하나는 자신의 문제이고, 하나는 친구의 경우라고 한다.
　첫 번째로 십일조를 꼭 해야 하느냐고 물었다. 십일조와 카드값을 내야 하는데 금액이 비슷하다며 어느 것을 내야 할지 모르겠다며 사정을 말하는 것이었다. 교인의 생각에는 십일조를 먼저 드려야만 채워 주실 것 같아서 생활이 어려워도 먼저 십일조부터 드려야 한다는 강박관념과 두려움이 있는 것 같았다.
　나는 꼭 10%의 헌금이 아니라도 마음에 감사함으로 할 수 있는 금액을 먼저 정하고 나머지로 카드값을 갚으라고 했다. 그러면서 두려움과 강박관념으로 꼭 10%를 맞출 것이 아니라 하나님의 은혜에 감사하며 퍼센트에 상관없이 드리라고 했다.
　자신의 전 재산을 드릴 수도 있고, 10%를 못 드릴 때도 있다. 헌금은 강박관념 속에서 두려움으로 드려야 하는 것이 아니고 내야만 채워 주시는 하나님도 아니라며 헌금의 액수 또는 몇 %보다 헌금을 드리는 올바른 마음의 중심과 태도가 더 중요하다고 했다.
　우리가 하나님에 대해 두려움을 가져야 하지만 하나님 말씀에 대한 두려움이지 십일조를 드리고 안 드리고, 주일성수를 하고 안 하고, 목사 말을 듣고 안 듣고 등으로, 뭘 하면 복 주고 뭘 안 하면 벌주는 두려운 하나님이라니… 하나님을 세상의 잡신 정도로 생각하게끔 만드는 잘못된 교육을 우리가 너무 많이 받고 살지는 않았는지 생각하게 된다.

두 번째 질문은 더 심각했다. 자기 친구가 있는데, 그 친구가 목사와 부적절한 관계라는 것이다. 그 목사 말이 목회를 돕는 일이며 목사를 돕는 것이 곧 하나님의 일이라고 설득을 했고 오랫동안 그 관계를 유지했다며, 어떻게 생각하느냐는 것이었다.

말이 되는가? 두말할 것도 없이 "NO"라고 했다.

어찌 이렇게 분명한 일에도 분별이 안 되는지, 하나님에 대한 인식을 어떻게 하고 있길래 이런 분명한 도덕적인 분별도 서지 않는지 입이 다물어지지 않았다. 하나님의 성품 중에 가장 중요함은 '거룩함'이다. 세상의 법으로도, 도덕으로도, 하나님의 법으로도 모두가 안 되는 일을, 10살 아이에게 물어도 정답이 나오는 것을, 목회를 돕는 하나님의 일이라는 목사의 궤변에 속다니, 속아서 오랫동안 관계를 유지해 왔다니… 옳은 일인지, 옳지 않은 일인지 구별이 안 된다니… 나는 돌아와서도 한동안 답답함이 느껴졌다. 교회가 어디서부터 잘못되면 이런 교인들이 생기는 것인지?

> **히 5:14** "그러나 단단한 음식은 장성한 자들의 것이니 그들은 그것을 사용하여 자기 감각들을 단련시킴으로 선악을 분별하느니라."

97.

동양 여자가
백인 여자 부총장을 가르친 죄

　내가 대학 칼리지에서 매점을 운영할 때 겪었던 일이다. 참고로 미국의 커뮤니티 칼리지를 설명하자면, 한국에 2년 과정으로 직업을 위한 전문대가 있는 것처럼, 미국에도 커리어를 위한 과정과 4년제 대학에 편입하는 과정이 있다. 그 대학의 부총장이었던 백인 여성이 있었다. 그때는 서로 이름을 불렀는데 지금은 이름조차 기억이 나지 않는다.
　나는 오전 7시에 오픈하여 3시까지 운영을 하였으므로 6시 반 정도에 도착하여 미리 커피와 머핀, 베이글 등 간단한 아침 대용의 간식과 학생들이 좋아할 만한 초콜릿과 캔디, 물, 음료수 등을 팔기 위해 준비해야 했다. 일반 커피와 스페셜 커피로 모카, 라떼 등을 주문대로 해주는 지금의 스타벅스와 같은 시스템이었다.
　나는 스페셜 커피를 주문하는 사람에게 열 번을 마시면 한 번을 공짜로 마실 수 있는 쿠폰을 발행했다. 그러던 어느 날 그 학교 부총장이 계속 일반 커피를 사서 마시면서 쿠폰을 내기에 이 쿠폰은 스페셜 커피에만 해당된다고 말해 주었다. 그 이후 미국 백인을 가르친 죄로 뜨거운 맛을 보았다. 미국 백인들의 민낯이랄까….
　그날, 실수 아닌 실수를 한 날 백인 부총장은 나에게 미안하다며 몰랐다고 사과를 했고 나는 괜찮다고 했다. 모든 게 문제가 없어 보였다.
　그런데 며칠 후 나의 회사에서 매니저가 나와서 부총장과 무슨 일이 있었는지를 물었고 나는 그동안 있었던 사실을 말해 주었다. 이 회사는 대학들 또는 실리콘밸리에 있는 기업들에 식당을 운영할 수 있는 사람들을 소개, 연결하고 중간에서 관리하며 둘 간의 의견을 조절하여 모든 컴플레인을 해결하는 일을 하는 회사였다. 나는 매달 내 매출의 10%를 회사에 지불해야 하는 조건이었고 회사의 룰을 따라야 했다. 회사 입장에서도 대학교가 갑의 위치였다. 대학교는 이런 종류의 회사를 선택할 수 있으므로 이 회사도 학교에 잘 보여야 하는 상황이었다.

회사는 나에게 부총장에게 정식으로 미안하다고 사과를 하라고 했다. 나는 수입이 짭짤했으므로 기회를 잃고 싶지 않아 부총장에게 만날 때마다 스페셜 커피를 만들어서 주며 사과를 하였다. 우리 한국 사람은 마음이 안 풀렸으면 사과를 받지 않든지 아니면 뭐라고 야단을 치고 끝낼 텐데, 이들은 그렇지가 않았다. 자기는 나에게 화가 난 게 하나도 없었단다. 그야말로 "No problem"이라며 극구 나를 위로하며 괜찮단다.

화가 다 풀렸으리라고 생각하고 지내다 보면 한 2주 정도 후에 회사에서 또 연락이 온다. 부총장의 화가 하나도 안 풀렸단다. 매일 아침마다 반갑게 서로 인사하고 커피를 마시며 전혀 나에게 나쁜 감정이라고는 보이지 않았는데 아직도 안 풀렸다니… 내 입장에서는 이상하고 믿어지지 않았다.

또 사과를 하라고 해서 할 수 없이 꽃다발을 가지고 부총장실에 가서 사과를 하면 '무슨 소리를 하느냐? 나는 너에게 전혀 화가 나지 않았다'고 정색을 하며 너무도 친절하게 대해 준다. 이렇게 하기를 다섯 번 정도 했을까? 회사 관리 직원이 나와서 학생 100명이 컴플레인을 하면 막을 수 있어도 부총장이 하는 컴플레인은 막을 힘이 없다고 한다. 부총장은 결정권자로서 막강한 힘을 가진 자라고 한다.

결국은 커피가 맛이 없다고 부총장이 또 컴플레인을 했다고 한다. 그래서 커피 컨설팅을 다시 받고 원두를 바꿨다고 하니 이제는 영어가 익숙하지 않다고 컴플레인을 한단다.

너무도 답답하고 해결 방법이 보이지 않아서 나에게 매점을 소개해 준 집사님을 찾아갔다. 집사님은 그 대학에서 큰 카페테리아를 운영하고 있었는데 매점까지 운영할 여력이 안 된다며 나에게 매점을 양도해 주셨다. 그 집사님을 만나 넋두리를 했다. 부총장이 더 큰 4년제 대학교 총장으로 승진하여 이 학교를 떠나게 해 달라고 기도를 한다며 넋두리를 했다. 부총장이 나에게 너무도 고약하게 했지만 누구를 나쁘게 해 달라는 기도는 하나님이 들어주실 것 같지 않아서 축복으로 바꿔서 기도를 하였다.

내가 얼마나 답답하면 이런 기도를 했을까! 집사님도 부총장이 그렇게 좋게 학교를 빨리 떠났으면 좋겠다며 나를 위로해 주었다. 그러나 그 부총장과의 일이 시작된 지 6개월 정도가 지나도 내가 나가지 않는 한 컴플레인이 끝날 것 같지 않았고 끝까지 물고 늘어질 것 같았다.

그래서 20대 초반에 유학 와서 미국 생활을 오래 하신 교회 사모님과 이 문제를 결정하기 위해 마지막으로 상담을 했다. 이분은 거의 미국에서 출생한 것처럼 영어가 능숙한 분이다. 자신이 동양계 사람이 많지 않은 곳에서 유학을 할 때 처음에는 영어가 서툰 자신을 주변의 백인들이 너무도 친절하게 잘 가르쳐 주더란다. 그런데 자신의 영어 실력이 일취월장하여 고급 문장과 어휘를 사용하고 발음도 거의 완벽에 가깝게 구사하자 그때부터는 자신을 미워하기 시작하더란다.

백인들은 위협으로 느껴지지 않을 때는 한없이 친절하게 보이지만 어떤 위험을 감지한다든지, 자기 기준의 선을 넘든지, 자존심이 상했을 때, 그들이 보이는 동일한 행동방식인 것 같다고 한다.

　내 죄는 동양 여자가 백인 여자인 부총장을 가르친 죄라고 한다. 부총장의 자존심에 스크래치를 낸 죄라고. 나는 어떤 느낌인지 이해가 되었고 더 이상 버틸 수 없음을 깨닫고 손을 털고 나왔다. 그때 10년을 막 넘긴 미국 생활이었지만 미국에 보이지 않는 유리창과 그것을 뚫고 나가야 하는 이민자들의 만만치 않은 삶이 기다리고 있음을 알았다.

　내가 그 학교에서 나오고 한 달 정도 지난 후 카페 집사님에게서 전화가 왔다. 그 부총장이 내 기도대로 정말 4년제 대학에 총장으로 승진해서 간다며, 학교에서 축하하고 난리가 났단다. 기도 응답이었지만 난 하나도 기쁘지 않았다. 승진해서 가려면 내가 매점 그만두기 전에 갔어야지, 주님도 가끔은 타이밍이 빗나가게 응답하시는 것 같다. 아직까지도 이유는 모르겠지만….

　요즘 와서야 깨닫는 한 가지는 내가 젊었을 땐 모든 일에 너무 시시비비를 가렸구나 하는 것이다. 그때는 20년 전… 40대 초반이었다. 아마도 지금 같으면 슬쩍 눈 감고 도장을 쾅쾅 찍어 주며 모르는 척, 아니 쿠키까지 얹어 주며 친절이 아닌 아부성 멘트를 날렸겠지!

98.
꿈에 대한 값을 지불하며 살아가야 할 것 같다

　나는 딸과 함께 삶에 대해, 신앙에 대해 기타 여러 주제를 가지고 토론하고 나눈다. 같은 여자이다 보니 삶의 패턴, 일어나는 문제, 사회에서 겪는 문제, 감정적인 흐름도 멀리 있어도 눈에 다 그려진다. 나는 여자로서, 인생을 먼저 살아온 선배로서 딸이 겪을 수 있는 문제를 미리 파악하고 알려 주며 장애물의 위치와 극복하는 지혜 등을 나름대로 전수해 왔다.
　그런데 지금은 결혼과 가정에 대한 지혜를 전수해야 할 타이밍인데 30년의 결혼 생활을 했음에도 구체적으로 뭔가 잡히지가 않는다. 수많은 가정과 부부 관계 등을 보고 들으면서 문제 없는 가정과 부부는 없고 단지 문제를 잘 대응하는 기술이 있는 게 아닐까 싶다.
　잘 싸우고, 잘 이기고, 잘 져 주는 기술이랄까?
　몇 년 전에 나온 미국 드라마가 생각이 난다. 〈Madam secretary〉(마담 세크러터리)라는 드라마로 미 여성 국무장관의 일과 사랑, 가정을 다룬 미국 드라마였다. 그 드라마를 보며 나는 우리 딸을 떠올렸다. 우리 딸도 저렇게 멋지게 일하면서 자신의 꿈과 가정을 지키면서 살았으면 좋겠다고 생각했다.
　딸은 직업적인 야망이 있어서 남보다 굳은 의지와 열정으로 꿈에 대한 값을 지불하며 살아가야 할 것 같다. 자신의 꿈과 남편의 꿈을 동시에 소중히 여기며 가정을 굳건히 지켜야만 하는 슈퍼우먼을 기대해 본다.

99.
가까이에서 본
타이거맘의 삶

　우리 가족이 북가주 실리콘밸리에 살 때 우리 집과 가장 가까이 살던 같은 학교 학부모가 있었다. 5학년부터 8학년까지 4년간 같이 잘 지냈던 학부모였다. 학교 근처로 같은 시기에 이사를 왔고 학교 대기 명단에 올려놓고 다른 지역 학군의 학교를 뺑뺑 옮겨 다니다가 알게 되었고 그 집 아들과 우리 딸은 같은 반이었다.

　그 엄마는 한국의 SKY에 속하는 명문대 출신으로 아이들의 학업에 대한 열심은 정말 혀를 내두를 만큼이었다. 영어, 수학, 과학 등의 공부할 내용과 숙제를 친히 다 검토하고 가르쳤으며, 아들들 모두가 기본적으로 피아노와 수영, 볼링과 플루트(또는 클라리넷)까지 잘했다. 그 엄마는 한 인간에게 끌어낼 수 있는 최대치의 능력을 어려서부터 끌어내고 있었다. 수영도 1등, 피아노도 전공자 못지 않았고, 수학 올림피아드에서도 1등으로 신문에 났으며, 플루트도 수준급으로 모두의 부러움을 샀다. 세 아들 모두가 학업, 운동, 음악 등을 섭렵하며 모든 부문에서 두각을 나타냈다. 그야말로 가장 가까이에서 본 타이거맘의 삶이었다.

　나는 룰루랄라 하며 숙제와 공부를 적당히 시키고 있었지만 타이거맘인 중국 학부모들과 그 엄마를 가까이에서 지켜보면서 심한 스트레스를 받았다. 타이거맘도 타고나야 하는 것으로 엄마 스스로가 지고는 못 사는 성격이어야 할 것 같고 아무나 할 수 있는 것이 아니었다.

어느 날 그 집 아들이 수영 시합에서 출발이 늦어 1등을 놓치자 그 엄마는 너무도 화가 나서 친구들과 많은 학부모가 있었음에도 이성을 잃고 아들의 따귀를 때렸다. 자신이 한 행동 때문에 괴로워하는 것을 보며 마음이 짠했던 기억이 났다.

엄마들은 그렇다. 자식에게 잘못했을 때 마음이 아프고 힘들어 하는 것을 자식들은 모를 것이다.

최고 학군으로 옮기면서 나도 나름 딸에 대한 자신이 있었다. 이전의 학교에서는 항상 올 A를 놓치지 않았는데 그 센 학교에 갔을 때 딸은 두각을 나타내지 못하고 있었다. 마치 한국의 일반고에서 특목고를 보낸 것과 같은 처지가 되었지만, 나는 타이거맘으로 살지도 못할 것 같았다.

그러던 중 비즈니스로 인해 다시 남가주로 옮겨야 하는 이유가 생기면서 하이스쿨은 타이거맘들이 득실거리는 정글을 벗어나서 순한 토끼도, 예쁜 사슴도, 얄미운 깍쟁이 여우도, 둔한 곰도 모두가 함께 모여 사는 평화로운 산속 같은 곳으로 돌아왔다.

나는 타이거맘처럼 최강의 존재들만 살아남는 곳이 아닌 평범한 곳이 나에게 적당하고 더 마음에 들었다.

타이거맘이었던 그 엄마가 가끔 보고 싶다. 자기 아들들에게는 엄격한 군대 사령관 같았지만, 학교 정보가 부족했던 나에게는 늘 좋은 정보 전달자였고 내가 시간을 맞추지 못할 때는 우리 아이들을 픽업해 주며 돌봐 줬던 인정 많은 엄마였다. 그러고 보니 그동안 살면서 주변의 사랑을 많이 받았던 것 같다.

100.

백 번째 에피소드

아이들에 대해 잊어버리고 싶지 않은 기억들을 위해 쓰기 시작했다. 20~30편 정도 에피소드를 쓰게 되지 않을까 했는데, 쓰다 보니 깜깜하게 잊어버리고 있던 에피소드들도 속속 떠오르며 의외로 많은 에피소드를 쓰게 되었다.

특별할 것 없는 평범한 사람이 미국에서 크리스천으로 살면서 어떤 큰 문제나 특이한 해프닝은 아니지만 주님의 고요하고 작은 음성과 인도하심 속에서 자녀들과 함께 걸어온 믿음의 발걸음들이다.

특출난 것도 좋고 자랑스럽지만, 한 소시민으로 평범한 삶을 살면서, 낯선 땅, 미국에 뿌리내리는 일이 쉽지만은 않았고, 남편 손 잡고 들어와 시댁 쪽 식구들 여섯 명 외에는 아무도 몰랐고 낯설기만 했던 곳, 낯선 땅, 낯선 사람, 낯선 언어와 낯선 음식 속에서 살아 내기 위해 몸부림을 친 것 같다. 그러나 지금은 꽤 똘똘해져서 미국을 다 아는 것 같은 착각과 함께 나름대로 잘난 척을 하며 살아가고 있다.

교민들 중에는 미국에서 성공적으로 정착한 사람들이 많이 있다. 또 경제적인 큰 부를 이룬 사람들도 있고 유명 인사가 되어 영향력을 발휘하는 사람들도 많고, 자녀들을 제대로 붙들고 가지 못한 사람들도 있고, 미국 생활을 견디지 못하고 다시 한국으로 역이민하는 사람들도 있으며, 눈물로 시작한 타향살이 속에서 자녀들을 잘 키워 내며 안정적인 생활로 연착륙한 사람들도 많이 있다.

나는 다른 사람들에게도 권하고 싶다. 자녀에 대한 기록을 남겨 보라고. 아이들을 붙들고 실랑이를 했던 시간들, 고집을 부리며 부모 속을 어지간히 뒤집었던 날들, 아이가 아파서 어떻게 해야 할지 몰라 아이 대신 내가 아팠으면… 애타던 시간들, 또 기대치 못한 순간에 아이들로 인한 기쁨과 감사, 울고 웃었던 순간들, 아이들의 성취가 마치 내가 이룬 성취처럼 묵직하게 다가왔던 기쁨들…. 아마도 웬만하면 100편 정도의 에피소드는 다 나올 것 같다. 왜냐하면 타향살이, 미국의 삶이 누구에게나 만만치만은 않기 때문이다.

시작이 반이다. 시작을 하고 나니 정말 어느새 반이 채워졌고 까맣게 잊고 있었던 기억들이 하나씩 새롭게 떠오르면서 나 스스로 놀라기도 한다. 미국에서 살면서 누군가에게 하고 싶었던 자기만의 이야기들이 있을 것이므로, 모두가 시작하기를 권한다.

미국 생활 속에서 쫓기듯이 살면서 누군가에게 하고 싶은 말이지만 묻어 놨던 이야기들을… 언젠가는 때가 되면 풀고 싶던 이야기들, 낯선 땅에서의 낯선 경험들, 지금쯤은 이야기 보따리들을 풀어놓을 때가 되지 않았을까?

미국 줌바 클래스에서
울려 퍼진 K-트로트

나는 일주일에 다섯 번 오픈하는 줌바 클래스를 다닌다. 주 3~4회를 꾸준히 다니며 잘 안 쓰던 근육도 쓰고 다이어트도 하고 있다. 오늘은 원래 진행하던 히스패닉 선생님 대신으로 동양계로 보이는 선생님이 들어왔다. 미국 사람들은 한·중·일 사람들을 구분하지 못하나 우리는 확연하게 서로가 다르고 분위기도 다른 것을 안다. 오늘 오신 선생님은 물어 보지 않아도 일본인이다. 다섯 번의 요일별 클래스에 서로 다른 4명의 선생님이 있다. 이들은 음악에 맞춰서 온몸의 근육을 사용할 수 있도록 율동을 구성한다. 각자 선생님들이 좋아하는 율동과 음악이 다 달라서 특징있고 재밌다.

그러나 그들 중에도 학생들에게 특별히 인기 있는 선생님이 있다. 인기의 척도는 학생들의 참여 숫자가 다르고, 인기 클래스는 시작 전부터 길게 줄을 서서 기다려야 한다. 여기도 철저한 자유 시장 경쟁주의이다.

4명의 선생님 중에 한국 선생님도 있는데, 가장 인기가 많다. 그 한국 선생님이 구성하는 음악 중에는 K-POP 노래와 춤이 1~2개 들어간다. 내가 아는 곡은 '머리 어깨 무릎', '위위아래', 'Sorry, sorry, sorry'밖에 없지만 자주 걸그룹의 노래와 춤이 다양하게 바뀐다. 타인종 선생님들도 가끔씩 K-POP을 틀며 선호하고 타 인종의 학생들도 K-POP의 노래와 춤을 좋아한다. 정말이지 K-POP의 위상을 느낀다.

그런데 오늘은 처음 보는 선생님이 K-POP이 아닌 K-트로트로 줌바를 준비한 것이다. 대중가요를 많이 듣는 편은 아니지만 단번에 K-트로트인 것을 알았다. 순간 클래스 내에 있는 한국 사람들끼리 서로 빠르게 눈을 마주치며 놀라는 표정들이다. 한국 선생님이 아닌 일본 선생님에 의한 K-트로트…. 나는 미국에서 K-트로트 곡으로 줌바를 하면서 앞으로 K-트로트도 뜨기를 기대해 본다.

트로트는 한국의 정서인 정과 한을 기반으로 한 슬프고 구성진 노래로 알고 있었지만, 발랄하고 빠른 움직임도 소화해 내는 트로트의 멋짐이 폭발적이었다. 민족의 뿌리에 대한 깊음이 현대적으로 재해석된 트로트가 미국을 비롯해서 전 세계에 더욱 널리 퍼지기를 기대해 본다. 외국에 오래 살다 보면 저절로 애국자가 된다고 하듯이 진심 뼛속까지 애국자이고 싶다.

정말이지 90년대에 미국 들어왔을 때는 일본의 혼다, 토요타를 비롯하여 프리웨이에 다니는 차들 중 3대 중 1대가 일본차라고 할 정도였으며 일본 스시, 헬로키티 등 일본이 대세구나 했는데, 요즘은 대한민국이 대세인 것이 피부로 느껴진다.

자동차도 10대 중 1대 정도로 자주 보이는 현대, 기아차와 전 세계 10명 중 4명 정도의 손에 들려진 삼성 휴대폰과 BTS와 수많은 K-POP 노래와 더불어 K-Food의 인기도 폭발적이다.

전쟁과 가난에서 한강의 기적을 이룬 나의 부모님과 선배들 세대, 나의 사랑하는 조국 대한민국이다.

102.
한국 방문을
계획하며…

나는 요즘 들떠 있다. 27년 만에 한국에 다녀올 생각이다. 이민 초기 3년간은 거의 1년에 한 번씩 방문했지만 그 이후로는 한국에 나가지 못했다. 뭐하느라고 27년이라는 세월 동안 미국에 묶여서 꼼짝도 못했을까? 그저 바빴고, 딱히 꼭 나가야 하는 이유가 없었다. 시댁은 형제들이 많다 보니 한국, 미국, 호주에 흩어져 살고 있고, 친정은 내가 미국에 들어온 이후로 우리 4남매 중 3남매와 친정엄마가 미국에 들어왔으므로 한국에 꼭 가야 할 이유가 없었다.

그런데 엄마가 한국으로 역이민을 나가시고 나니 한국을 방문해야 한다는 생각이 들기 시작했지만 그때는 아이들이 공부 중이고 나 또한 비즈니스에 얽매어 움직이지 못하다가 은퇴한 지금에서야 방문할 생각이 들었다. 또한 3년 정도 묶인 코로나 해제도 한몫을 했다.

가끔 한국 갔다 온 주변 사람들에 의하면 한국이 너무 많이 변해서 옛날 모습이 없다고 한다. 27년 전에 김포공항에서 출국했다는 말에 그리 긴 시간 동안 어떻게 한국에 나가지 않았느냐고 묻는다.

자녀들이 어리던 30~40대에는 친구들이 늘 궁금하고 다들 잘살고 있겠지 했다면, 이제 아이들이 다 크고 60대에 접어드니 친구들이 궁금한 게 아니라 보고 싶고 그립다. 이번에 엄마와 친구들 만나기가 주된 여행 목적 중 하나이다. 특히 10대~20대 때 서로 이름 부르며 어울렸던 친구들이 보고 싶다.

4부

내가 지킨 것들이
결국에는 나를 지킨다

존댓말까지는
욕심내지 않았는데

딸이 어느 날 그동안 아빠, 엄마에게 반말을 했는데 괜찮느냐고, 앞으로 존댓말을 원하느냐고 묻는다. 웬 뜬금없이 존댓말이냐고 하니 자신은 결혼을 하면 남편 부모님에게는 존댓말을 해야 할 것 같고 남편에게도 존댓말을 하고 싶은데(거의 영어를 사용하겠지만) 생각해 보니 아빠, 엄마에게는 반말을 사용하는 것이 맞지 않는 것 같다는 것이다.

그러고 보니 나도 갑자기 심각해진다. 자기 남편에게는 '~이랬어요, ~저랬어요' 하면서 내 남편인 아빠에게는 '~그랬어, ~저랬어' 하면 안 되겠다 싶어서 이제부턴 우리에게도 존댓말을 사용하라고 했다.

아이들을 미국에서 키우다 보니 한국말의 존대어와 반말을 같이 받아들이는 것이 어려울 것 같아서 그냥 존댓말은 양보했는데(한국에서 컸다면 반말과 존댓말을 자연스럽게 터득했을 테지만 미국에서는 그렇지가 않다) 겨우 한국말을 앞, 뒤가 맞게만 해도 다행이었다. 한국에서는 존중의 의미로 존댓말을, 친근함을 표현하기 위해 반말을 한다면, 미국에서는 영어만 사용하려는 교포 자녀들에게 존댓말까지는 욕심을 내지 않았다.

그런데 딸이 학교에서 유학 온 한인 학생들을 비롯해 어른들을 만나다 보니 자연스럽게 존대어를 배웠는데 우리하고는 여전히 늘 하던 대로 반말을 하게 되니 뭔가 개선해야 한다고 생각했던 것 같다.

우리 딸에게 친구의 엄마였던 여신이 있었다(76편에 소개). 4세 때 미국에 와서 한국 사람이 없는 지역에서 살았다고 한다. 그때는 70년대 초반이었는데, 그러다가 한인들이 모여들기 시작한 실리콘밸리 초기에 그의 부모님이 한인 식품점을 하셨고 자신은 하이스쿨 때 식품점에서 간간이 부모님을 도왔다고 한다.

어느 날 할머니 한 분이 오셔서 콩나물을 달라고 하길래 주면서 "콩나물 여기 있어"라고 했다고 한다. 반말을 들은 할머니는 불같이 화를 냈고 그의 부모들은 뛰어나와서 미안하다고 사과를 했다. 그다음부터는 한국 사람을 만나면 무서웠다고 한다. 존대와 반말이 헷갈려서 어떤 말이 존대인지 잘 모른다며, 자신이 반말을 사용하더라도 이해해 달라고 한다.

이는 미국에서 흔히 볼 수 있는 우리 자녀들의 모습이다. 익히 이해가 된다(우리 아들도 엄마 친구들이 제일 무섭단다. 자기에게 다가와서 막 한국말을 시킨다고…).

어느 날인가, 매주 토요일마다 오픈하는 한글학교에 딸을 데려다 주기 위해 가 보니 교실 맨 끝 책상에 그 여신이 앉아 있었다. 무슨 일이냐고 묻자, 한글을 배우기 위해 등록을 하고는 3학년 아들과 같은 교실에 앉아 있는 것이다.

나는 그 여신이 너무나 예뻤다. 필요하다면 8살 아들하고도 같이 앉아 배울 수 있다는 생각의 유연함은 미국에서 성장한 사람이기에 가능한 것 같았다. 나에게 있어서 그 여신은 보석처럼 아껴 주고 싶은 동생이었다. 우리 딸 친구의 엄마가 아닌 언니와 동생으로….

어디서나
한국인의 특징이

2022년 11월 8일에 있을 미국의 중간 선거가 얼마 남지 않았다. 앞으로 선거가 치러질 3개월 후에는 많은 부분 정책들이 변화되어 있을 것을 기대해 본다.

미국의 정책에 대해 쓰려는 것은 아니고, 캘리포니아 하원의원으로 출마하는 어떤 후보의 선거 공약이 마음에 들어 선거 사무실에 발렌티어(자원봉사)로 먼저 신청을 했는데, 그 이야기를 하려고 한다.

처음으로 사무실에 가서 몇몇 사람들과 인사를 나눴고 서로 통성명하자 곧바로 교회의 직분을 묻는 것이다. 그곳에서 모든 사람들은 이름으로 불리지 않았고 교회 직분으로 불리며, 교회에 온 듯한 착각과 함께 서열이 정리되는 듯했다. 하물며 하원의원으로 출마하는 후보에게까지 교회 직분으로 부르는 사람도 있었다.

얼마 전, 한국인의 특징을 이야기하며 모든 인간관계를 가족 중심으로 인맥화하고 이해하려 한다는 어느 심리학 교수의 강의를 들었다. 예를 들면 식당에 가서도 종업원에게 '이모님'이라고 한다든가, 모르는 사람끼리도 한 번 말을 트면 나이부터 묻고는 바로 형, 동생, 언니, 누나 등으로 가족화와 더불어 서열이 정리가 된다고 한다.

나도 가끔 딸이나 아들에게 누군가를 "형이야", "언니야" 하며 소개하기도 한다. 그럴 때마다 우리 아이들은 질색을 한다. 미국에서는 누구에게나 서로 동등하게 이름을 부른다. 친구들뿐 아니라 교수들에게도, 목회자에게도, 회사 보스에게도. 그런데 뜬금 없이 처음 소개하는 사람에게 언니, 동생, 오빠, 형이라 부르라며 소개하니 난감해 하는 것이다.

그 난감함을 난 선거 사무실에서 느꼈다. 교회도 아닌 곳에서 자원봉사자들 모두를 교회 직분으로 부른다면, 타 종교인들과 타 인종들도 도울 수 있는데 자원봉사를 하고 싶어도 그들이 설 자리가 없다는 생각과 함께 망설여질 것 같았다. 선거에서도 종교와 상관없이 모든 투표인의 표를 원하듯이 포괄적으로 또는 상식선에서 그냥 자연스럽게 ○○씨 해도 될 텐데 스스로의 범위를 너무 좁히고 있는 느낌이었다.

미국 사람들은 직책보다는 이름으로 불리는 것을 선호한다. 예를 들어 "teacher"보다는 "Mrs. Brown"으로. 정치하겠다는 모임에서 personal name(개인 이름)을 두고 교회 직분으로 부르다니, 어쨌든 내가 느끼기에는 너무 프로페셔널하지 않았다.

105.
어차피 될 일은 되고, 안 될 일은 안 될 것이므로

나는 크리스천이므로 사주팔자, 궁합에 관심이 별로 없다. 그런데 고등학교 1학년 때 담임교사가 여자 교련 선생님이었고 사주, 궁합 등에 있어서 맹신자였다. 우리 세대 사람들(586세대라고 일컬어지는)은 알겠지만 교련 검열이 봄과 가을 이렇게 두 번 학교마다 실시됐고, 그것이 통과되고 끝나면 1년 중 이미 짜여진 교련 시간에 딱히 할 일이 없어서 그 시간에 자습을 하든지, 교사의 재량에 맡겨 시간을 보냈다.

나의 담임교사는 그 교련 시간에 들어와 자신이 맹신하는 사주풀이로 시간을 때웠으며 본격적으로 사주 강의를 하였다. 자축인묘진사오미신유술해… 아직도 기억에 남아 있다. 나는 그때 처음으로 나의 사주를 알게 되었다. 자신의 사주를 짚어 보도록 친절히 가르쳐 주었고, 그때 기본 입문으로 연, 월, 일, 시에 뭐가 있으냐에 따라서 어떻다는 정도를 배웠던 것 같다. 한글로 치면 가, 나, 다, 라… 자음과 모음을 합쳐서 단어가 구성되는 기본 정도를 배웠다고나 할까? 그러나 난 크리스천이므로 별로 신경 쓰지 않았고 결혼할 때조차도 남편의 사주를 궁금해 하지 않았었다.

그렇게 오랫동안 잊고 있었던 사주가 어느 날 갑자기 생각이 났다. 아는 게 병이라더니, 우리 아이들이 어린 시절 어느 날 그들의 사주가 갑자기 궁금해서 견딜 수가 없어서 혼자 몰래 짚어봤다. 그리고 다 잊어버리고 있었는데 얼마 전 다시 아들의 사주를 떠올리는 일이 생겼다. 사주가 통계라더니 전혀 개연성이 없는 것은 아닌가 보다 하는 생각이 들었다.

아들은 월, 일에 권력의 상징인 호랑이(인)가 두 개 들어 있다. 내가 아는 권력은 정치 또는 군인의 길이므로 이건가 할 뿐이다. 우리 아들은 딱히 리더가 되는 것을 좋아하지는 않지만 어쩔 수 없이 해야 될 때는 그냥 받아들이는, 조금은 조용하고 소극적인 성향에 속하였다. 그런데 아들에게는 어렸을 때부터 본인 의사에 상관없이 그런 자리가 자주 주어졌다. 리더십을 발휘하지 않아도 학교 카운슬러 또는 운동부 주장 등에 잘 뽑혀서 온다. 그러다가 어쩔 수 없이 주어지면 최선을 다하는 조용한 리더십… 하이스쿨까지는 그랬다.

그리고 우리 집은 미국 이민 1세대이다 보니 먹고 사는 일에 관심이 많을 뿐 솔직히 미국 정치 등에 관심도 별로 없었다. 미국 정치에 전혀 관심도 없는 집안 환경에서 아들이 정치학과(Political science)에 지망해서 나를 또 놀래킨다. 그리고는 파트타임으로 군대에 입대해서 또 놀라게 했다.

아들은 졸업 후 전공과는 별개인, 군대에서 보직으로 배웠던 IT에 관련된 일을 했다. 전공을 권했지만 IT 쪽 일이 더 좋다며 IT 회사에 취직했다고 했길래 그런가 보다 했다. 그런데 이번에는 회사가 아닌 군대에서 풀타임으로 IT 일을 하는 군인의 길을 가는 것을 보며 자기 운명(사주)대로 가는 것인가 하는 생각을 하게 한다.

매일 와이셔츠에 캐주얼 바지를 입고 출근하던 아들이 이제는 군복을 입고 군대로 출근해 사무실에서 IT 일을 한다고 한다. 나는 찬성도 반대도 없다. 이제는 다 성장한 아들이므로 100% 자신이 선택하고 자신이 책임지는 인생을 살아야 할 것이다. 그냥 순리대로 흘러가게 놔둬야 한다는 생각을 한다.

어차피 될 일은 되고, 안 될 일은 안 되는 것을 경험했으므로….

106.
분노의 감정이 복받칠 때마다 지혜는 사라진다

 딸이 흥분하여 전화를 했다. 직장 동료에 대한 '배신감'으로 부들부들 떨고 있었다. 내가 봤을 때 우리 딸에게는 이런 배신감이 드는 억울함이 그동안 없었던 것 같은데, 딸이 많이 컸구나 하는 생각이 든다. 아직은 30대가 되지 않은 20대 후반으로 세상 억울해 했다. 그동안 학교 생활에서, 친구 관계에서 발생했던 문제들보다 더 강도가 센 감정… 배신감이다. 친구들과는 아기자기한 감정의 서운함, 불쾌감 정도를 겪었다면 직장에서의 배신감 강도는 훨씬 세게 온 쓰라림의 상처랄까? 세상 사는 범위를 넓혔으니 앞으로 더 많은 일들과 복잡한 인간관계 등이 기다리고 있을 것이다.
 어제 딸과 함께 통화하며 딸의 감정을 어루만지려고 나름 노력을 하며, 나도 내가 당했던 배신감을 같이 공유하였다. 시간이 많이 지났음에도 그때 생각을 하니 내 마음 한쪽이 싸해 왔다. 배신감은 참 아프구나! 새삼 또 한번 배신감의 상처가 나를 후벼 판다.
 나는 딸에 대한 처방으로 억울한 감정과 동료들에게 받은 배신감을 다 쏟아 내도록 감정을 억제시키지 않았다. 다른 때 같았으면 어느 정도 선에서 절제시키는 역할을 했는데 이번에는 좀 더 놔둬야 될 것 같았다. 이번 주말 동안 감정 노동(감정 억제)에서 해방시켜야 할 것 같다. 이런 감정을 누구에게 말하겠는가! 엄마밖에 없을 것이다. 나도 같이 감정 노동에서 해방하며 공감대를 형성해 주어야 했다.
 딸은 자신을 억울하게 한 사람에 대한 배신감에 치를 떨었다. 왜냐하면 딸은 그 사람들을 진심으로 대하고 많은 부분 배려를 했기 때문이다. 그러면서도 크리스천이 이렇게 사람을 미워해도 될까 하는 생각 때문에 동시에 괴로워했다.

나는 하나님이 우리에게 모든 감정을 느끼도록 감정을 다 주셨는데 어떻게 하겠느냐, 사랑도, 미움도, 기쁨도, 슬픔도, 아픔도, 억울함도 다 느끼라고 주셨는데, 크리스천도 구원받은 죄인일 뿐, 거룩한 천사가 아닌데… 어쩌라구… 이런 쿨한 반응에 오히려 딸이 당황하며 내심 좋아한다. 자신의 미워하는 감정 배출이 합당하고 허용된 것처럼….

그러나 뒤통수 맞은 분한 감정을 오래 끌지는 말라고 했다. 성경은 분노를 오래 품지 말고 그날의 분노는 그날에 끝내라고 하지만 딸의 감정을 보니 한동안 시간이 더 필요할 것 같다. 어떤 유튜버가 올린 것인데, 메모해 둔 것을 딸에게 잔소리를 대신하려고 메시지로 보냈다.

- **발타사르 그라시안-스페인 철학자**
  - 분노를 일으키지 말라. 감정이 복받칠 때마다 지혜는 사라진다.
  - 평점심을 잃지 않는 사람이 큰 사람이다. 큰 것은 함부로 움직여지지 않기 때문이다.
  - 흥분하지 말고 초연해져라.
  - 모든 것에는 좋은 것과 나쁜 것, 동전의 앞면과 뒷면이 있다. 좋은 것이라도 칼날을 잡으면 고통을 당하고, 나쁜 것이라도 손잡이를 잡으면 방패가 된다.
  - 운명은 알아채지 못하는 사이에 우연으로 가장해 큰일을 일으킨다.
  - 운명은 내가 태만할 때 가장 약한 부분을 쑤시고 들어온다.
  - 운명의 매질은 언제나 상처를 노린다. 그러니 아픔은 끝나

즐거움은 계속되도록 아픈 곳도 즐거운 것도 드러내지 말라.
- 신중한 자는 절대로 자신의 약점을 보이지 않는다. 개인적인 불행 혹은 타고난 불행을 절대 발설하지 말라.
- 아픈 손을 드러내지 말라. 질투의 적들은 그곳을 찌른다.
- 주의력이 가장 많이 필요할 때 꼭 주의력이 부족해진다.
- 선택하는 기술을 반드시 배워야 한다. 삶의 대부분이 선택에 달려 있기 때문이다.
- 선택하기 위해서는 훌륭한 감식력과 올바른 판단이 필요하다.
- 선택은 최선의 것을 선택할 수 있는 능력을 포함한다.
- 자신을 정확히 파악해야 자신의 주인이 될 수 있다. 기질, 정신, 성향, 판단, 분별력을 가지고 깊이 판단하라.
- 자신의 능력과 분별력과 섬세함을 파악하라.
- 소망할 만한 일을 남겨 놓으라… 칭찬도 남겨 놓고 하라.
- 한 번뿐인 인생, 즐거운 여행이어야 한다.
- 어떤 경우에도 끝을 생각하라. 등장할 때의 박수보다 아름다운 퇴장을 더 염두에 두라.

어쩐지 이제부터는 딸도 인관관계에서 마음의 방어막을 치고 살아갈 나이가 된 듯하다.

107.
줌바 클래스에서
쾌지나 칭칭 나네…

　오늘 괜히 꾀가 나서 갈까 말까 하며 가기 싫다는 마음을 꼬셔서 억지로 줌바 클래스에 갔다. 오늘은 히스패닉 계통의 선생님 수업이다. 남들 두 번 뛸 때 한 번을 뛰면서 나름 열심히 선생님의 동작을 따라서 해 본다. 젊은이들이 하는 것을 다 따라하면 무릎 연골 다 나간다고 조심하란다. 무릎 연골 아껴서 사용하기는 필수이다.
　어느덧 헐떡거리며 따라한 시간이 반 시간쯤 지난 것 같다. 갑자기 귀에 쏙쏙 들어오는 소리가 들렸다. "쾌지나 칭칭 나네 쾌지나 칭칭 나네… 아리 아리랑 쓰리 쓰리랑 아라리가 났네 아리랑 고개를 넘어간다…" 하며 음악 시작과 중간 후렴 부분에 '쾌지나 칭칭 나네'가 신명나게 반복되어 울렸다. 지난번 줌바 클래스에서 K-트로트가 나오더니 오늘은 K-민요가 울려 퍼졌다.
　너무도 신나는 징을 치며 하는 소리… "쾌지나 칭칭 나네… 쾌지나…" 따라서 부르며 춤을 춰 본다. 히스패닉 선생님은 줌바 동작도 한국 춤사위로 만들어 왔다.
　드디어 조용한 아침의 나라 조선이 아닌 대한민국이다. 조용한 문화의 파워가 느껴진다. 대한민국의 문화력이 전 세계로 파고들고 있는 것 같다. 정말이지 이렇게 잘나가다가 한국이 글로벌의 표준이 되는 것 아니야? "가장 한국적인 것이 가장 세계적이다"를 조용히 되뇌어본다.

108.
Common sense(상식) 있는 크리스천이 되자

나는 1년에 단 이틀(1/1~2)을 쉬면서 5년간 비즈니스를 했다. 5년밖에 안 했으니 길지 않은 기간이었다. 그러나 매주 단 하루도 쉬지 못해서 그런지 나는 5년 만에 손을 들고 말았다. 내 건강이 거기까지였던 것 같다. 비즈니스를 할 때는 새벽 4시부터 일을 시작했다. 마켓에 납품할 물건을 만들어야 했으므로 분주하게 시작하는 새벽시간에, 날마다 5시 반 정도 되면 예외 없이 단톡방에서 카톡이 들어오기 시작한다. 교인들의 단톡방이었다.

'밖이 깜깜한 새벽 이 시간에?' 나야 일을 일찍 하니 괜찮지만 다른 사람들은 잠자는 시간일 텐데… 걱정이 된다. 어느 날 새벽부터 카톡을 보내는 사람에게 왜 이렇게 일찍부터 카톡을 보내는지 물어 보았다. 그 사람 대답이, 말씀을 새벽 일찍 배달을 해줘야 한단다. 그래야지 큐티를 하고 출근을 한단다.

이 대답에 좀 어이가 없었다. 말씀을 전혀 받을 수가 없는, 예를 들어 북한이라면 모를까, 각 가정마다 일인당 1~2권씩 성경이 있는데, 원하면 새벽뿐 아니라 24시간 언제든지 볼 수 있는 말씀이 있는데 꼭 두새벽부터 말씀 배달이라며 카톡을 보내다니, 큐티(QT)도 자신이 가장 적합한 시간에 해야지, 어이가 없었다. 너무 열심이 지나친듯 보였다. 좋게는 열심이고, 나쁘게는 주책 같아 보였지만 아무 말도 하진 않았다. 깊은 한숨이 나올 뿐이다. 다음 날도 예외 없이 5시 반에 또 카톡이 울렸다.

그런데 이 사람만은 아니었다. 교회마다 새벽에 카톡으로 말씀 배달이 사역인지 다른 교회 사람도 같은 말을 하는 것이었다. 같이 일하는 직원이 남편이 다니는 교회에서 새벽마다 카톡이 울려서 잠을 깨면 다시 잠들 수가 없다고 사람들이 남에 대한 생각을 조금도 안 하는 것 같다며 화가 난다고 한다. 특히 요즘 우리 나이는 갱년기이다. 갱년기의 고통 중 하나가 한 번 잠이 깨면 다시 잠들기가 너무 힘들다는 것이다. 7~8시에 일어나서 준비하고 하루종일 일을 하러 나가야 하는 사람에게 5시에 카톡을 울려 잠을 깨운다면? 그것도 매일! 크리스천들이 좀 상식적인 생각을 했으면 좋겠다.

성경이 각자 손에 들려 있는데 새벽부터 말씀 배달이라니. 그것도 한참 깊은 남의 꿀잠을 깨워서 배달된 말씀이 정말 좋고 기다려졌을까? 새벽 5시 반에 울리는 카톡을 받고는 그 시간에 일어나서 큐티를 할 사람이 몇 명이나 될까? 아니, 과연 누가 있기는 할까?

급한 일이 아니면 보통은 오전 10시 이후가 허용되는 시간인데 새벽 시간, 출퇴근 시간, 점심, 저녁 시간 피하고 모든 것이 여유로운 시간에 카톡으로 말씀을 보내면 더 호의적으로 받아들이지 않을까?

내가 하고 싶은 일이 기준이 아니라 다른 사람도 이것을 원할까? 한 번쯤은 생각해 봤으면 좋겠다.

109.
나는… 미친년이 되어 볼 생각이다

지금 나는 손주를 봐야 할 나이이다. 주변 내 나이 사람들은 친손주든 외손주든 1~2명씩은 있는 것 같다. 이제 다시 어린 꼬맹이들이 눈에 들어오니 나에게도 손주 열망이 꿈틀거린다.

20년 전에 미친년 시리즈가 있었다. 친정엄마에게 들은 이야기로 지금 내 나이쯤 되는 젊은 60대 정도의 할머니들에게 유행했던 이야기 중 하나가 "○○하는 년… 미친년…" 이런 식으로 10개 정도가 있었던 것 같다. 그중 하나가 '손주 봐주는 년… 미친년'이다. 그때 당시 나는 애들이 어린 시기였으므로 그런 유머 시리즈가 충격이었다. 아니 할머니들이 안 봐주면 누가 봐줘… 그럼 미국에서 엄마들이 어떻게 나가서 일을 해 하는 생각이었다.

친정엄마는 우리 아이들을 봐주지 않았다. 애를 볼 자신이 없으니 대신 김치를 비롯해 각종 반찬을 만들어 주겠다고 하셨다. 엄마는 친정 오빠의 아이들을 이미 3명이나 돌봤으므로. 대신 80대 시어머니가 우리 아이들을 간간이 봐주셨다.

25년이 지난 지금은 남편도, 아이들도, 친할머니가 우리를 돌봐줬다라는 말을 하면, 사실이지만 은근 기분이 나쁘다. 왜냐하면 친정엄마가 철철이 해다 준 각종 김치며 반찬들은 입으로 먹고 뒤로 다 내보낸 것처럼 기억을 하지 않고 잊어버렸고, 시어머니가 봐주신 아이들은 점점 자라서 친할머니의 손길들을 가끔 기억하며 말하고 있기 때문이었다. 난 역시 힘들어도 사람 키우는 일을 해야 해 하며 생각해 본다.

　나는 앞으로 자녀들이 원할 경우에는 손주 봐주는 년… 미친년이 되어 볼 계획이다. 내가 젊었던 때 우리 아이들에게 할머니의 손길이 도움되었듯이 나도 도움 받았던 손길을 자녀들에게 다시 돌려줄 생각이다. 또한 우리 아이들에게 해주고 싶었지만 해주지 못했던 것들을 잊지 않고 손주들에게 해줄 생각이다.

　요즘 대세인 육아 프로그램을 보면 이유식을 비롯해서 아이들에게 요리해서 먹이고 그걸 맛있게 먹는 아이들을 보면서, 나는 왜 그때 저렇게 해서 먹일 생각을 못했을까 하는 생각을 하며 미친년 프로젝트를 상상해 본다.

110.
88세에 화장을 시작하신 시어머니

 시어머님이 88세 정도였을 때, 어느 날 나에게 파운데이션과 분을 사다 달라고 하셨다. 이유를 물으니 평생 안 하던 화장을 하고 싶다고 하신다. 다음 날, 너무 진하게 화장을 하고 방에서 나오신다. 깜짝 놀라서 "왜 이렇게 진하게 화장을 하셨어요?" 하니 요즘 거울을 보면 당신이 너무도 밉단다. 쭈글거리는 주름과 검버섯, 보기가 싫어서 견딜 수가 없다신다. 주름과 검버섯을 감추기 위해 바르고 바르다 보니 화장이 덕지덕지, 피부가 화장을 받아줄 리가 만무이다. 어머님 말로는 젊어서도 화장을 하지 않았는데 지금부터는 하고 싶어서가 아니라 해야겠다며 각오를 내비치신다.

 나는 마음속으로 '가는 세월을 누가 이기겠어요. 세월을 어쩌시게요' 했는데, 그렇게 1년 정도 아침마다 일어나서 화장을 하시더니 어느 날부터 화장을 멈추셨다. 이유를 물으니 화장을 해도 이제는 도무지 예쁘지 않고 너무 밉더란다. 외모를 포기하신 건가? 다시 깨끗하게 세수만 하신 단아한 모습의 어머님이었다.

 어머님은 90세가 가까우셨음에도 여자셨다. 남이야 뭐라든 본인이 봤을 때 좀 예쁘다(괜찮다)는 느낌을 원하셨던 것 같다. 같은 여자로서 이해가 된다. 나도 어느 때는 거울 앞 내 모습에 놀란다. "누구야?" "나… It's me…." "No, no, no. It's not me(아냐, 이건 내가 아니잖아). 왜 이렇게 됐어?" 젊어서는 간단하게만 화장을 해도 예뻐 보였는데 지금은 나도 이 정도면 뭐 괜찮네 하고 싶은데, 그렇지가 않다.

내가 미국에 와서 동네에서 처음으로 사귄, 30대 초반부터 만났던 30년 친구가 있다. 아이들 나이가 비슷해서 잘 지냈던 관계이다. 그 친구는 전업주부로 살면서 단돈 1불도 잘 안 썼다. 난 그 친구에 대해 그 집에 숟가락이 몇 개인지까지 거의 모든 것을 꿰고 있지만 모르던 한 가지를 최근 알게 되었다.

화장도 안 하고 외모도 꾸미지 않고 수수한 그 친구가 1~2년 간격으로 성형(주름을 펴는) 시술에 목돈을 들여 가며 그것도 주기적으로 해 왔다는 것이다. 충격 중의 충격이었다. 그 친구가 시술을 할 만큼 외모에 관심이 있었다는 것도, 그것에 그런 큰 목돈을 쓴다는 사실도 도저히 믿어지지 않았다. '아니, 그렇게 외모에 관심이 있었으면서 그동안 어떻게 화장도 안 하고 다녔어? 목돈 들여 시술하느니 화장이나 좀 하고 다니지 그랬어. 그리고 시술을 정기적으로 했다니 말도 안돼!'

나도 같은 여자지만 여자들의 속을 정말 알 수 없음에 또 한번 놀랐다. 여자들은 표현을 안 하고 있을 뿐 다들 외모에 관심이 있고 나름대로 공을 들이고 있었던 것이다. 88세 늙으신 어머님도, 멋도 안 부리고 수수하기만 했던 친구도 여자였던 것이다.

'나도 이제 얼굴에 손 좀 한번 대 볼까? 나도 시어머님처럼 내 외모에 짜증이 나고 견딜 수 없을 때까지 기다려 볼까? 아니, 기초 화장이라도 정성껏 해야지.' 이것이 가장 현실적인 대안이 될 것이다.

아뿔싸, 엄마는 영어 방송을
알아듣지 못하고 있었고

    어느 날 저녁 늦은 시간에 친정엄마로부터 전화가 왔다. 엄마가 혼자 사는 아파트로 빨리 오라고 한다. 무슨 일이 있는 것 같단다. 남편과 내가 정신없이 엄마가 사시는 아파트 앞에 도착하니 정말 무슨 일인지 노인들이 잠옷바람으로 작은 가방을 들고 다 길에 나와서 삼삼오오 모여 있었는데 우리 엄마는 보이지 않았다. 엄마가 사시는 아파트 호수로 가서 문을 두드리니 문을 열어 주신다. 아파트에서는 계속 안내방송을 하고 있었다. 화재의 위험이 있으니 밖으로 나오라는 방송과 함께 비상벨이 울리고 있었다.
    우리는 놀라서 '엄마는 뭐 하고 있느냐? 밖으로 나와야지' 했는데, 아뿔싸, 엄마는 영어 방송을 알아듣지 못하고 있었다. 안내방송이 나오고 비상벨이 울려서 아파트 문을 열어 보면 복도에는 아무도 없다며 이상해서 우리에게 연락을 했다는 것이다. 이미 미국 노인들은 첫 번째 방송을 듣자마자 놀라서 중요한 가방을 하나씩 챙겨서 다 대피했으므로 복도를 어슬렁 지나다니는 노인이 있을 리가 만무했다.
    엄마는 복도에도 사람들 인기척이 없자 방송을 하든 말든 상관없이 한국 비디오를 크게 틀어 놓고 대수롭지 않게 태평하게 TV를 보고 계셨던 것이다. 그 아파트는 엄마 외에는 한국 노인분들이 살지 않는 미국 백인들의 은퇴 아파트로 프라이빗 고급 아파트였다.
    노인 아파트는 노인들의 치매로 인해 가스불을 켜 놓을 수도 있고 물도 틀어 놓을 수 있는 등 여러 가지 문제점에 노출되어 있었다. 그날도 가스불을 켜 놓고 잊어버리고 외출한 노인으로 인해 음식물이 타면서 연기로 아파트 전체에 알람이 울리자, 전체 주민에게 비상 대피를 하라는 안내방송이 나온 것이다.

우리는 엄마에게 비상벨이 울리면 무조건 밖으로 나와야 한다는 당부에 당부를 하고 돌아왔지만 마음이 무거웠다. 이 일 이후로 엄마도 우리들도 모두 생각이 많아졌다. 그렇게 혼자 몇 년을 사셨고 결국에는 한국으로 역이민을 가셨다.

대중교통 수단이 없는 지역이다 보니 마음대로 갈 수 있는 곳도 없으며, 자녀들도 주말에 마켓 봐줘야 하고 교회 모시고 다녀야 하고 일일이 다 해줘야만 하니 큰일이었다. 특히 엄마가 미국에 계셨던 2000년대 초반에는 매주 한국 연속극 비디오 테이프를 빌려다 드리는 것이 큰일이었다. 특별히 할 일 없는 노인들은 한국 비디오 연속극이 나오는 날만 손꼽아 기다리고 있었으며 그 당시 한국 비디오는 큰 인기였다. 서로 바꿔 보고 노인 아파트 각 호수마다 다 돌고 나서야 돌아올 정도였다.

엄마는 뻣뻣한 나와 오빠보다는 따뜻하고 붙임성 좋은 성격의 사위 찬스를 많이 이용하셨다. "O서방, 된장찌개 맛있게 끓여 놨네!" 그 말 한마디에 남편은 항상 코가 꿰어 비디오를 빌려서 장모님께 갔고 된장찌개를 맛있게 먹고 오곤 했다. 장모님 김치와 된장찌개가 제일 맛있다는 말에, 세상 기뻐하셨다.

남편은 지금도 내가 끓이는 된장찌개는 장모님 맛에 비해 뭔가 늘 2%가 부족하단다. 난 그때의 엄마 나이가 되었음에도, 아직도 채워지지 않는 부족한 2%의 맛을 내며 살고 있다. 아마도 나의 부족한 2%는 엄마의 손맛으로, 영원히 따라잡을 수가 없는 그리움의 맛, 추억의 맛이지 않을까?

112.
미국 시민이 되기 위해
시민권을 받다

2018년 6월에 드디어 시민권을 받았다. 1993년 3월 미국에 들어온 지 25년 만이다. 1993년에 들어와 5년 지나면 신청할 수 있었던 시민권을 25년을 미룬 채 살다가 더 이상 안 되겠다 싶어서 한 달 동안 날마다 시민권 공부를 하고 패스를 했다.

60살이 다 되어도 여전히 시험은 부담되고 떨렸다. 미국에서 사는 한인들의 말에 의하면 막상 시민권을 받으면 아무데도 쓸데가 없단다. 그러나 시민권이 없으면 마음이 불안하여 아무것도 할 수가 없다고 한다.

25년 동안 해야 한다는 부담이 있었지만 당장 급한 것이 아니다 보니 그렇게 시간이 흘렀다. 내가 사용하는 시간의 우선순위이다.

1. 급하고 중요한 것
2. 급하지만 중요하지 않은 것
3. 급하지는 않지만 중요한 것
4. 급하지도 중요하지도 않은 것

아마도 나에게 미국 시민권은 급하지는 않지만 중요한 것이었다. 나는 보통 급한 것, 속도에 초점을 맞추고 미국 생활을 한 듯하다. 미국 생활 30년을 뒤돌아보면 미국은 한국보다 유독 시간이 더 빠르게 지나가는 것 같다.

미국 생활을 페이먼트 인생이라고들 한다. 집을 사도 30년 분할로, 차도 가족의 숫자대로 사서 3년에서 5년 정도 분할로 대부분 구입해서 살다 보니 달력에 표시되어 있는 페이먼트가 다 끝나야만 그 달이 끝난다. 한국은 그 달의 이벤트를 기다리며 한 달을 지낸다면 미국은 지불해야 하는 페이먼트로 한 달이 지난 것을 실감한다. 날짜에 맞춰 페이먼트를 하면 또 그 다음 달 페이먼트를 기다리고, 다음 달 페이먼트를 내기 위해 또 한 달을 다람쥐가 쳇바퀴 돌리듯 쳇바퀴에서 내려오지 못하고 열심히 일하며 한 달씩 보내다 보면 어느덧 1년이 지나 있고, 그때서야 나에게 1년이란 세월의 나이가 또 한 겹 쌓인 것을 확인하게 된다.

돌아보면 먹고 살기 위해 전투하듯 세월을 산 것 같다. 미국은 한국과 달리 전세 제도가 없고, 작은 쌈짓돈을 내고 집값의 80~90% 정도를 대출로 구입하다 보니 다 갚을 때까지는 멀쩡한 집이 있어도 내 집이라 할 수 없다. 그 집에서 쫓겨나지 않고 살기 위해 전투적으로 나가서 돈을 벌고 자녀들을 키우며 살아온, 한 달도 쉬지 못하고 급하게 급하게 달려왔던 미국 생활 30년이다.

누군가 한국에서 공동화장실의 집에 살다가, 돈을 벌어 밖이지만 단독으로 사용하는 화장실이 있는 집으로 이사를 하고 너무도 기뻤단다. 그 다음에는 집안에 있는 화장실을 갖기 위해 돈을 벌었고, 다음에는 화장실이 2개 있는 아파트로 이사 가기 위해 또 돈을 벌었다며 자신은 평생 화장실을 위해 돈을 벌었다는 우스갯소리가 생각난다.

화장실 이야기가 나와서 하는데, 한국에서는 한 가정에 화장실이 대부분 1개였고 5~6식구가 돌아가며 사용해도 전혀 불편함이 없었다. 그런데 이상하게도 미국에서는 화장실 1개로는 살 수가 없다. 대부분 미국집에는 최소 2개 또는 방 갯수만큼씩 있는 화장실에 다들 적응이 되어서 그런 것 같다.

　우리는 화장실 1개와 방이 4개 그리고 수영장이 있는 하우스에서 살았던 적이 있었다. 아들이 한참 개구쟁이 시절, 학교에서 돌아오자마자 백팩을 내던지고 팬티만 입고 수영장으로 뛰어 들어가면 강아지도 덩달아 수영장으로 뛰어 들어갔던 시절이었다.

　그때 우리 식구는 시어머님 포함 다섯이었다. 아들이 그렇게 잘 놀았던 수영장이 있었음에도 다섯 식구가 1개의 화장실로 결코 살아낼 수가 없다는 결론을 내고 우리는 수영장과 화장실을 바꾸는 선택을 했다. 특히 어머님과 아들이 화장실 사용하는 시간이 항상 겹쳐서 애를 먹었던 기억이 난다. 아들은 초등학교 5~7학년 때이다 보니 항상 다급해서 화장실을 찾았는데, 희한하게도 그때마다 어머님이 화장실을 사용하고 계셨다. 아들이 화장실을 사용할 수 있도록 맥도널드로 급하게 차를 몰고 갔던 일이 부지기수였다.

　결론은 화장실 1개로는 도저히 살 수 없다는 것이다. 수영장이 있으면 좋지만 없어도 할 수 없다는 조건으로 화장실 2개 이상인 집으로 로케이션과 가격을 정하고 집을 찾았다. 로케이션과 가격이 딱 맞는 집을 찾고 보니 수영장은 없었지만 화장실이 4개가 있었다. 우리는 다른 것은 모두 뒷전이었고 화장실 4개에 환호성을 하며 1인당 1개씩의 화장실을 가지게 되었다. 주님은 주님의 일도 아닌 것이었지만 화장실 1개로 고군분투하는 우리를 사랑스럽게 보시고 화장실로 인해 더 이상 수고치 말라고 4개의 화장실을 주신 것 같았다.

　지금은 딸의 타 주 생활로 인해 오히려 식구수보다 화장실이 하나 남아 도는 실정이다. 시민권으로 시작된 이야기가 어떻게 화장실 이야기로 끝났는지 모르겠다.

가을이 없어서
슬픈 캘리포니아

한국에 가고 싶다, 다녀와야겠다. 가을이 되니 특히 설악산 단풍과 내장산 단풍이 너무도 보고 싶다. 단풍 사진만 봐도 설렌다. 나는 가을, 겨울의 특징이 없는 캘리포니아에서만 살아온 아들에게 꼭 한국의 가을을, 특히 설악산 단풍을 보여 주고 싶었다. 그러나 아들, 딸 그리고 우리 이렇게 넷이 함께 한국을 가려니 휴가를 쓸 수 있는 시간, 이래저래 맞출 수 있는 시간은 3월이나 가능하다. 봄은 캘리포니아에도 있는데 아쉽다.

캘리포니아 남쪽은 1년 내내 거의 반팔 티셔츠에 반바지로도 생활이 가능하다. 캘리는 여름이 거의 9개월로 3~11월이며, 겨울이 3개월로 12~2월 정도이다. 겨울에도 아침저녁에만 쌀쌀한 가을 날씨이다 보니 단풍이 들 수 있는 추위가 아니라서 나뭇잎은 항상 푸르다. 계절의 변화가 없는 늘 푸른 사계절의 슬픈 캘리포니아다.

며칠 전 북가주와 남가주 사이 중간쯤에 있는 중가주 비숍으로 단풍놀이를 가자고 한다. 나는 오랜만에 흥이 나서 오케이 했다. 아마도 정말 내 안에서 단풍을 보고 싶었던 것 같다. 진심으로 좋다. 비숍의 단풍은 아마도 한국의 단풍처럼 그렇게 화려하지는 않을 것 같다.

우리는 새벽에 일어나 당일 여행을 계획했다. 5시간 정도로 왕복 10시간이다. 캘리포니아에서 단풍을 볼 수 있는 곳이 비숍이다. 사브리나 호수 주변에 아스펜나무(사시나무)의 나뭇잎이 노란색 단풍으로 주변을 샛노랗게 물들이고 있었다. 한국처럼 노랑, 주황, 빨강의 화려

한 단풍은 아니었지만 온통 주변이 노랑, 황금색으로 덮인 호수에 비친 비숍은 나름대로 멋이 있었다.

우리 말에 "사시나무 떨듯이 떤다"라는 말을 들어 봤지만 사시나무(Aspen)를 본 것은 처음이며 바람이 불 때마다 단풍 든 노란색 사시나무가 샤샤샤 떨듯이 흔들리는 모습은 마치 얇은 금종이의 황금 모빌 같았다. 바람에 흔들리는 황금 모빌로 뒤덮인 천지… 상상이 되는가!

놀랍게도 그곳이 한인 단체 관광 코스였다. 관광버스가 한인들을 가득 싣고 왔고 대부분은 연세가 많으신 분들로 한국의 단풍이 그리워 오신 분들 같았다. 우리처럼 개별적으로 온 사람들도 거의 모두가 한인이었고, 한인이 아닌 몇몇 사람은 아마도 낚시를 위해서 온 그 동네 사람들 같았다. 그 호수에는 송어가 많이 잡힌다고 한다.

한국의 뚜렷한 사계절을 즐기고 살았던 우리들만이 특히 단풍에 대한 그리움이 더한 것 같았다. 봄의 새싹과 흐드러지게 피는 개나리, 진달래를 비롯한 벚꽃놀이와 여름의 땡볕에서 땀이 줄줄 흐르는 화끈한 더위, 빨강, 주황, 노랑으로 온통 산을 화려하게 물들이는 단풍과 아쌀하게 추운 눈 덮인 겨울을 가진 대한민국이다.

사계절이 무덤덤한, 춥지도 덥지도 않는 캘리포니아에서 살아 보니 한국의 사계절 아름다움이 더욱 그립다. 타국살이 하는 우리들을 향수병 들게 하는 것들이다.

114.
작은 돌부리에 걸려 넘어진다

우리 아들의 생일은 4월이고, 딸의 생일은 5월이다. 남편과 나의 생일은 모든 것이 얼어붙는 겨울이고, 딸과 아들의 생일은 얼어붙은 모든 만물을 녹이고 소생시키는 봄의 계절이다. 여러 편의 에피소드를 쓰다 보니 생일에 관한 에피소드가 생각났다.

아이들이 초등학교 시절에 다니던 교회가 있었다. 우리 모두는 그 교회를 열심히 다녔고 교회 생활은 평화로웠다. 그런데 아이들은 모르지만 나 혼자 시험에 들었던 일이 있었다.

그 교회 목사님은 생일 감사헌금으로 드려진 감사 내용을 읽으며 일일이 생일 맞은 사람 한 명 한 명을 위해 늘 기도를 해주었다. 나는 4월생인 아들을 위해 생일 감사헌금을 드렸다. 그날 다른 사람들의 생일 감사헌금에 대해 일일이 읽으며 축복 기도를 하면서 우리 아들의 생일 감사헌금만 빼먹고 하지 않으셨다. 아마도 목사님의 실수였으리라 생각을 했지만 기분이 무척 나빴다.

예배를 마치고 돌아오며 '하나님께 드린 헌금인데 목사님이 읽고 기도를 해주든지 안 해주든지 무슨 상관이야' 하며 스스로 위로를 했지만 위로가 되지 않았고 기분이 영 나아지지 않았다. '왜 하필 우리 아들 기도만 빼먹었을까? 다른 아이들 기도는 다 했잖아.' 이 작은 일이 나의 마음에 단단히 시험이 되기 시작했으며 한 달 내내 마음에 걸렸다. 다음 달인 5월이 우리 딸 생일이었고 만약에 또 실수로 우리 딸 헌금 기도도 빼먹는다면 교회를 옮기겠다는 마음이 들 정도로 나에게 시험이 되고 있었다.

남들이 들으면 우습고 유치하겠지만 그때 당시 나는 이 문제로 단단히 시험에 걸려들었다. 아들의 기도가 문제가 아니라 이제는 딸의 다가오는 생일이 더 고민이었다. '목사님이 만약 또 실수를 한다면 어떡하지? 내가 교회에 밉보였나? 의도적인 것은 아니었을까?'

고민 끝에, 우리 아이들에게는 작은 것이라도 문제나 차별을 당하면 이렇게 펄펄 뛸 부모가 있는데… 하는 생각이 스쳤다. 자신의 자녀를 향해서는 작은 것이든, 실수든 차별이든 절대 받아들일 수 없다는 무서운 부모들이 있지만, 부모의 울타리가 없는 아이들도 있다고 생각했다. 다음 달 딸의 생일에는 생일 감사헌금 대신 소년소녀 가장을 위한 헌금으로 드려야겠다는 마음이 들었다. 그 이후 그 교회를 다녔던 몇 년간은 계속 아이들 생일에 생일 감사헌금 대신 소년소녀 가장 헌금으로 드렸던 기억이 난다.

목사님이든 다른 사람이든 이 정도의 실수는 누구나 쉽게 할 수 있는 것들이지만 당하는 사람은 소설 한 권이 나올 만큼의 상상과 시험에 들기도 하고 때로는 넘어진다. 큰 산에 걸려 넘어지지는 않지만 작은 돌부리에는 걸려서 넘어진다는 옛말이 있듯이 작은 문제를 만났을 때도 큰 문제를 해결할 때만큼이나 마음을 잘 다루며 살아야 할 것 같다.

나같이 유치한 사람들이 종종 있음을 상기하기 바란다.

30년간의 시간 여행

드디어 27년 만에 한국에 도착했다. 나는 친정집에 짐을 풀고, 다음 날부터 27년간 만나지 못했던 친구들을 수소문하여 드디어 친구 한 명을 기적적으로 찾아냈다. 한 명의 친구 덕분에 고구마 줄기에서 고구마 캐듯 줄줄이 연결되는 친구들 연락처와 단체 카톡방 연결로 그리웠던 친구들의 소식을 들으며, 그동안 그렇게 보고 싶었던 그리움이 한순간에 녹아내렸다.

30~40년의 시간 여행을 하고 돌아온 느낌이다. 카톡에 자기들 변한 모습에 놀라지 말고 청심환 먹고 나오라는 말에 나는 그만 빵 터지고 말았다. 20대의 풋풋했던 친구들이 중후한 중노년의 모습들이었고 그 모습 속에는 친구들의 특징들이 고스란히 남아 나이가 들었어도 즉시 알아볼 수 있었다. 화인, 불도장 같은 속일 수 없는 DNA…. 우리는 중노년의 모습으로 20대의 깔깔거렸던 그때로 바로 돌아갔다. 서로의 이름을 부르며, 추억 소환… 응답하라 1982였다.

우리 학교 특성상 많은 친구들이 사역에 관여하며 복음의 전사들이 되어 있어서 더욱 기쁘고 자랑스러웠다. 놀라운 건 전혀 사역의 길에 들어설 것 같지 않았던 친구들이 사역을 하고 있었고, 반대로 사역을 할 것 같았던 친구들은 오히려 그 길을 가지 않고 있었다는 점이다. 그중 한 명이 나이기도 하다. 사역을 안 할 것 같았던 친구가 사역으로 인도된 이야기를 들으며 하나님의 오묘하신 인도에 무한 신뢰를 드리며 "하나님은 참이시며 옳습니다" 혼자 고백해 본다.

116.
꿈꾸고 지나간 것 같은 시간들이었다

　친구들은 27년 만에 갑자기 짠 하고 나타난 나로 인해 놀라움과 환호를 보였다. 친구들끼리 만날 때마다 "누구 ㅇㅇ 소식 들은 사람 없느냐"고 서로 묻고는 살았는지 죽었는지조차 알 수 없어서 어떻게 찾을 수 있을까 이야기하며 미국 교민 신문에 광고를 내 볼까 했다고 한다. "ㅇㅇ가 나타났다"는 소식에 서로 잘 만나지 못했던 친구들까지 얼굴을 드러냈으며 오랜만에 우리는 20대로 원 없이 돌아갔다.
　거기에 후배들까지 연결되어 내가 중매 섰던 교회 후배와 학교 후배가 결혼하여 탄자니아에서 26년간 선교하다가 잠깐 건강검진으로 들어와서 만나는 찬스까지, 3년간 같은 유치원에서 일했던 교사이자 후배들까지 그야말로 한꺼번에 몰아 주신 기분이었다. 또 미국 캘리포니아에 거주하는 친구 두 명의 소식까지 듣고, 만날 기쁨에 들떠 있다.
　정말 즐거웠고 친구들에 대한 그리움, 고국에 대한 그리움을 한순간에 다 보상받으며 힐링된 느낌이었으며, 오랜만에 나타나 한국의 교통 시스템의 변화에 적응하지 못할까 봐 일일이 데려다주고 데려오는 수고로움도 마다하지 않은 친구들에게 고마움과 찐 우정을 느꼈다.
　또한 나의 한국 방문 목적 중 또 한 가지는 성형수술이었다. 10년 전 중풍으로 인해 균형이 맞지않는 얼굴의 밸런스를 맞추기 위하여 병원을 찾았다. 미국에서 누구의 소개 없이 한국에 나오자마자 병원을 정하여 수술 스케줄을 잡고 기한 내 과정을 마치고 미국에 돌아오기가 쉽지 않겠다는 생각을 가졌지만, 이 일도 주님의 예비하심으로 순조롭게 이루어졌으며 이 과정에서 좋은 병원에서 수준 높은 치료를 받으며 성형 한국의 위상을 직접 경험하였다.

병원에서 첫 상담을 한 부원장님과 개인적인 이야기를 하며 용기와 신념을 가진 멋진 크리스천임을 알게 되었다. 그분은 북한 탈북자 여성들과 아이들을 돕고 있었으며 이 세대를 진정 걱정하고 기도하며 헌신의 삶으로 살아 내고 있는 젊은 세대의 여성이었다. 나라면 부유하고 최고의 학력에 뛰어난 외모에 무엇하나 부족하지 않아 보이는 삶을 살면서 어떻게 북한 탈북자들의 삶을 공감하며 그들의 필요와 부족을 메울 생각을 했을까? 긍휼히 여기는 마음은 그에게 하나님께서 특별하게 부어 주신 마음인 것 같았다.

그는 나에게서도 긍휼함을 찾아낸 것 같았다. 27년 만에야 찾아올 수밖에 없었을 바쁘고 빠듯했을 그리고 노력하며 살았을 삶을 단번에 찾아내는 배려와 따뜻함이 있었다. 병원 치료를 하는 기간 동안 삶과 자녀 교육과 말씀을 나누며 더없이 귀한 시간을 보냈다.

2022년은 옛 친구와 새 친구를 한꺼번에 몰아서 만나게 해주신, 나에게는 잊지 못할 귀한 추억의 한 해로 기억될 것 같다.

2022년 11월 한 달간, 친구들과의 만남과 성형수술 두 가지를 밤낮없이 소화해 내고 나니 시간이 바람처럼 지나가 버렸다. 집에 돌아와 몇 가지를 정리하며 글을 쓰다 보니 꿈꾸고 지나간 짧은 시간이었다.

불현듯이 아마 우리도 인생의 끝이 이럴 것 같다는 생각이 든다. 잠깐 꿈꾼듯이, 옛날 어르신들 말처럼 나른한 봄날에 잠깐 잠들었다 깬 것 같은 일장춘몽의 인생살이⋯.

약 1:12 "시험을 견디는 자는 복이 있나니 그가 단련을 받은 뒤에 주께서 자신을 사랑하는 자들에게 약속하신 생명의 관을 받으리라."

내가 지킨 것들이
결국에는 나를 지킨다

    2022년 11월 8일 미국 중간 선거 기간에 동안 난 한국을 방문하고 있었다(10/29~11/30). 8월 중순부터 10월 말까지 캘리포니아 하원 선거에 도전한 ○○ 후보의 발렌티어로 활동하며 작으나마 힘을 보탰는데, 한국에서 ○○ 후보의 낙선 소식을 들으면서 너무도 아쉬웠고 속이 많이 상했다.

    그런데 12월 8일 감사예배를 드린다고 초청장이 카톡으로 왔다. 초청장을 받아보니 당선이 아닌 낙선도 감사하는 감사예배였다. 감사예배와 더불어 다시 리셋 버튼을 누르며 모두 2년 후를 바라보며 활동을 재기하는 자리였다. 왜 리셋 버튼을 누르고 재기를 해야만 하는지 이유가 분명했다.

    차세대 지키기…. 미국 캘리포니아에서 너무도 심각하게 돌아가는 성 정체성 문제 때문이다. 13살 이후에는 부모의 동의 없이도 학교 상담교사와의 상담만으로도 성전환 수술을 할 수 있는 법이 이미 통과되었으며 병원에서 무료 수술을 한다는 것이다.

    14세… 무엇을 알겠는가? 하루에도 변덕이 죽 끓듯 하고 감정대로 움직이는 질풍노도의 시기, 통제 불능 시기의 아이들에게 평생을 좌우하는 자신의 성을 스스로 바꿀 수 있게 한다니? 바꾸고 싶으면 바꾸라니! 또다시 바꾸고 싶으면 또 바꿀 수도 있다니, 미치지 않고서야, 그것이 옷 갈아입듯이 쉽게 할 수 있는 일인가? 도대체 캘리포니아는 아이들에게 무슨 짓을 하겠다는 것인지?

    어느 날 아들이 딸이 되어서 들어온다면? 딸이 남자가 되어서 들어온다면 어쩔 것인가? 이런 법이 통과되고 있는 줄도 모르고 관심도 없고, 임신 9~10개월 만삭에도 낙태가 가능하고, 학교에서는 어릴 때부터 동성애를 가르치고 Father's, Mother's name도 못 쓰고 Parents 1, Parents 2 name으로 기록해야 하고, 할아버지, 할머니라고도 부르지 못하고 Grandparents 1, 2로 불러야 한단다. 남성과 여성, 즉 성별을 나타내기 때문이란다.

이제 부모들이 진정 깨어나야만 하는 시간임에 틀림없다. 소극적으로 앉아서 '그러면 안 되는데' 하고만 있을 것인지? 우리 애들만 괜찮으면 된다고 생각하지 말라. 우리 애들만 절대 괜찮지 않다. 내가 지킨 것들이 결국엔 나를 지키고 내 자녀를 지킨다는 사실을 명심하고, 우리 모두의 문제로 인식하고 일어서야 한다.

교회도 예외가 아니다. 하나님의 창조질서를 뒤엎겠다는데도 눈만 멀뚱멀뚱할 것인가? 이제 우리 자녀들의 문제를 언제까지 주 교육에 맡기겠는가? 교회가 나서야 한다. 주말에만 사용되고 주중에 텅텅 빈 장소를 교육의 장으로 개방하고, 공부 잘하여 명문대 나온 한인 부모들을 활용하여 부모들의 주도하에 홈스쿨링으로 자녀들의 교육을 직접 책임지고 맡아야 한다. 각 개인이 홈스쿨링 하기란 쉽지 않다.

그리고 아이들에게는 친구들과 사회성 발달이 필요하다. 그러니 교회가 장소를 오픈하고 부모들이 전공을 살려 선정된 커리큘럼으로 쓰레기 같은 교육으로 우리의 아이들을 더럽히지 못하도록 교회와 부모들이 적극 나선다면 국가, 주의 지원 없이도 가능할 것 같다.

내 자녀들의 영·혼·육을 위해서 해야만 한다. 하나님의 계획 속에 만드신 가정이 정상적으로 지켜지기 위해서다. 교회가 문을 닫지 않고 쇠퇴하지 않기 위함이다. 건전한 상식이 존재하는 법치국가로 존속하기 위해서다. 하나님의 나라 확장과 하나님의 영광을 위해서다. 조용하지만 혁신적인 movement(움직임)가 일어나길 기대한다.

118.
콜라 한 잔으로 시작된 사건

딸이 연말연시를 지내기 위해 Washington DC에서 집으로 왔다. 일을 하며 박사과정 입학을 위한 원서 준비와 GI시험과 학교마다 요구하는 각종 서류와 에세이 등을 마치고 지친 상태로 캘리포니아에 도착했다. 또한 박사과정 준비 중에 교통사고, 접촉사고까지 나서 병원 치료와 더불어 육신의 고통까지 최악의 상태를 겪으면서 고군분투하며 모든 과정을 마치고 집으로 왔다. 그렇게 힘들 때 옆에서 밥이라도 챙겨 줬으면 좋았을 텐데, 가족의 품이 얼마나 그리웠을까?

나는 무조건 먹고, 자고, 쉬기만 하라고 했다. 그런데 10일 정도 머물 계획으로 왔던 딸은 일주일 만에 Washington DC로 돌아가 버렸다. 나와의 갈등 때문이었다.

정말 아무것도 아닌 일이었다. 사건의 발단은 이렇다. 집 정리를 하면서 몇 가지 물건을 사기 위해 IKEA(이케아)에 갔다. 그곳에서 우리는 미트볼과 샐러드로 간단히 점심을 먹기로 했다. 딸과 아들은 콜라를 주문했는데 내가 일방적으로 콜라를 아들 것만 사 갔다. 평소 딸이 커피, 차, 주스 등을 너무 많이 마신다고 생각하고 있었고, 아들은 물 외에는 거의 음료수를 마시지 않으니 아들이 원할 때는 정말 마시고 싶은 것이므로 한 잔만 주문을 한 것이다.

이것이 발단이 되어 그동안 엄마가 우리 둘을 매사 차별했다고 딸이 말했다. 콜라 한 잔으로 시작된 사건이었지만 나도 그렇지 않다고 항변을 하다 보니 서로의 마음은 점점 더 상해가고 있었다. 나 스스로 생각할 때 첫딸이므로 나의 많은 부분이 딸아이에게 맞춰져 있으며 기도를 해도, 쇼핑을 해도, 무엇을 해도 딸에게 더 많은 부분을 할애한다고 생각하는데 딸은 끝까지 아들만 더 위한다고 했다. 딸은 딸대로 나는 나대로 서로에 대해 너무나 서운해했다.

결국 딸은 당장 Washington DC로 돌아가겠다는 말을 하였지만 아무리 화가 났어도 그러지는 않겠지라는 마음을 은근히 가지고 있었다. 왜냐하면 딸은 그동안 나와 갈등이 있어도 10분 정도 지나면 항상 먼저 미안하다고 했기 때문이었다. 아마도 잘잘못을 떠나서 엄마에게 말대꾸한 것에 대한 미안함이 항상 더 컸던 것 같았다. 그리고는 다시 의견을 조절해 왔기 때문에 조금 있다가 오겠지 했는데, 딸은 그 즉시 비행기 티켓 시간을 바꾸었다.

딸에게 가 봤지만 이미 티켓팅이 완료되어 있었고 아주 완강한 태도로 변해 있어서 놀랐다. 남편은 남편대로 미안하다고 하고 아이 마음을 맞춰 주지 오랜만에 온 아이를 그렇게 보내면 어떻게 하냐고 나에게 화를 냈다. 결국 딸은 다음날 새벽 4시 비행기를 타야 한다며 집을 떠났고 난 떡국 한 그릇도 먹이지 못하고 연말 연휴에 딸을 Washington DC로 다시 보냈다. 마음이 천근만근이었다.

다음 날 새벽에 딸은 가면서 미안하다고 했다. 아마도 그냥 가는 것이 발걸음이 떨어지지 않았던 것 같았다. 나 같으면 그냥 갔었을 텐데, 엄마 더 속상하라고…. 생각해 보니 딸은 늘 엄마의 권위를 인정해 줬고 나에게 많이 양보해 줬던 것 같다. 나는 그런 딸을 매사 너무도 당연히 여겼고 아직도 그래야만 한다고 생각을 했던 것 같다.

보내고 나서 내가 정말 딸과 아들을 차별했나? 그렇게 서운했나? 남편 말대로 "미안하다" 하며 좀 달래 줄걸, 많이 후회가 되었고 여러 가지를 생각하며 나 자신을 돌아보게 되었다. 차별하지 않았다고 뭔 변명이 필요한가! 딸이 그렇게 느꼈다면 미안하다 하고 좀 더 달래 줄걸….

잘 도착했다고 전화가 왔다. 엄마가 미안하다고, 네가 지친 상태로 와서 좀 더 안정과 휴식과 충전이 필요했는데 오히려 더 흔들고 더 힘들게 해서 보낸 것 같아서 미안하다고 했다. 그리고 딸에게 부탁으로 "이제는 갈등이 생기면 네가 엄마를 좀 꼬셔서 니 뜻대로 엄마를 좀 컨트롤 해, 엄마도 너 어릴 때 매일 꼬셔서 엄마 뜻대로 다 시켰어, 이제는 니가 엄마를 좀 꼬셔! 이젠 엄마 힘도 없고 늙었어"라고 했더니, 그 말에 딸은 하하하 웃으며 "근데 엄마는 고집이 너무 세잖아…" 하며 서로 화해했다. 이제는 내 곁에 없는 자식이므로 항상 잘 안다는 생각도 하지 말아야겠다는 생각과 딸도 나도 조금씩은 변했다는 사실을 서로 받아들여야만 했다.

이쯤에서 친구네 집 이야기를 써 보려고 한다. 그 집은 한 명의 아들과 여섯 명의 딸들이 있다고 한다. 그의 아버지가 임종을 앞둔 시간에 여섯 명의 딸들이 모두 다 모였는데 어떤 딸이 아버지는 나를 제일 좋아했다고 하더란다. 그때 다른 딸들이 놀라며 "무슨 말이야, 아버지는 나를 제일 좋아했다"며 딸 여섯 명 모두가 아버지가 제일 좋아했던 딸은 자신이라며 서로 우겼다고 한다.

그때 내 친구가 그럼 누구를 제일 사랑했는지 확인해 보자며 손녀에게 할아버지 방에 들어가서 물어 보게 했단다. 임종이 가까운 할아버지의 속내를 알 수 있는 대답은 "그래도 첫째 딸을 제일 좋아하지 않았겠나?"였다고 한다. 딸 여섯 모두에게 인심을 잃지 않고 각자 아버지의 사랑을 제일 많이 받았다고, 자기를 제일 좋아했다고 생각할 만큼 모두에게 사랑을 충분히 골고루 베풀었던 할아버지의 지혜, 마지막까지 형제 우애를 위해 또한 한 명의 딸도 마음이 상하지 않도록 첫째 딸을 언급하며, 나름 설득력을 겸비한 현답을 하셨다고 한다.

나는 두 명 중에 한 명에게도 인심을 잃을 위기인데, 그의 아버지는 처신을 어찌하셨을까. 나를 뒤돌아보게 한다.

2023년
새해가 밝았다

    2023년 새해가 밝았다. 전에는 새해가 되면 설레고, 1년 계획을 세우며 긴장도 되고 했는데 올해는 전혀 그렇지가 않다. 가족을 위해 자주 해먹지 않던 음식인 새해 떡국을 끓이는 정도의 설렘밖에 없었다.

    2023년을 앞두고 방송과 유튜브에서는 인플레이션과 최악의 경제적 어려움, 세계적 경기침체를 예견함으로 2023년은 설렘보다 두려움과 긴장으로 무장해야 한다는 마음 때문인 것 같다. 가족들에게도 올해는 '절약'이라고 강조했다. 세일하기만 하면 당장 필요 없어도 무조건 사다 쟁여 놓다 보니 집 구석구석에 물건이 쌓여 있고 냉장고도 꽉 차 있다.

    나는 세일하는 물건을 안 사기 위해 코스트코, 마켓에 가서 쓸 수 있는 금액을 제한하기로 마음먹었다. 제한된 금액으로 장보기를 해보니 처음에는 이것저것을 카트에 담았다가 이번 주에 필요한가를 체크하게 되고, 금액이 넘치면 그중에서 없어서는 안 될 필수 아이템만을 챙기게 되면서 한도 금액에 맞추어 장을 볼 수 있었다. 아직 1월이라서 결과는 모르겠지만 효과가 있을 것 같다는, 왠지 성공할 것 같은 믿음이 생긴다.

    2023년을 위해 지속적으로 성공할 수 있는 몇 가지 소박한 목표를 세워본다.

    1. 일을 찾을 것: 시간을 너무 무의미하게 사용하고 있는 것 같다.

2. 건강 관리를 위해 10LB(5kg) 감량하기: 이를 위해 주 4~5회 운동하기와 식단 조절
3. 매일 성경 읽기와 중보기도 하기
4. 엄마에게 자주 전화하기, 말씀 한 구절 보내기
5. 크레딧카드: all pay off하기(모두 갚기), 가능한 한 카드 사용 안 하기
6. 공부하기: 주식, 부동산, 자기 개발 등
7. 하루 한 번 크게 웃고 칭찬하기: 타인 또는 나 자신에게
8. 대청소하기: 일주일에 한 번
9. 글쓰기: 1주에 1편 이상 또는 주제 찾기
10. 매일 화장하기, 옷 예쁘게 입기
11. 정원 가꾸기: 깻잎, 토마토 심기, 꽃과 잔디 가꾸기

120.
아롱이, 다롱이

같은 부모에게서 나온 자식들도 아롱이, 다롱이로 다 다르다고 한다. 우리집도 그렇다. 여자와 남자의 특징도 있지만 같이 이야기를 하다 보면 똑같은 양육 방법으로 키웠음에도 생각도, 마음도, 행동도 서로 많이 다른 느낌의 토끼와 거북이다.

대학생 때쯤 어린 시절에 대한 기억들을 물으니 딸은 나에게 혼났던 것, 당황했던 것 등을 대부분 기억하고 있었고, 아들은 좋았던 것, 웃겼던 것, 행복했던 기억들을 쏟아 내는 것을 보았다. 어렸을 때 장래희망을 물어 보면 딸은 유년기, 청소년기, 대학생 때, 대학원생 때마다 계속 꿈을 업그레이드하며 구체화해 갔고 이야기를 들으면 생생하게 그려지는 꿈, 장래희망들이었다. 그러나 아들은 어려서 본의 아니게 주입된 꿈 외에는 일체 없었으며, 그것도 하이스쿨에서 대학을 진학하면서 목사의 길을 가기에는 아직 콜링이 없다며 아닌 것 같다는 말을 남긴 채 더 이상 꿈이나, 장래희망을 언급 하지 않았다.

딸의 계획은 원대하다. 어려서는 책을 쓰는 작가가 되어 많은 사람들에게 책을 읽게 하고 싶다면서 Storytelling(스토리텔링) 그림책을 만들었으며, 틴에이저 때는 영화감독이 되어서 좋은 영화를 만들겠다고 하여 나를 흥분시키고는 했다. 그 꿈을 꼭 성취하라며 많은 영화를 보여 주었던 기억이 나며 크리스천 문화에 기여하기를 은근히 바랐었다. 지금은 정치, 외교에 뜻을 두고 있으면서 외교로 북한의 문을 활짝 여는 데 기여하고 싶다고 한다. 주님의 영광을 위해, 미국과 한국을 위해 일하겠다고 한다.

주님의 계획 속에서 그들을 인도하실 것을 나는 믿는다. 늘 토끼처럼 뛰어다니며 자신의 꿈을 눈에 보이듯이 그려 내며 자신이 어느 위치에 있는지 항상 알려 주는 토끼 같은 딸과, 태몽으로 거북이 꿈을 꿔서 그런가 늘 조용하고 움직임이 잘 드러나지는 않지만 시간이 지나면 목표 지점에 도착하여 깃발을 흔들며 웃고 있는 아들의 모습이다. 우리집 아롱이와 다롱이들인 토끼 양과 거북 군을 응원한다.

사 55:9 "하늘들이 땅보다 높음같이 그렇게 내 길은 너희 길보다 높으며 내 생각은 너희 생각보다 높으니라."

아이들이 자라면서
점점 철들어 가는 것이 보인다

딸이 초등학교 시절 나에게 컴플레인했던 일이 기억났다. 자기 친구들의 집을 가면 집이 너무 좋고 으리으리하고 친구들의 방도 공주방 같은 반면 자신은 그렇지 않다는 것이었다. 그러면서 그의 부모들은 너무도 친절하고 자신의 친구들이 원하는 것을 모두 해준단다. 그러면서 아빠, 엄마는 왜 못 해주는지, 왜 부자가 아닌지를 따지듯이 물었다. 어린아이를 붙들고 아빠, 엄마는 이민 1세대로 어쩌구저쩌구 할 수도 없고, 난감하고 엄마로서의 자존심이 상해서 두 번 다시 이런 컴플레인을 못 하게 해야겠다는 생각이 들었다.

그래서 '너도 엄마가 나이스하고, 너희들 잘 케어하고, 영어도 잘하고, 부자라서 원하는 것을 뭐든지 척척 다 해줬으면 좋겠지' 하니 그렇단다. 그럼, 엄마도 너에게 원하는 게 있는데 니가 할 수 있는지 잘 들어 보라며, 우리 딸이 착하고, 예수님도 잘 믿고, 공부도 잘하고, 피아노도 잘하고, 바이올린도 잘하고, 노래도 잘하고, 운동도 1등 하고, 그림도 잘 그리고 그랬으면 좋겠다고 했다. 엄마가 원하는 것을 다 할 수 있겠느냐고 묻자, 아니라며 고개를 살래살래 흔든다.

너도 모든 것을 다 잘하는 것이 쉽지 않듯이, 아빠, 엄마도 그렇다고 부족한 것은 부족함대로 서로 수용하면서도 서로 사랑하는 것이라고, 그게 가족이라고 말해 주었다.

우리 딸은 자신도 모두 다 잘할 수 없다고 생각됐는지 그 이후에는 두 번 다시 그런 종류의 컴플레인을 하지 않았던 것 같다.

122.
전화위복이라는 기회

딸이 박사과정(Columbia University) 합격 소식을 전해 왔다. 정말로 기쁨을 감출 수 없었다. 딸도 나도 언젠가는 박사과정을 해야 할 텐데, 라는 생각은 늘 가지고 있었지만 딸은 석사 졸업 후 4년 정도 계속 일을 하고 있었으므로 박사과정을 언제 시작할지 모멘텀(일의 진행에 있어서의 탄력)을 찾지 못하고 있었다. 그런데 정말 생각하지 않은 시간과 상황 속에서 박사과정의 계기를 만났다.

딸은 석사 졸업 후에 뉴욕에서 일을 시작하였는데 그 일은 본인의 전공으로 OECD, UNESCO, 국제기구들과 협력하는 너무도 잘하고 좋아하는 일이었다. 그러다 2020년 팬데믹이 시작되면서 뉴욕이 심하게 통제되었고 식료품 상점 외에는 거의 모든 비즈니스와 교회가 문을 닫았으며, 사람들과 접촉도 어려운 상황이 되었고, 재택 근무를 하면서 가족도 없이 혼자 버텼던 뉴욕 생활에 많이 지쳤다고 한다. 뉴욕보다는 통제가 심하지 않은 Washington DC로 옮기고 싶다는 기도를 하였고 그 기도가 응답되어 Washington DC로 직장을 옮겼다.

옮긴 직장은 하와이에 본사가 있었지만 Washington DC 사무실을 오픈하여 전공이 아닌 새로운 일을(정치 관련) 해야 하는 상황으로 처음부터 하나하나 다시 시작해야 했다. 처음 하는 일이지만 한국과 미국에 유익한 일로 매우 큰 의미와 흥미가 있었고 일의 결과가 마치 자기 분신 같았다고 한다. 딸은 몇 번 더 좋은 직장으로 옮길 기회가 있었지만 현재 있는 직장이 하나님의 기도 응답이었으므로 하나님이 움직이라고 할 때까지는 움직일 수 없다고 했다.

그러던 어느 날 본사와 지점을 통합한다는 통보를 받고 마무리를 했는데 나중에 알고 보니 처음 시작한 멤버들 중 몇 명을 내보내기 위해 중상모략이 있었고 그 과정에서 동료의 배신(106. 분노의 감정이 복받칠 때마다, 지혜는 사라진다)이 작용했던 것이다.

그때 딸은 이런 상황에 매우 당혹해 했지만 나는 박사과정을 준비할 때라고 직감했고, 회사를 정리하고 박사과정을 준비하자고 독려했다. '전화위복'이라는 사자성어, 화가 변하여 복이 되는 것, 나쁜 상황을 더 좋은 계기(일)로 만드는 것, 위기가 기회로 작용하는 것을 말한다. 언젠가는 하려고 했고 늘 마음에 품고 있었던 박사과정이었다.

배신감의 감정을 빨리 차단하고 그 억울한 감정을 동력으로 삼자고 했다. "가장 좋은 복수는 내가 잘 사는 것…"이라고 했던가? 그렇다. 나는 딸에게 네가 일어나야 할 때 일어나지 못하고 떠나야 할 때 떠나지 못하니깐 주님이 네 엉덩이를 걷어찬 것이니, 미련도 동료의 배신감도 잊어버리고 박사 시험에 집중하자며 격려를 했고 딸은 그것을 성공적으로 잘 마무리한 것이었다.

우리 삶에도 가끔 컴포트존(익숙한 곳)에서 안전을 향유하며 일어나려고 하지 않을 때 주님은 억지로 걷어차서 일으키시기도 하며 주님의 다른 계획 속에 우리를 집어넣고 끌려가게도 하시는 것 같다. 또 모든 상황을 바꾸셔서 새로운 길로 인도하셨던 경험도 있어서 감사… 또 감사드릴 뿐이다.

남편 왈, "우리 집안에 박사 한 명 나오겠네! 파이팅!" 그나저나 또다시 뉴욕행, 지금은 통제가 풀렸으니 좀 괜찮겠지 생각된다.

123.
한국형 치맛바람의
친근한 엄마

얼마 전 성경을 읽다가 성경에도 자식 문제에 있어서만큼은 체면도 양보도 없는 한국형 치맛바람의 아주 친근한 엄마, 우리의 모습과 흡사한 엄마가 있음을 발견하고 혼자 웃음이 났다. 예수님의 제자인 야고보와 요한의 어머니이다.

사건을 재구성해 보면 첫째, 예수님(주님, 선생님, 보스)께 제자 12명 중에서 최고의 자리인 예수님의 양옆인 우편과 좌편 자리(1등과 2등의 자리)를 자기 자식에게 달라는 엄청난 내용의 청탁을 하였다.

둘째, 책임을 감당할 수 있겠느냐, 죽음의 침례를 감당할 수 있겠느냐는 엄중한 물음에 자신의 아들들은 능히 감당할 수 있을 것이라는 대답을 하며 자식을 과대평가했다. 내 자식만큼 잘난 자식이 없다는 듯 욕심 많고 용감했던 야고보와 요한의 어머님이다(물론 이들은 예수님의 제자로 누구못지 않게 제자로서의 사명을 감당하였다. 야고보는 첫 번째 순교자가 되었고, 요한은 예수님의 마지막 명령까지 잘 수행하며 에베소 교회의 장로로 요한복음과 요한1, 2, 3서와 요한계시록을 기록하였고 초대교회의 터를 잡는 데 사명을 다하였다).

행 12:1-2 "헤롯 왕이 교회에서 몇 사람을 괴롭히려고 자기 손을 뻗치고 요한의 형제 야고보를 칼로 죽이니라."

셋째, 주님은 책임 감당을 하겠다는 그 대답을 들으시고는 그 자리를 선정해 주는 것은 내 일이 아니므로(하나님의 일이므로) 할 수 없다는 말씀에 손해 보는 거래를 하신 우리들 모습의 어머니이다.

넷째, 자식들이 이 일로 인해 주변의 동료들로부터 엄청난 비난과 미움을 받게 된다. 1등과 2등 자리를 넘봤던 의중을 들킴으로 한동안 왕따를 당했을 듯싶다.

엄마의 청탁 개입으로 어떤 결과가 있었는가? 쓸데없이 개입해서 자식들의 길에 상황만 악화시켰을 뿐이었다. 1, 2등 자리도 보장받지 못했고, 열두 제자들 사이에서 비난과 견제만이 남아서 자식들에게 힘든 시간만 만들어 주었던 실패한 거래, 딜(deal)이었다.

우리도 때때로 자식의 일에 개입해서 역효과를 낼 때가 종종 있었다. 지나온 시간을 되돌려 보면, 가만히 두면 될 일을 긁어 부스럼을 만든 일, 괜히 오지랖 부리다가 혼자 떠안았던 수고도 있었고, 개입하지 않아도 될 일에 개입해서 평안을 깼던 시간들, 한마디 참으면 될 일을 참지 못해 곤혹을 치렀던 일들, 혼자 잘난 척하다가 망신당했던 일, 지금은 웃음이 나지만 그때는 엄청 심각했던 일들이 기억난다.

지금은 어지간하면 움직이지 않는다. 쓸데없는 시간을 많이 보냈던 자들만이 아픈 경험 속에서 깨달을 수 있는 지혜가 생겼기 때문이다.

호구처럼 사는
다 큰 우리 아이들

어제는 우리 딸로 인해 깊은 감사와 기쁨이 있었다. 다름 아닌 전화 통화를 하면서 자신의 생각을 말하는데 내가 듣기에 딸의 놀라운 신앙 고백이었다. 세상은 경험이 지혜라며 세상으로 나가 좋은 것이든 나쁜 것이든 경험을 많이 해 보라고 하지만, 성경은 하나님을 두려워하는 것이 지혜라고 하기 때문에 세상 사람들의 경험이 그다지 중요하지 않다는 것이다.

나는 이 말 한마디에 함축된 의미와 딸이 세상과 하나님 말씀이 상반될 때마다 선택해 왔던 그동안의 일들이 떠오르며 작은 감동으로 다가와서 딸에게 바로 카톡 메시지를 보냈다.

"엄마가 미국에서 살면서 주님의 사역은 많이 못했지만 자녀를 주님의 제자 삼는 일에는 실패하지 않은 것 같아서 고맙다."

우리 아이들이 틴에이저일 때 무엇을 가장 중요하게 생각하며 살아야 하는지를 생각해 보자고 한 적이 있었다. 그때 딸이 'integrity'라고 대답하는 것이었다. Integrity… 진실, 청렴(purity), 완전(perfection), 보물(treasury), 고결(nobleness) 등의 의미이다. 우리 아이들이 이런 것에 가치를 부여하고 노력하며 살아 준 것에 항상 감사한다.

그런데 나는 요즘 내가 우리 아이들을 키운 방식에 대해 과연 제대로 맞게 키웠나 하는 의문이 생긴다. 크리스천으로서 너무 '선'(착함)만을 강조한 것은 아닐까? 세상에선 호구 취급 받는 것은 아닐까 하는 물음이다.

아들이 군대로 직장을 옮기면서 군대에서 주거비(집값)를 지원해주는데 얼마를 써야 할지 고민을 하고 있었다. 1 bed, 1 beth APT(방 하나, 화장실 하나의 아파트)에 혼자 거주하면 자신이 살고 있는 아파트 렌트비를 그대로 신청만 하면 되는데, 자신은 부모와 함께 살고 있으므로 얼마를 신청해야 하는지를 고민하기에 나는 지금 살고 있는 도시의 1 bed, 1 beth APT의 평균값으로 신청하라고 조언했었다. 아들은 그러겠다고 했고, 나는 그렇게 신청한 줄 알았다.

그런데 우연한 기회에 주거비를 아파트 중간 값의 50%로 신청한 것을 알게 되었다. 왜 그렇게 신청했는지 물으니 실제 부모 집에서 같이 살고 있으니 그렇게 하는 것이 맞는 것이며, 더 받는 것은 속이는 것 같다고 말했다.

또 딸은 박사과정 전에 풀타임의 직장을 다니면서 전에 다니던 직장의 일을 필요로 할 때마다 처리해 줘야 한다며 엑스트라로 저녁과 주말을 이용하여 파트타임으로 일했다. 거의 다른 나라와 협의하는 일이라서 시간상 가능하다고 했다. 그러면서 언젠가 말하기를 자신은 처리할 때 들어간 시간만을 계산해서 파트타임 임금으로 신청하므로 큰 소득은 되지 못한다는 것이다. 물론 일이나 연락 등이 원활하지 못해서 기다리고 조정하고 기타 등의 일에 대해 전체 시간으로 계산해도 되지만 자신은 그렇게 하고 싶지 않다고 말하며 시간 대비 소득이 많지 않다는 것이다.

내가 그동안 아이들에게 하나님의 가치(Value)에 대해 항상 말해 왔고 integrity에 동의했으므로 할 말이 없었다. 자기 것도 다 못 찾아 먹는 것 같은 우리 집 다 큰 아이들, 세상적으로는 어리숙하고 호구처럼 사는 우리 아이들, 나는 이렇게 기도할 수 밖에 없었다.

"주님! 우리 아이들을 위해 주님이 대신 챙겨 주세요."

125.
한 조각의 퍼즐

아이들이 4학년, 7학년 정도였을 때 여름방학을 맞아 가족 프로젝트라는 이름으로 1,000피스의 퍼즐을 맞추기로 하였다. 마켓에 가서 아이들이 원하는 퍼즐을 사다가 거실 테이블에 퍼즐 조각들을 흩어 놓고 오며가며 몇 조각씩 맞추기도 했고 심심할 때는 다같이 머리를 박고 서로 신나서 맞췄는데, 놀이 삼아 여러 가지 유익이 있을 것 같아서 시작한 일이었다.

처음에는 의욕이 가득하여 열심히 맞추더니, 쉬운 부분들이 다 맞춰지고 색깔이 비슷하거나 그림의 형태나 퍼즐 모양이 비슷하여 어렵고 헷갈리는 가운데 부분부터는 싫증을 냈고 전혀 하려고 하지 않았다. 그냥 다시 박스에 담아 놓을까 하다가 가족 프로젝트라는 거창한 이름이 마무리되지 못하는 게 마음에 걸려 끝까지 완성하는 것을 보여야겠다는 생각이 들어서 거의 혼자 마무리를 했던 것 같다.

찌개를 올려놓고 몇 조각 찾아 맞추고, 빨래를 돌리면서 몇 조각 맞추고, 시간이 날 때마다 정말 열심히 1년 정도의 시간이 걸려 퍼즐을 완성했고 우리는 테이프로 고정하여 거실 벽에 걸어 두었다.

나 혼자 퍼즐을 맞추면서 우리도 하나님 나라의 큰 그림 속에, 나의 삶도 많은 퍼즐 조각들 속에 맞춰져야 하는 한 조각의 퍼즐이 아닐까 하는 생각이 들었다. 한 조각의 퍼즐, 내가 들어가 앉아야 하는 아무리 비슷해도 내 자리가 아니면 억지로 꿰어도 맞춰지지 않는, 내 모양의 내 자리, 어떤 다른 것으로도 대체불가 나만의 자리인 한 조각, 나의 퍼즐… 대체불가한 나의 한 개의 퍼즐로 완성되어야 할 하나님 나라의 퍼즐 한 조각이 나의 정체성이다.

전체 큰 그림 속에 자연스럽게 보기 좋게 들어앉은, 그림들 속에서 어우러지며, 만들어 내야 하는 그림 속의 색깔과 모양 곧 하늘도, 땅도, 잔디도, 꽃과 나비도, 황토빛의 흙과 시꺼먼 나무일 수도 햇살일 수도 있는 다양한 색깔과 그림들을 조각낸 한 조각, 한 조각의 퍼즐들이다.

나는 퍼즐을 맞추며 하나님의 지혜를 훔쳐본 듯한 착각 속에서 내 퍼즐은 어떤 것일까 하는 생각을 했다. 끝까지 욕심을 부려 본다면 센터(중앙) 어디쯤 그래도 눈에 띄는 예쁘고 밝은 색깔의 한 조각 퍼즐이고 싶다.

자식을 지켜 낼 수 있는 여장부…
나의 어머니

　125편 에피소드인 퍼즐을 쓰다 보니 갑자기 내 퍼즐의 색깔과 모양은 어떤 것일까, 예수님 만났던 이야기를 써야겠다는 생각이 든다. 왜냐하면 나의 첫째되는 정체성이 크리스천이므로, 주님의 보혈이 나를 덮어서 새까만 죄인의 색에서 진한 주홍의 색으로 바뀌었기 때문이다.

　20대 초반이었다. 어려서(유아기)부터 교회를 다녔고 초중고를 거치면서, 아마도 교회와 예수님은 나의 신체의 일부처럼 떼려야 뗄 수 없는 관계로 살았던 것 같다. 그러던 중에 성인으로 분류되는 20대 초반에 접어들며 무작정 다녔고 무작정 믿었던 하나님에 대한 믿음에 의문이 들기 시작했다. 특히 나의 삶을 쭉 돌아보며 하나님이 계시는 것은 확실한 것 같은데 과연 나를, 나의 가족들을 사랑하신 것은 맞는가 하는 의문이 들었다.

　우리는 1남 3녀이며, 내가 막내로 2살일 때 4살, 7살, 9살 4명의 자녀를 남긴 채 아버지가 심장마비로 돌아가셔서 이후로는 편모 슬하에서 자랐다. 갑작스런 심장마비는 아니었지만 60년 초반 당시에는 의술이 부족하여 심장에 문제가 있으셔도 고치지 못했던 것 같다.

　나는 막내여서 어린 시절에 대한 기억도 많이 없고 가족들 중에서 가장 영향을 적게 받지 않았나 싶다. 형제들 말로는 내가 그래도 가장 호강하고(?) 살았다고 한다.

　어린 시절에 아버지가 없는 삶은, 어린 나도 지붕 없는 집에서 사는 느낌이었던 것 같다. 비가 오면 고스란히 맞아야 하고, 바람 불면 바람에, 햇빛이 쨍쨍 내리쬐면 피할 수도 없는 지붕 없는 집 같은, 모든 위험에 노출된 것 같은… 한마디로 전전긍긍이었다.

그런 와중에도 엄마는 우리 4남매를 키우며 최선을 다해 공부를 시켰으며 또한 교회도 열심히 보내셨다. 엄마가 그때에는 믿음이 있진 않았지만 막연하게 교회가 좋은 곳이라는 생각을 하셨고, 아버지가 돌아가시기 얼마 전부터 잠깐 교회를 같이 다니기도 했다고 한다. 아버지는 병원 치료가 안 되는 것을 알자 하나님을 믿으니 하나님께 맡기고 기도하겠다며 기도원에 들어가셨고, 결국은 회복되지 못하고 기도하다가 성경책을 베고 주무시는 중에 고통 없이 새벽에 돌아가셨다고 한다.

돌아가신 그 새벽에 엄마는 "내 아들이 집을 굳건히 다 지었다"라는 처음으로 들어 보는 낯선 음성에 '이게 무슨 말일까? 병이 다 고침을 받았다는 뜻인가?' 했는데 통금이 해제되자 기도원 전도사님이 오셔서 아버지의 사망 소식을 전해 주었다고 한다.

나는 후에 아버지가 젊디젊은 아내와 4명의 어린 자녀들이 눈에 밟혀 어찌 눈을 감으셨을까, 내가 20살 때쯤에는 엄마가 우리를 어떻게 키웠을까 싶었다. 아버지가 돌아가셨을 때 28살이던 엄마의 삶이 나에게 투영되며, 세상 물정도 모르고 사회생활도 해 보지 않은, 그 당시 변변한 직업도 없던 엄마에게, 또한 두 분 모두 북한 실향민 출신이라 가까운 친척들도 없었던 우리 엄마에게, 어떻게 먹고 살라고 아버지를 데려가셨을까 하는 생각이 들면서 하나님이 정말 믿을 만한 분인가, 하나님은 정말 사람을 살릴 능력이 있으신 분이신가, 하나님이 정말 세상을, 우리 가족을, 나를 사랑하시는가 하는 물음이 시작되었다. 20대 초반인 나의 결론은 정말 능력이 있으신지, 믿을 만한 분이신지는 알 수가 없었다. 왜냐하면 그때까지 난 하나님에 대한 특

126. 자식을 지켜 낼 수 있는 여장부… 나의 어머니

별한 경험이 없었기 때문이다.

내가 아는 것은 어린 4명의 자녀가 있는 28살의 세상 물정 모르는 아내를 두고 아버지를 데려가신 하나님이었다. 나이 어린 한 여인에게 열악한 환경에서 어린 자식들 4명을 키우라고 남편을 데려가신 잔인한 하나님, 여인의 호소에도 불구하고 응답치 않은 무정하신 하나님이 나에게 남았으며, 하나님은 세상을, 다른 사람들을 사랑하시는지는 모르겠으나 우리 가족의 하나님, 나의 하나님은 아닌 것 같다는 결론을 내리고 2년간 하나님 없이 교회를 떠나 살았다.

하나님을 떠난 나의 삶은 그야말로 멀리멀리 갔더니 처량하고 곤하며, 찬송의 가사 그대로였던 것 같다. 하나님과 교회라는 안경을 쓰고 모든 사물을 봤던 시간들에서 안경을 벗어 버리고 세상을 보니 그야말로 Nothing, 아무것도 아니며 무가치하다는 생각에 더욱 사로잡히며 왜 살아야 하지, 꼭 살아야 하나 하며 나는 다시 살기 위해 하나님이라는 안경을 다시 써야만 한다는 생각이 들었던 것 같다.

그래서 최종적으로 두드린 것이 총신대학의 문이었다. 그곳에서 로마서 공부를 하다가 만난 나의 생명의 주 예수님….

롬 5:8-10 "우리가 아직 죄인이었을 때에 그리스도께서 우리를 위해 죽으심으로 하나님께서 우리를 향한 자신의 사랑을 당당히 제시하시느니라…이는 우리가 원수였을 때에 하나님의 아들의 죽음으로 말미암아 하나님과 화해하게 되었을진대 화해하게 된 자로서 더욱더 그분의 생명으로 말미암아 구원을 받을 것이기 때문이라."

성경공부 시 읽은 이 구절이 갑자기 마음속으로 '훅' 하고 들어왔고 순간 나의 첫마디는 "나 구원 받았다"로, 다른 설명이 필요 없었다. 그때 당시 나는 예수님을 믿는다는 고백을 했음에도 여전히 죄

짓는 자신에 대해 구원의 확신이 없었다. 비로소 아직 죄인이었을 때 라는 단어를 순간 영적으로 이해했던 것이다.

그날 이후 난 새로운 창조물이 되어 있었다. 아침에 눈을 뜨니 세상은 똑같은데 나의 모든 시선이 달라져 있었다. 나무에도, 꽃 한 송이에도, 풀 한 포기에도, 돌멩이 하나하나도, 불어오는 바람에서조차도 하나님의 창조가 느껴지며 모든 만물이 살아서 하나님을 찬양하고 있었고 내 마음 안에 기쁨을 주체할 수 없었다.

고후 5:17 "그러므로 누구든지 그리스도 안에 있으면 그는 새로운 창조물이라. 옛것들은 지나갔으니, 보라, 모든 것이 새롭게 되었도다."

난 그날 이후 새마음이 되었음을 알았고 나의 생각, 태도, 행동이 변하기 시작했으며, 공부도 더 열심히 하였고, 하나님께서는 나의 모든 의심과 원망, 서러움, 열등감 등을 하나하나 만지며 고치셨다. 나는 그분께 순종하는 삶을 살며 하나님을 향한 헌신과 열정을 향해 가고 있었다. 지금도 가장 큰 나의 정체성은 "I'm Christian"(나는 크리스천)이며 주님의 색깔이다.

주님을 만나고 시간이 흐른 후에, 우리 가족이 살았던 시간들을 돌이켜 보니 비록 아버지는 데려가셨지만 주님은 항상 우리와 함께 계셨고, 보호하셨고, 도우셨으며, 지키셨고, 인도하시며 우리 집의 보이지 않는 가장이셨다.

주님 덕분에 어리고 여리셨던 우리 엄마는 씩씩하고 생활력 강한 여장부가 되셨으며, 하나님이 주신 손재주와 눈썰미, 뛰어난 기억력으로 60~80년대 박정희 대통령이 주도한 수출강국에서 산업의 여전사로 가정의 경제와 국가의 경쟁력 있는 인력으로 쓰임 받으셨다.

89세인 지금도 새벽기도를 위해 교회 문을 손수 여시고 불을 켜시고 새벽기도 준비를 하루도 빠짐없이 하시며 자식들을 위해 기도의 자리를 지키신다. 어제 엄마와 통화를 하는데, 요양보호사님이 엄마한테 연세가 있으시니 음식을 달게 드시면 안 좋다고 하길래 '이제는 살 만큼 살았다. 난 주님께 갈 준비가 되어 있고 언제든 좋으니 그냥 맛있게 달달하게 해 달라'고 말했다고 하신다. 매사 긍정적이며 씩씩하신 여장부 기질로 누구에게도 지기 싫어하며 지금도 새벽기도 문을 여는 일을 누군가에게 뺏기기 싫은 귀여우신 우리 엄마…

최 권사님이시다.

난 비로소 깨닫는다.

엄마의 기질을 이미 알고 계셨던 하나님…

뛰어난 손재주로 먹고 살 길을 열어 주신 하나님…

무엇보다 자식들을 지켜 낼 수 있는 여장부…나의 엄마!

4남매 버리지 않고 홀로 키우시느라 그동안 고생 많으셨습니다.

엄마! 사랑합니다.

잠 31:26-28 "(그녀는) 지혜를 가지고 자기 입을 열며 자기 혀 속에 친절의 법을 두고 자기 집안의 길들을 잘 살펴서 게을리 얻은 빵을 먹지 아니하나니 그녀의 자녀들은 일어나서 그녀를 가리켜 복 받은 자라고 하고…"

잘 차려진 밥상을
먹기 직전에 뺏긴 기분

　에피소드를 쓰다 보니 아이들 초등학교 시절 교회 캠프를 보냈던 일이 떠올라서 또 적어 본다. 아들이 2학년, 딸이 5학년쯤으로 기억된다. 교회 주일학교 소속 초·중·고와 함께했던 캠프였으며, 고등부 언니, 오빠들이 리더(방장)가 되고 연령별로 골고루, 남녀로 구별되어 팀이 구성되었고, 숙소는 야영 캠프장이었다. 요즘은 각 가정에 자녀들이 한두 명이다 보니 형제나 자매 경험이 별로 없었으므로 서로 돌봐야 하는 미션이었던 것 같았다.

　캠프 시설이 좋다고 해도 집을 떠나면 불편함, 어려움을 경험한다. 집에 돌아오면 느끼는 아늑함과 편안함, 가정에서 부모와 함께 거하는 기쁨과 감사를 아이들은 새롭게 배우게 된다.

　나는 아들에게 챙겨 줬어야 하는 물건이 있어서 남편의 퇴근 후에 급히 캠프장을 찾았다. 그 시간은 하루를 다 마치고 리더인 고등부 형의 인도로 텐트에서 잠자리 기도를 하는 때였다. 밖에서 들으니 다 같이 손을 잡고 한 사람 한 사람을 위해 기도를 하는 것이 마치 부모가 자녀에게 하는 모습이었고 감동이었다. 며칠을 같이 지내며 형이 없었던 아들에게 형이 있다면 어떨까 하는 경험이었을 테고, 딸도 언니가 있다면 이런 느낌이겠구나 했을 좋은 추억이었을 것이다.

　나는 이 교회를 정말 좋아했다. 특히 중·고등부를 지도했던 사모님은 지금까지 내가 만났던 많은 사모님들 중에 가장 똑똑한 사모님으로 기억된다. 딸이 2학년일 때 남가주에서 북가주로 이사를 가면서 처음으로 다닌 교회였다. 그때 교회에서 초등 아이들을 위해 사모님이 직접 애프터스쿨을 운영하고 있었다. 영리 목적이 아니라 일하는 부모와 아이들의 숙제를 봐주기 어려워했던 부모들을 위해 아주 저렴하게 운영했으며, 중·고등학생들이 학교 끝나고 와서 어울리며 농구도 하고 자신들의 숙제도 했다. 또한 시간 될 때 파트타임으로 어린아이들 숙제와 공부를 봐주며 수고한 중·고등학생들에게 최소의 비용을 지급했다.

도움이 필요한 어린아이들과 중·고등학생들의 적절한 시간 사용과 교회의 연결성을 합리적인 방법으로 사용했으며, 사모님은 아이들과 같이 많은 시간을 보내다 보니 초등 아이들부터 중·고등 아이들까지 거의 모두의 장단점과 특징, 학습 능력 등을 알고 있었다. 때에 맞는 적절한 개입과 지도로 틴에이저들이 쉽게 저지르는 비행도, 불손함도 한 방에 제압(?)했으며 나는 이때부터 부모와 자녀들과의 친밀한 관계가 매우 중요하다는 것을 알게 되었다.

나도 우리 아이들을 말로 한 방에 제압하는 방법을 이때쯤 터득한 것 같다. 나는 그 사모님에게서 중·고등학교 시절에 어떻게 십대 자녀들을 지도해야 하는지를 벤치마킹했다. 교인들이 갈등으로 교회를 떠날 때면 어른들은 떠나게 했어도 중고등부에 있던 자녀들은 교회에 두고 떠나라고 조언했다. 틴에이저 시기에 새로 가는 교회에서 적응 못해 어영부영하다가 교회, 하나님을 떠나게 될까 봐…. 아마도 대학 진학으로 타 주로, 거의 집을 떠나야 하는 아이들에게 믿음, 신앙을 지도해야 하는 마지막 시기로 인식했던 것 같았다.

한마디로 교인 자녀들에게도 사랑과 관심이 많았으며 사역자로서 판단력과 지혜가 있었던 분으로 기억된다. 부모가 교회를 떠났든지 있든지 상관없이 동일하게 관심으로 지도받았던 학생들은 대학 졸업 후 다시 교회로 돌아와 교회의 중추적인 역할을 했을 것이라 생각된다.

반면 그 당시 동일한 지역에 있던 다른 교회 교인으로부터 들은 이야기인데, 자신이 교회와 갈등이 있어서 교회를 떠났는데 자신의 자녀들이 친구들과 헤어지기 싫다며 그냥 교회에 남겠다고 고집을 부려 할 수 없이 아이들을 다니던 교회에 두고 나왔다고 한다. 그랬더니 그 교회 직분자의 말이 돈 되는 것들은(교회를 떠난 부모들-헌금할 수 있는) 다 나가고 돈 안 되는 것들만(교인의 자녀) 교회에 놔두고 나갔다고 하는 말을 들었다고 한다. 영혼을 걱정하며 자신들이 돌봐야 하는 어린 자녀들을 위해 수고를 마다하지 않는 사역자가 있는 반면 그렇지 않은 교회도 있음을 보며, 어디든지 모습은 비슷해도 '차이'가 존재함을 인정할 수밖에 없었다.

아쉽게도 우리는 좋은 사모님이 있었음에도 그 혜택을 누리지는 못했다. 초등학교 졸업 후 교회를 옮길 수 밖에 없었다(11. 딸의 말에 귀를 기울여 주지 않은 일을 후회했다). 이제 막 나의 딸이 중학교(jr. high school)에 들어가서 사모님의 직접적인 지도를 받아야 하는 시기에 아이들의 갈등의 골이 깊어져(아이들을 돌아가며 왕따시켰던 세 명의 아이들을 딸은 너무 무서워했으며, 같은 교인들의 자녀들이었으므로 해결하지 못했다) 우리 가정이 나가겠다고, 우리 딸에게도 교회를 두려움 속에서 다니게 할 수 없으니 우리 가정이 나가겠다고 했고, 아쉽지만 우리는 그렇게 떠났다.

학교에서도 경험하지 않았던 문제를 교회에서 겪은 나로서는 마음이 지옥이었고, 살짝이지만 겪었던 학폭 문제는 어떤 부모에게나 작은 문제가 아니었다. 나는 그때 사모님에게 교회를 떠나면서 아쉬움을 이렇게 털어놓았다.

"잘 차려진 맛있는 밥상을 먹기 직전에 뺏긴 기분이다…."

그로 인해 딸이 중학교 2년 동안 그 지역에 있는 다른 교회를 다녔으며 다시 남가주로 이사 결정을 했던 원인 중에 하나였다. 하이스쿨부터는 남가주에서 좋은 교회를 만나 믿음 생활을 하였고 그 시기에 딸은 주님을 만나 거듭났다.

128.

Self-care(셀프케어)라는 트렌드

2018년도에 시작된 몸과 마음을 자기 스스로 케어하기… 요즘 Self-care(셀프케어)가 트렌드라고 한다. 그러다 코로나19 이후에 우리의 일상이 급격하게 변하면서 감염병 확산 방지를 위해 고강도 방역, 사회적 교류와 외부활동의 단절, 이로 인한 불안감, 무기력, 우울증으로부터 스스로 몸과 마음, 건강뿐 아니라 멘탈까지 챙겨야 하는 셀프케어가 시작되었다고 한다.

그러고 보니 우리 주변에도 셀프케어라는 낯선 용어를 사용하지는 않았지만 많은 사람들이 스스로 셀프케어를 하고 있었던 것 같다. 나도 2023년부터 1주에 한 번씩 바닷가로 나가서 모래밭을 맨발로 1시간씩 걸으며 몸과 마음을 셀프케어하고 있었다. 모래밭을 맨발로 걷고 온 날은 깊은 숙면에 빠지게 되며 그 시간 동안 몸의 오장육부를 회복시키며 몸을 최상의 상태로 돌려놓는 것 같았다. 또 시원한 바닷바람과 음이온을 흠뻑 들이마셔서 그런지 생각과 마음도 개운한 기분이 들어 놓치고 싶지 않은 모래밭 맨발 걷기였다.

나의 바닷가 모래밭 걷기를 들은 지인이 맨발로 걷기에 좋은 곳이 또 있다며 같이 가자고 하여 엘도라도 내이처센터라는 곳을 다녀왔다. 울창한 나무들이 빼곡한 좁은 오솔길들로 깊은 산중에 들어온 느낌이었으며 곳곳에 거북이들이 서식하는 작은 연못들이 있는 낮은 동산 같은 트레일러였다. 1마일, 2마일을 걸을 수 있는 몇몇 코스가 있었으며 맨발로 걷는 사람들도 여럿 있었고 군데군데 쉴 수 있는 의

자들이 비치되어 있어서 나무를 바라보며 사색도, 명상도 몸도 단련할 수 있었다.

두 곳을 다 다녀보니 바닷가는 바람을 타고 몰려오는 비릿한 청량감의 냄새 같다면, 울창한 나무숲은 바람결에 조용히 다가오는 풀과 나무, 자연의 단 내음 같았다. 또 바닷가에서는 맨발로 물을 첨벙거리며 아이로 돌아가고 싶은 시간이라면, 울창한 나무숲은 사람을 더 조용하게 어른으로 있고 싶게 만드는 시간이었다. 바다는 몰려오는 파도를 보며 새로운 인생을 개척하는 꿈을 꾸는 시끄러운 청년들의 장소라면, 산은 움직이지 않고 조용히 언제 보아도 똑같아 보이지만 내면을 단단하게 성숙시키는 어른들의 장소 같았다.

나는 바닷가도, 나무숲도 하나님이 만드신 세상이 너무도 좋다.

자연은 사람에게도, 자연에게도 회복시키는 능력이 있는 것 같다. 산과 바다… 자연을 많이 접하면서 셀프케어를 위해 먼저 회복부터 하는 것이 좋을 듯하다. 먼저 지친 마음을 추스르고, 상처 난 감정은 아물도록 호호 불어 주고, 삐그덕거리며 예전 같지 않은 몸은 살살 움직이며 좀 더 힘을 쓸 수 있을 때까지 기다려 주고… 그다음에는 좀 강해지자. 정신적, 심리적, 육체적 스트레스에서 살아남기 위해 일반적으로 운동, 공부, 독서, 일기 쓰기, 신앙, 명상, 상담, 스킨케어, 마음 챙김 등을 한다고 한다. 마음의 근육과 육체의 근육, 더불어 멘탈의 근육까지 챙기는 시간이 된다.

한국 사람들이 제일 잘한다는 회복탄력성(resilience), 제자리로 돌아오는 힘이 있지 않은가! 시련과 역경, 실패 등이 주는 좌절감과 무기력을 오히려 도약의 발판으로 삼아 더 높이 올라가는 마음의 근력, 다시 몸과 마음을 챙기며 다시 힘껏 뛰어야 할 레이스로 돌아가자….

129.

엄마의 기도 자리

나는 인복이 많은 사람인 것 같다. 나를 위한 많은 사람들의 기도가 있었다. 그중에서 단연코 최고는 양쪽 어머니로부터의 기도이다. 시어머님과 친정엄마, 지금도 이 글을 쓰면서 왜 친정엄마에게는 어머님이 아닌 엄마라는 호칭을 쓸까 싶은데, 아마도 '엄마'라는 호칭은 친정엄마에게만 쓸 수 있는 유일한 것이라는 생각이 든다. 시어머니나 다른 누구에게도 쓸 수 없는 호칭이 바로 엄마이다.

나는 시어머니와 함께 살았던 시간이 있었다. 연세가 90대였으므로 대부분 기도하시는 모습과 낮잠을 많이 주무시는 모습을 보았다. 어느 날 나는 궁금해서 "어머님, 무슨 기도를 그렇게 하세요?"라고 물었다. 어머님은 "내가 이 나이에 무슨 기도를 하겠냐? 나를 위해 구할 것이 뭐가 더 있겠느냐? 자식들을 위한 기도지…"라고 하셨다.

나는 기도제목이 생길 때마다 "어머니, ○○○○ 기도해 주세요…○○○○ 꼭 기도해 주셔야 해요…○○○○ 기도 급해요…○○○○ 꼭 응답 받아야 해요…" 하며 내가 해야 할 기도를 바쁘다는 핑계로 시어머니에게 잔뜩 갖다가 쌓아 드렸다.

시어머니가 돌아가신 후부터는 기도의 짐을 친정엄마에게 옮기기 시작했다. 늘 전화하면 엄마의 안부가 궁금한 게 우선이 아니라 내 기도를 부탁하기에 바빴다.

그런데 요즘은 기도의 짐을 우리 딸이 나에게 갖다 쌓아 놓고 있다는 기분이 든다. 내가 한 그대로 자신은 너무 바쁘다며… 시간 있는 엄마가 많이 기도해야 한다며 대신 응답을 받아 놓으라는 듯이, 딸이 "엄마, ㅇㅇㅇ 기도해 줘…ㅇㅇㅇ 기도해 줘…" 할 때마다 덥석덥석 기도제목을 받고는 두 분 어머님을 떠올린다. '나도 그랬어, 나도 그랬었지!'

이제는 우리 집의 기도를 내가 맡아야 하는 인생의 시간이 된 것 같다. 어느덧 두 분 어머님의 기도의 자리를 딸에게 떠밀려서 준비도 되지 않은 채 내가 그 자리에 서게 된 것이다. 이제는 내가 지켜 내야 하는 엄마의 기도 자리이다.

130.
아들의 요르단 파병

아들이 요르단 파병을 지원했다고 한다. "왜? 굳이 파병까지 가려고 하느냐?" 기간은 9개월이며 아들은 한 번은 꼭 다녀오고 싶다며 걱정하지 말라고 한다. 그동안은 큰 사건이 아니면 관심 밖이었던 중동, 아들이 요르단 파병을 간 이후부터는 중동 쪽 뉴스에 귀를 쫑긋 세우게 되고 무슨 일이 있는지 샅샅이 훑어보게 된다.

요즘은 바이든 정부가 중동과 사이가 좋지 않아서 걱정이다. 또 이스라엘과 팔레스타인 가자 지구의 공방전이 발생하면 어쩌나 긴장하게 된다. 중동의 어느 나라든지 미국과 이스라엘에 대해서는 더 심하든지 덜 심하든지의 차이만 있을 뿐 거의 적대적 관계이다.

아들이 돌아올 때까지 기도의 줄을 놓을 수가 없다. 나는 아들과 함께 요르단에 파병된 군인들을 위해 그들이 머리털끝 하나도 상하지 않고 각자의 가정으로 돌아오게 해 달라고 기도한다.

아들은 요르단에 예수님이 침례 받으셨던 장소와 페트라 등 성경 속 의미 있는 장소를 다녀 볼 생각이라고 한다. 관광 명소로서가 아닌 역사 속에서 실재하셨던 그분의 삶이 느껴지기를, 성령님의 터치하심이 있기를 바랄 뿐이다.

또한 요즘은 아침에 일어나면 시차가 각각 다른 곳에서 살고 있는 가족들로 인해 세계의 시간(world clock)을 체크하는 게 일이 되었다. 딸이 있는 뉴욕은 캘리보다 4시간이 빠르고, 아들이 있는 요르단의 시간은 10시간이 빠르고, 엄마가 계신 한국은 16시간이 빠르다. 시간을 다 체크를 한 후 전화나 메시지 등을 보낸다.

나는 2023년 새해 계획으로 하루에 한 번 엄마에게 성경 말씀 보내기를 세웠지만 거의 지키지 못했다. 그런데 계획에 없던 요르단 파병을 간 아들에게는 KJB 영어성경의 시편 한 편씩과 함께 폴 워셔, 존 맥아더, 존 파이퍼 목사님의 설교 동영상을 찾아서 거의 매일, 더해 웃으라고 귀여운 강아지들의 동영상까지 찾아 보낸다. 역시 사랑은 내리사랑인가!

엄마에게는 어쩌다 한 번, 아들에게는 눈에 불을 켜고 찾아서 거의 매일 보내는 어쩔 수 없는 나 자신을 보게 된다.

"엄마, 아래로 흐르는 내리사랑을 이해해 주시길 바랍니다."

131.
친구가 한국으로 역이민을 가다

7~8년 전에 같은 교회에서 만나 사귀었던 언니 같았던 친구가 있었다. 나보다 한 살이 더 많았지만 그와 친구가 되어야 더 오래갈 수 있을 것 같아 맞먹었던(?) 만큼 마음에 드는 사람이었다. 그는 미국에서 제일 좋다는 직업 중의 하나인 간호사로 일한다. 한국에서는 고등학교 교사 출신으로, 남편이 미국 주재원으로 오면서 처음에는 영어를 배우려고 간호학교를 다니다가 영어와 간호사 자격증을 동시에 획득하여 간호사로 20년을 일한 베테랑이며 좋은 크리스천이다.

그런 그가 한국으로 역이민을 간다는 소식에 마음이 무겁다. 역이민 가는 이유 또한 충격적이다. 향수병을 이기지 못해서, 아니면 노년의 삶을 여유자적하게 한국에서 보내고 싶은 것이 아니었다. 그의 늙으신 부모님을 돌아가실 때까지 돌보며 자식으로서 부모에게 할 수 있는 마지막 의무(사랑)를 하고 싶은 것 같았다. 솔직히 나는 할 수 없을 것 같은 결정을 한 그 부부에게 존경을 보내며 또한 걱정도 앞선다. 다른 형제들도 있어서 독박 간호는 아니겠지만 그들도 나이가 있는데 만만치 않은 치매 부모님 돌보기 미션이다.

그들이 미국 땅을 떠나기 2주일이 남아 있던 지난 주 마지막으로 무엇이 하고 싶은지 물으니 내가 셀프케어로 해 오던 아침에 바닷가 맨발 걷기를 같이 하고 싶다고 한다. 이틀 후 부부 동반으로 만났고, 늘 가서 걷던 바닷가에서 아이들같이 웃으며 썰물 시간대의 작은 파도를 쫓아다니기도, 모래사장을 걷기도 하며 좋은 시간을 보냈다.

아마도 조용한 산속을 걸었다면 서로 심각하게 마지막 고민을 털어 놓았을지도 모르지만 바다는 확실히 우리 같은 60대도 웃게 하고 떠들고 장난치게 만드는 장소였다. 그들도 미국 이민 생활 중 쌓았던 많은 인간관계를 마무리해야 하므로 또다시 우리와 만날 시간이 주어질지 어떨지 모르니 시간 되면 또 보자는 말을 남긴 채 점심을 먹고 헤어졌다.

그들에게 부모에게 마지막까지 의무를 다한 후, 미국도 한국도 아닌 북한에서 만나자고 했다. 북한이 열리면 헌신된 일꾼으로, 그리스도의 군사로 마지막 사명을 좋은 사람들과 함께하고 싶은 나의 바람이다.

132.
딸에게 남친이 생겼다(1)

우리 딸의 나이가 올해로 30세가 되었다. 지금까지 학교에서든 교회에서든 다 같이 어울려 놀았던 남자친구들은 많았지만 누구하고도 남친으로 특별한 관계를 갖지 않았던 모태솔로이다. 비혼주의자는 아니니 결혼을 전제로 누군가를 만나야겠다는 생각은 있었지만 일에 쫓기고 바쁘고, 그렇다고 딱히 누가 눈에 띄지도 않았고, 특별히 좋다고 적극적으로 쫓아다닌 사람도 없다 보니 자의반 타의반으로 모태솔로로 30년을 지냈던 것 같다.

30세가 되고 주변 친구들의 결혼과 출산을 보니 마음이 급해졌는지 소개팅에 나가기 시작했고, 정식으로 소개팅 한 두 번째 사람과 사귀기 시작했다. 이번에 만난 그 둘은 많은 부분 공통점이 있었다. 크리스천 가정에서 자란 자녀들로서 서로 믿음의 배우자를 만나야만 한다는 확신과 한인교포 자녀로 어려서부터 미국 교육 시스템 속에서 성장하며 공유된 사고방식, 가치관 그리고 개인적인 인격과 매너와 취향까지 서로를 파악한 후에 내린 결정이었다고 한다. 그러다 보니 부모 입장에서 반대할 이유도 없고 또한 딸이 선택한 것에 대한 믿음이 있기에 흔쾌히 허락을 해주었다.

우리 딸이 이성에 눈뜨던 7학년쯤… 아마도 친구들이 서로 남친, 여친을 만드는 것을 보고 자기는 보이프렌드를 언제 가질 수 있느냐고 묻길래 18세 이후에 만들라고 했다. 지금의 나이는 동성 친구들과 우정을 쌓으며 뛰어놀 때라고, 동성 친구들과 우정을 쌓는 것도 제한된 시간이 있다고 지금이 적정한 시간이라고 했고 딸은 반론을 제기하지 않았다.

나중에 20대가 되어서 하는 말… 중·고등학교 때 친구들이 남자친구 때문에 고민을 너무 많이 하는 것을 보았고 사고도 많은 것을 간접 경험을 통해 알게 되었다고 하면서, 자신은 학생 때 절대 하고 싶지 않은 고민들이었다고 했다.

그래서 그런지 지금까지도 이성에 대한 관심보다는 자신의 꿈, 교회 봉사 등에 더 많은 시간들을 보내다가 30세 생일 이후 자신이 이젠 30대가 되었다며, 정신을 차린 것 같다. 27세쯤 처음 소개팅을 한 후 아직까지는 결혼보다 일에 더 집중하고 싶다며 두 번 만남 후 곧 정리했던 기억이 난다. 그리고 2년 반 정도 지난 지금 운명 같은, 영화 같은 만남을 꿈꿨겠지만 지극히 상식적인 방법인 친구 소개로 소개팅을 하게 되었다.

첫 만남에서 그들은 서로 어떤 배우자를 만나고자 기도했는지를 물었다고 한다. 우리 딸은 요셉처럼 하나님을 두려워하는 남자를 만나고 싶다고 기도했고, 그는 기도를 많이 하며 손님을 항상 따뜻하게 맞으며 베풀 줄 아는 여자를 원하며 기도했다고 한다. 둘은 어느 정도 서로 부합하는 상대를 찾은 듯하다. 그렇게 5~6차례 만난 후 서로 남친으로, 여친으로 사귀기로 했다고 한다.

"엄마, 연애를 시작하니 시간이 너무 없어요. 박사과정도 빡세고 비싼 뉴욕에서 살려면 일도 해야 하고, 연애도 해야 하고, 공부와 일 그리고 연애 중에서 생략할 수 있는 게 아무것도 없어요"라며 넋두리를 했다. "그럼, 공짜 점심은 어디에도 없어." 우리는 딸을 놀렸다.

아직 결혼까지는 시간이 걸릴 터 담담히 지켜보기만 할 뿐이다. 다음 에피소드를 기대해 본다.

133.

이스라엘과 하마스의
사태를 바라보며

아들이 요르단 파병을 결정했을 때 '혹시나 중동 전쟁이 일어나면 어떻게 하지?'라는 생각을 하며 파병 가는 것을 반대했는데, 혹시나 했던 생각이 역시나 실제 일어나고 나니 걱정이다. 아들이 돌아오기까지 6개월 정도 남은 때, 왜 하필 지금일까!

이스라엘과 요르단은 강 하나를 두고 있는 가까운 나라이다. 이스라엘 성지순례 장소 중 하나로, 예수님께서 침례 요한에게 침례를 받으신 강이 요르단에 있다고 하니 얼마나 가까운지 알 것 같다.

전쟁 뉴스… 그것도 네타냐후 총리가 정식으로 전쟁을 선포하는 뉴스를 보며 나의 마음은 천근만근이 되었고 위가 뒤집어지는 것 같았다. 아들이 돌아올 때까지 아침 금식을 해야 하나? 아들은 요르단은 안전하다며 괜찮으니 걱정하지 말라고 한다.

아들 파병 후부터 매일 시편을 한 편씩 카톡으로 보냈는데 어제와 오늘 말씀이 마침 시편 46-47편이었고 먼저 읽다 보니 오히려 나에게 위로가 되었다. 나에게 잠잠하라, 요동치 말고 하나님을 찬양하라, 만왕의 왕이시며 인류 역사를 통치하시고 하나님의 경륜대로 이끄시는 분이 "I AM GOD"이라고 말씀하고 계셨다.

시 46:1-11 "하나님은 우리의 피난처시요 힘이시니 참으로 고난 중에 즉시 만날 도움이시라…그녀의(예루살렘) 한가운데 계시매 그녀가 흔들리지 아니할 것이요, 하나님께서 그녀를 도우시되 이른 새벽에 도우시리로다. 이교도들이 격노하고 왕국들이 흔들렸으니 그분께서 자신의 음성을 내시매 땅이 녹았도다…가만히 있고 내가 하나님인 줄을 알지어다. 내가 이교도 가운데서 높여지고 땅에서 높여지리로라. 만군의 주께서 우리와 함께 계시니 야곱의 하나님은 우리의 피난처시로다."

시 47:2-9 "지극히 높으신 주께서는 두려우시며 온 땅을 다스리는 위대한 왕이시로다…하나님은 온 땅의 왕이시니 너희는 깨닫고 찬양할지어다. 하나님께서 이교도들을 통치하시며 자신의 거룩함의 왕좌에 앉아 계시는도다…"

나는 말씀을 읽으며 오늘도 시끄러운 세상의 뉴스가 아니라, 조용히 하나님의 말씀을 의지하며 불안했던 마음을 내려놓기로 결정하였다.

모든 왕국과 이교도들을 통치하시는 하나님, 인류 역사의 주인이신 하나님의 계획과 섭리를 바라보며 하나님의 시간 속에서 이스라엘과 중동에 속히 평화가 임하길 기도하며, 나의 아들과 또한 같이 파병 길에 올랐을 미국의 아들들이 무사하게 각 가정으로 돌아오길 기도한다.

시 146:5 "야곱의 하나님을 자기의 도움으로 삼으며 주 자기 하나님께 소망을 두는 자는 행복하도다."

오늘 아침에도 반복된 신발 꿈

신발을 찾지 못해 헤매다 꿈에서 깬 적이 여러 번이다. 1960~1970년 대 신발을 벗어 놓고 맨발로 예배당에 들어갔던 주일학교 시절의 경험이 있어서인지 그날도 아침에 일어나기 어려서 다니던 교회 같았고, 예배를 마치고 꿈에서 깨기 직전까지 흐트러진 많은 신발 가운데 내 신발을 찾지 못해 애를 쓰다가 잠에서 깼다. 어떤 때는 구두점에 들어가서 자주색 구두와 파란색 구두 중 어느 것을 고를까, 둘 중 하나를 끝까지 결정하지 못하고 꿈에서 깼다. 어떤 때는 남의 신발을 신고 내 신발을 찾아 다니다가 꿈에서 깬 적도 있다.

이런 비슷한 꿈을 요즘 부쩍 더 많이 꾸고 있다. 신발을 못 찾고 깬 날은 아침부터 기분이 영 안 좋다.

오늘 아침에도 반복된 신발 꿈이었다. 꿈에서 나는 군인이었다. 군복을 갖춰 입고 집합을 해야 하는 상황, 전투모자를 쓰고 군복 위에 입는 보호 조끼까지 입고 단추를 채우고 팔에 토시 같은 것을 끼고 완전무장을 하고 있었다. 그런데 뛰어 나가려는 순간 양말도, 군화도 신고 있지 않은 것이었다. 아뿔싸 난감해 하다가 꿈에서 깼다.

오늘 아침에는 다른 때보다 더 심각하다. 내 인생에서 신발같이 중요한 뭔가를 잃어버리고 살고 있는 것일까? 찾아서 마무리해야 하는 뭔가를 무신경하게 잊고 살고 있는 것일까? 그렇지 않고서야 신발 꿈을 이렇게 자주 꾸겠는가!

신발… 신발에 대한 생각을 해보게 된다. 옷은 좀 덜 입어도, 가방은 없어도, 모자는 안 써도 나갈 수 있지만 신발 없이는 절대 외출할 수도 없다. 신발은 모든 준비가 끝나고 마지막 단장이면서 필수 아이템일 텐데, 뭘까? 뭘 잃어버리고 살고 있는 것일까! 튀어 나가고 싶은데 나가지 못하는, 신발이 없어 묶인 존재 같은 요즘 나의 모습 같아서 답답할 뿐이다.

나는 군복 입은 군인 꿈을 꾸고서야 '전신갑주'를 떠올려 본다.

엡 6:13-17 "그러므로 너희가 악한 날에 능히 버티어 내고 모든 일을 행한 뒤에 서기 위해 하나님의 전신갑주를 취하라. 그런즉 서서 진리로 너희 허리를 동여매고 의의 흉갑을 입으며 화평의 복음을 예비한 것으로 너희 발에 신을 신고 모든 것 위에 믿음의 방패를 취하며 그것으로 능히 저 사악한 자의 불화살을 끄고 구원의 투구와 성령의 검 곧 하나님의 말씀을 취하라."

"화평의 복음을 예비한 것으로 너희 발에 신을 신고" 화평의 복음을 전할 준비가 되지 못한 것일까? 내가 전도의 발을 좀처럼 움직이지 않아서 주시는 경고일까?

롬 10:15 "보내어지지 아니하였으면 그들이 어찌 선포하리요? 이것은 기록된바, 화평의 복음을 선포하며 좋은 일들의 반가운 소식을 가져오는 자들의 발이 어찌 그리 아름다운가! 함과 같으니라."
단 12:3 "지혜로운 자들은 궁창의 광채같이 빛나고 많은 사람을 의로 돌아서게 하는 자들은 별들과 같이 영원무궁토록 빛나리라."

주님 앞에 서야 하는 시간이 어제보다 가까워진 오늘이다. 주의 말씀을 깊이 생각해 보게 한다.

135.
죽음의 문턱까지

나는 1986년에 대학을 졸업했다. 유치원 2급 정교사 자격증을 들고 처음으로 강남구 신사동에 위치한 C유치원에 다닌 지 2주 정도 되었을 때 같다. 대학 때 어린이 선교 동아리에서 활동하던 나는 졸업 후에도 동아리 모임에 참석하곤 했는데, 어느 날 강원도 양구에서 유치원을 운영하며 교육전도사를 겸임할 사람을 급하게 찾는 선배 목사님이 계시다는 것이다.

두 가지 일을 동시에 해낼 수 있는 합법적인 자격의 소유자, 듣는 순간 내가 적격자겠구나… '나'로구나… 대학 4년 동안 부르던 찬송 "부름 받아 나선 이 몸 어디든지 가오리라 아골 골짝 빈 들에도…이름 없이 빛도 없이"처럼 나만 적격자는 아닐지라도 그동안 하나님께 헌신을 각오하며 마음으로 드렸던 기도와 찬양이 거짓이 아니었음을 고백하고 싶어 그 부름에 응답했다.

그러나 강원도 양구라는 시골, 군인들도 자대 배치받기를 거부하고 싶은 최전방이었다. 한 번도 가족과 떨어져 본 적이 없었고, 시골살이도 해 보지 않았고, 유치원 교사라는 직함으로 일하는 것도 처음이었던 나는 용감한 건지 무모했던 건지 두려움도 없이 결정했다.

이삿짐을 싣고 처음으로 가족들을 떠나 강원도, 그것도 양구라는 곳을 향해 가면서 생각보다 훨씬 멀고, 험하고, 깊은 산골임을 알게 되었다. 휴전선 최전방의 군인 마을이었으며 유치원에 오는 아이들은 대부분 군인 자녀들과 양구가 고향인 토착민의 자녀들이었다. 양구에 부임해 살고 있던 군인 부인들조차도 군인 가족으로 마지못해 억지로 끌려와 살고 있다는 간증(?)들뿐이었다.

도착해서야 비로소 양구를 체험했으며 내가 선택한 것이 어떤 것이었는지를 알게 되었다. 양구는 너무도 추웠고 한여름 3개월을 빼곤 다 겨울 같았다. 군사도시라서 해가 지고 나면 인적이 끊기고 칠흑같이 어두웠으며, 가족과 친구들조차도 쉽게 만날 수 없는 유배지와 같이 외로운 곳이었다. 시외통화 전화조차 맘껏 할 수 없는 곳임을 알게 되었다.

주 7일 새벽기도에, 또 주 6일을 유치원에서 교사로 일하며, 유치원 부모들의 교육 상담과 운영을 해야 했으므로 거의 6시 정도에 일이 끝났다. 주일에는 유초등부 오전·오후 예배 설교, 중고등부 오전·오후 예배로 주일에만 4회의 설교를 주중에도 유초등부, 중고등부 예배가 있어 일주일에 6회의 설교를 해야 했던 풀타임 사역자였다. 주 7일을 거의 쉴새없이 365일 동안 일을 했다. 그러나 몸은 힘들었지만 그곳에서 만난 교인들과 주일학교 교사들, 유치원 학부모들은 너무도 순하고 헌신적이었고 좋은 분들이었다.

교회 내 사택에서 살던 어느 날이었다. 처음으로 연탄가스가 스며들었고 이미 어느 정도 가스를 마셨으므로 정신이 몽롱해졌고 몸을 움직일 수가 없게 되었을 때에야 상태를 알아챘다. 일어나서 창문을 열어야 한다는 의식은 있었지만 손가락 하나도 까딱할 수 없었고, 시간이 몇 시인지도 가늠할 수 없었다. 그때 나에게 죽음이 이렇게 오는구나 생각하며 "주님! 저 오늘 주님께 가요… 나를 받아 주세요…"라는 기도를 드렸다. 그러고는 정신을 잃었다. 내가 새벽예배에 참석하지 않은 것이 이상했는지 교인들이 방문을 두드리고는, 문을 열고 나를 구해 줬다.

나는 그때 예비할 수가 없는 게 죽음이구나를 알았다. 죽음의 문턱까지 갔지만 발버둥조차도 칠 수 없고, 손끝 하나도 움직일 수 없었으며 "살려 줘!"라고 소리조차 낼 수 없이 죽음 앞에서 전적으로 무능한 상태였다. 나는 그 일 이후 6개월 정도의 시간을 그곳에서 보냈으며 스스로의 한계를 느꼈고, 내가 헌신할 수 있는 시간이 여기까지겠구나를 결정했다.

나는 서울로 올라왔고 두 번 다시 그곳을 떠올리고 싶지 않았다. 혹시라도 내가 다시 가야 한다는 부담감이 들까 봐. 그러나 특히 중고등부 아이들이 마음에 오랜 부담으로 남아 있었고 그들이 인생을 잘 풀어가기를 염려하며 기도했다.

작년에 한국에 나갔을 때 여러 명의 친구들이 익숙한 곳을 버리고 결혼해서 어떻게 그렇게 훌쩍 미국으로 떠나서 27년이 지나 이제야 나타났느냐고 한다. 그때 한 친구가 자신은 나를 알 것 같다며, 그러면서 졸업하자마자 강원도 어딘가에 가서 몇 년 만에 나타났다며… 그때도 그랬었다며… 갑자기 떠났다가 도깨비처럼 나타났다고 한다. 그러고 보니 같은 패턴의 삶의 모습이었다. 빡세게 고생하고는 언제 그랬냐는듯 나타나서 모험담을 말하며 "너희들은 잘 지냈니?" 하며 나는 또 묻고 있었다.

그 친구의 말을 들으며 난 나 자신도 몰랐던, 어떤 부분에서는 굉장히 모험적인 부분이 있었구나 생각했다. 듣고 보니 그런 것 같았다. 미지의 세계에 대한 두려움이 별로 없었던 것 같다.

난 미국으로 들어올 때도 다 사람 사는 곳인데, 뭐… 나라고 못 살겠어 하면서 들어왔고 맨땅에 헤딩하면서 여지껏 살고 있다. 가다가 막히면 돌아가고, 안 되면 될 때까지 기다리고, 못 하겠으면 죽겠다고 소리치며 다 때려치웠고, 그러다가 또 기회가 오면 온 힘을 다해 부여잡고 씨름하며… Adventures(모험)의 삶을 오늘도 살고 있다.

5부

그래서 감사,
그래도 감사

136.

선택이라는 재료로
인생이 만들어지듯이

어젯밤 그룹 카톡에서 원치는 않았지만 신앙 문제로 설전이 벌어졌다. 나와 다른 친구와의 설전으로, 다른 두 명의 친구는 끼지 않고 관망했다. 우리 네 명은 같은 대학 친구들로서 1982년에 만나 2023년이니 횟수로 40년 지기였다. 그때는 거의 모두 비슷한 상태였고 거의 같은 강의를 들으며 비슷한 환경에서 성장을 했다. 콩나물 시루에 담긴 콩들처럼 한 번 물이 훑고 지나가면 그대로인 것 같았지만 날이 지나면 고만고만하게 키가 조금씩은 다 커졌던 것처럼….

그 이후 우리는 흩어져서 각자의 삶을 살았고, 단톡방을 만든지는 한 달 정도 되었으므로 서로의 영적 신앙의 상태를 모르고 있었다. 내가 십일조에 관한 기자 출신이었다는 목사님 설교 동영상과 킹제임스성경을 번역한 목사님과 북방 선교를 표방하는 선교사님 이름을 언급하자, 곧바로 이단 삼단을 운운하며 이단에 빠진 나를 성령님께서 구해 주실 것을 간구한다는 댓글이 길게 달렸다. 댓글을 단 그 친구는 재림을 언급하는 사람들은 사이비이고 KJB 성경은 이단 성경이라고 막무가내였으며 어처구니가 없었다.

나는 성경에 초림보다 재림에 관한 구절이 더 많은데 재림이 이단 사상이냐고… KJB 성경은 1611년부터 영국에서부터 기독교의 전성기를 이끌었고 우리나라 선교사들이 들어올 때부터 사용된 성경이라고 했다. 하지만 친구는 나의 말을 들으려 하지 않았고 자기가 인용한 유튜브만 옳다고 주장했다.

그가 선택한 유튜브의 목사는 여러 번의 결혼과 이혼을 반복했고 여성도를 성추행한 혐의로 고소가 되어 있는 상태이며, 또한 많은 목사님들을 공격하는 설교를 하는 사람으로 유명하다. 옳고 그름보다 자기와 다르면 다 공격의 대상으로 삼았다고 생각된다. 누가 봐도 온전치 못한 목사의 삶을 살고 있는 유튜브를 듣고 인용하며 의기양양해 했다. 어떻게 수많은 유튜브 중에서 가장 먼저 걸러 내야 하는 저것을 선택해서 듣고 저것을 마음에 담았을까! 저것이 확신이 되었을까? '그래, 너는 네가 보고 싶은 것만 보고, 네가 듣고 싶은 것만 들으면서 네 인생 잘 책임지고 살아라.' 더 이상 시간 낭비라는 생각이 들어 나는 그룹 톡방에서 나왔다.

아침에 일어나니 어제 일이 생각나며, 서로 신앙의 모습은 다를 수 있지만 그래도 제대로 된 사람의 유튜브 정도는 골라서 시청할 수 있어야 하지 않았을까 하는 생각이 들었다.

우리는 하루에 150번 정도를 선택(결정)하면서 산다고 한다. 그중에서 1/3 정도의 선택이 인생이 바뀔 수도 있는 선택이라고 한다. 그러므로 매 선택 시 하나님의 호의(favour)와 도우심이 필요하다. 우리가 아침 기도 시 특별히 의뢰해야 하는 기도이기도 하다.

하루를 만들어 내야 하는 내 인생의 재료인 '선택', 나는 오늘도 수많은 선택이라는 재료들을 신중하게 꺼내서 나의 시간들을 만들어 낼 것이다. 오늘, 한 주, 한 달, 일 년을 만들어 내면서 오늘에 이른 것처럼 인생의 바른 재료들을 신중히 골라서 오늘도 쓰고 싶다. 내일은 더 신중하게 선택이라는 인생의 재료로 내일을 만들 것을 다짐해 본다.

137.
선택이라는 재료로
인생을 만들다

　전편에 이어 선택이라는 단어가 계속 머릿속을 맴돌고 있다. 선택이 지금까지의 내 인생을 만들었다는 생각이 든다. 그동안 난 무엇을 기준 삼아 선택해 왔을까? 마음가짐과 평상시의 생각, 본능, 신념에 의해 선택을 했을 것이고 다른 말로는 신앙관과 가치관일 것이다.

　51세 때 중풍이 왔을 때 어떤 교인이 '하나님이 원망스럽지 않으냐? 왜 하필 나예요 하는 생각이 들지 않았느냐?'라고 물었다. 순간 나는 놀랐다. 나는 그에게 '중풍을 하나님이 나에게 줬다고 생각하느냐? 내가 육식 좋아했고, 기름진 음식 좋아했고, 튀김이라면 환장해서 먹었고, 운동하기 싫어했고, 가족력도 있음을 알면서도 혈압 체크조차 하지 않았고, 아직 젊다는 이유로 건강을 과신하고 있다가 당한 일'이라고 말했다. 하나님은 나에게 단 한 번도 육식이나 기름진 음식 먹으며 건강을 잃어버리라고 하신 적이 없는데, 내가 먹고 싶어 먹었는데 왜 하나님을 원망하느냐고 물었던 기억이 난다.

　그렇다. 내 몸을 만든 것은 누구의 강요도 아닌 내 선택이었고 내 결정이었으니 책임질 사람도 나 외에는 아무도 없다. 청천벽력과 같은 이 일을 당한 후 나는 해결을 해야만 했다. 해 오던 모든 일을 멈췄고 치료에 정진했으며, 하나님을 원망하지는 않았지만 '이제, 나 어떻게 살아요…?' 하고 땡깡은 많이 부렸던 것 같다.

　갑자기 할 일이 없어진 나는 거울을 쳐다볼 때마다 한숨밖에 나오지 않았지만 내가 할 수 있는 일을 찾기로 했다. 그때 당시 얼굴이 구안와사같이 틀어지다 보니 눈의 위치가 평행하지 않아서 사물이 두 개로 보였다. 운전할 때도, 책을 읽을 때도 한 눈을 가리고 한 눈만을 사용해야 했다. 그러니 할 수 있는 일은 기도 외에는 없었지만 기도 훈련이 되어있지 않은 나는 겨우 1시간도 채우기 어려웠다.

그때부터 듣기 위주로 성경공부를 하며 받아쓰기를 했다. 학생 때 선생님의 말을 놓치지 않고 필기하듯 성경공부를 했다. 성경 구절과 내용을 그대로 노트에 옮기며 10년의 세월을 보냈다.

난 지금도 10년의 시간을 원망하지 않고, 그때 고난의 시간에 성경 공부를 선택한, 주님을 더 알아 가는 시간으로 결정한 것에 감사한다. 이 기간 동안 성경의 맥을 잡았으며 구약, 신약, 교회 시대, 휴거, 대환란, 재림, 새 하늘과 새 땅… 기타 언제 성취됐으며 성취될 말씀인지 알게 되었으며, 영적 보화를 캐냈던 시간이었고 나만의 성경 대학이었다.

주님은 내가 내 몸을 엉망으로 만들기를 원치 않으셨으나 이미 엉망으로 만들어 온 나를 긍휼히 여기셨고, 말씀을 통해 먹이시며 영적, 정신적 또 육신적으로 더욱 굳세게 고치셨으며 개인적으로 해결해야 했던 많은 인생의 문제들을 응답해 주셨다.

주님과 나만의 특별한 시간이었다.

구약의 성도들에게는 물질적인 축복, 땅에서 잘되고 장수하는 땅의 복을 약속하셨지만, 신약의 성도들에게는 하늘의 복을 약속하셨다. 우리가 예수 그리스도를 구원자 하나님으로 믿으면 영생과 내세를 약속 받지만 땅의 축복을 약속하지는 않으셨다.

그러나 신구약 모든 성도가 땅에서 복을 받기 위해서는 마음가짐을 잘 가지고 좋은 것을 선택해야 한다. 생명과 저주 중에서 생명을 택하고, 거룩한 것과 불의한 것 중에 거룩한 것을 택하고, 영적인 것과 육적인 것 중에서 영적인 것을 택하고, 복과 화의 길에서 복의 길을 택하고….

계 22:11 "불의한 자는 그대로 불의하게 두고 더러운 자는 그대로 더럽게 두며 의로운 자는 그대로 의롭게 두고 거룩한 자는 그대로 거룩하게 둘지니라."

주님은 불의한 자를 억지로 두들겨 패서 깨끗한 곳으로 옮겨 주지 않으시며, 깨끗한 자를 더러운 곳으로 밀어넣지도 않으신다. 더러운 자는 스스로 나와서 씻어야 하는 결정과 선택을 해야 한다.

약 1:13 "아무도 자기가 시험을 받을 때에, 내가 하나님께 시험을 받는다, 하지 말라. 하나님께서는 악으로 시험을 받지도 아니하시고 친히 아무도 시험하지 아니하시느니라."

우리에게 선택할 수 있게 자유의지를 주셨다. 주님의 의도대로 바른 것을 선택하라고… 그리고 인생을 아끼라고…. 선택이라는 무한한 재료를 사용하여 자신들의 인생을 아름답게 만들 책임을 우리에게 주신 것이다.

아담에게 에덴동산을 주며 모든 선택의 권한을 주셨던 것처럼, 그러나 잘못 선택한 것에 대해 에덴 동산에서 쫓아내며 엄중한 책임을 물으신 것처럼… 인생을 아름답게 만들 권한 또한 내게 주셨으며 그러기 위해서는 스스로가 마음을 잘 다스리며 바른 선택을 해야 한다.

우려하던 법안들이 통과되다

 '캘리포니아에서는 자녀가 부모의 동의 없이 성전환 수술을 받을 수 있는 법안이 주지사의 서명으로 법이 되었습니다. 이제 자녀가 성전환 수술을 해도 부모가 할 수 있는 게 없습니다. 그 악법을 뒤집기 위하여 크리스천들이 힘을 합하여 싸우고 있습니다. 게이에 대하여도, 성전환도 의무적으로 학교에서 우리 자녀가 배워야 하는 상황입니다. 소돔과 고모라 때처럼 이젠 크리스천들이 땅을 치고 하나님께 울어야 하는 상황입니다. 목회자들이 성도들에게 What's going on(무슨 일인지)을 가르치고 피 터지게 함께 싸워야 하는 때가 되었습니다.
 절대 수동적으로 남아 있어서는 안 될 것 같습니다.
 우리 자녀들 상당수가 게이가 되고 성전환을 하는 시기가 곧 옵니다. 이 악한 상황에서 마지막 때에 사는 우리 어린 자녀들에게 열심히 복음을 전하도록 합시다…'
 이렇게 장문의 카톡이 올라왔다.
 AB 665, 학부모와 자녀를 갈라놓는 법까지 이미 통과되었다고 한다. 자녀가 성전환 수술을 하려고 하는데 부모가 반대할 경우 부모로부터 자녀를 격리시킨다는 법이 통과되었고 이제서야 부랴부랴 학부모의 권리 보호를 위한 공청회에 참석하란다. "소 잃고 외양간 고친다"라는 속담이 떠오른다. 이 지경이 되도록 우리는 그동안 무엇을 했을까?
 정치에도 관심이 없었고, 같은 한국인이 후보로 나오면 정당과 정책에 상관없이 표를 주어야 한다며 방송에서 떠드는 대로 끌려다녔다. 이민자들에게 유용한 정책이라면 앞뒤를 가리지 않았고 투표 하나도 제대로 할 줄 몰랐다. 눈 감고 방향도 모르고 끌려다니다 이제야 정신이 든 느낌이다.

교회도 마찬가지다. 무신론을 주장하는 공산주의 사상조차도 거부하지 않고 하나님의 창조도 뒤집어엎겠다는 성전환과 동성결혼에 대해서 반대 의견조차 내지 않고, 마치 동성애에 대해 포용하지 못하면 개념없는 자들인 것처럼 매도 당할까 두려워할 뿐이다.

아직도 내 자녀와 내 손주들에게 이런 일이 일어나지 않는 한 관심이 없고 숨소리조차도 내지 않는다. 개구리 삶는 방법을 우리는 알고 있다. 처음에는 미지근한 물로 시작하여 서서히 온도를 올리면 자신이 삶아지고 있는 것도 모른 채 삶아지듯이… 껍질이 벗겨질 정도가 되어서야 비로소 '앗, 뜨거' 하고 반응을 보이는 것처럼, 이제는 불신자들이 주도하는 이슈들이 거대한 흐름이 되어 막무가내로 밀어붙여도, 커다란 군중에 떠밀려 빠져나오고 싶어도, 방향도 방법도 알 수 없는 상태에 이른 것이다.

이젠 이미 너무 늦어 상황을 바꿀 수도 없다. 여기서 벗어날 수 있는 방법은 내 자녀라도 제대로 간수하기 위해 무릎을 꿇는 것밖에는 없어 보인다.

시 119:126 "주의 법을 쓸모없게 만들었사오니, 주여, 지금은 주께서 일하실 때니이니다."

139.
내 동네 친구는
판매의 여왕이었다

어제 친구와의 대화 중에 오래된 나의 동네 친구 이야기를 하게 되었다. 미국에 온 첫해에 제일 먼저 사귄 사람이다. 그 당시 그 친구는 백과사전인 월드북을 팔고 있었다. 지금처럼 인터넷, 퍼스널 컴퓨터가 없던 시대였으므로 미국은 초등학교 때부터 리서치에 관한 숙제가 많아 아이들이 있는 집에서 월드북은 필수였다.

그때 우리 조카들이 미국에서 학교를 다니게 되면서 당장 월드북이 필요해서 컨택했던 사람이었다. 그 사람은 별 말도 없이 조용히 책을 팔고 갔다. 나는 그가 미국 생활이 15년 정도 됐다는 말에 궁금한 것이나 무엇이 필요할 때에는 1차적으로 그에게 물으며 미국 생활을 조심스럽게 시작했던 것 같다. 그러면서 오래도록 지금까지 친분을 쌓고 있다. 그는 월드북뿐만이 아니라 타파웨어, 로랜드, 휘슬러 등을 비롯해 젊은 엄마들이 살림을 늘리고 싶을 때 필요한 물품에 대한 정보와 판매망을 가지고 있었다.

그런데 이상했다. 그 친구는 경상도 여자로 무뚝뚝하기 짝이 없었고 어수룩해 보였으며 거의 말도 하지 않았는데 물건을 사는 사람들의 말을 주로 들어주다가 물건을 파는 기가 막힌 판매를 하고 있었다.

나는 어느 날 무슨 재주냐, 어떻게 앉은 자리에서 순식간에 말도 몇 마디 안 하고 몇 천 불씩 매상을 올리느냐고 물으니. 자신은 세일 할 때는 세일 정보만을 말하고 프로모션 기간에는 어떤 유익이 있는

지 말하면 되지, 뭐 더 할 말이 있느냐고 한다. 그 사람들의 말을 많이 들어 주고 그 사람이 원하는 것을 파악하고 다 듣고는 물건을 권해 주면 된단다.

나는 오히려 그가 여우같이 말을 너무 잘했다면 손님들이 그의 말을 들으면서 긴장했을 것 같았다. 속을까 봐 정신을 차리고 틀린 말이 없나 찾으려고. 그러나 그는 손님들에게 그런 긴장감을 주지 않았고 편안하게 하는 재주가 있었고, 손님들을 무장해제 상태로 만들고는 생활 속에서 꼭 필요한 살림으로 인식을 시켰던 것 같았다.

판매는 말을 잘한다고 팔리는 게 아니구나! 또 현대는 누군가 남의 말을 듣기보다는 자신의 말을 하고 싶어한다는 특징도 알아챘던 것 같았다. 나는 그 친구에게 곰여우라는 별명을 붙여 주었다.

생긴 것은 곰인데 어째 하는 짓은 여우라고….

140.
이 나이에 네트워크 마케팅에 발을 들이다

작년에 한국을 나갔다가 온 지 거의 1년 만에 또 한국을 다녀왔다. 27년간 못 다녔던 한이라도 풀듯이. 대학 동창이 한국과 미국을 왔다갔다하며 캘리포니아에 살고 있는 친구 편에 좋은 줄기세포 비타민이라며 나에게 1병을 보냈다. 나는 그 비타민의 가격을 듣고는 먹을 수가 없었다. 내 생각에 너무 비쌌기 때문이었다. 비싼 이유를 물으니 원료가 청정지역 뉴질랜드 사슴의 태반이라서 원료 자체가 비싸다고 한다. 먹을까, 말까? 어떻게 할까?

친구는 중풍으로 후유증이 남아 있던 나의 모습을 보고, 주고 싶다는 생각이 너무 강하게 들어서 보냈다며 선물이니 걱정 말고 먹으라고 한다. 보낸 친구의 성의도 있고 해서 그냥 먹고 나도 그에 상응하는 선물을 보내야겠다고 생각하고는 그 날 저녁에 줄기세포 비타민 1알을 먹고 잤다.

그런데 어찌된 일일까? 늘 눈과 얼굴 근육이 고무줄 당기듯이 당기는 느낌이었는데 근육이 풀어진 느낌이 들었고 입이 약간 더 크게 벌어지는 것이었다. 나는 그날 아침부터 2알씩 먹게 되었고, 그 소식을 친구에게 알리며 패키지로 사겠다고 하자 한국으로 나오라고 한다. 나는 얼떨결에 엄마도 볼 겸, 친구들도 만날 겸 겸사겸사 한국으로 갔다. 덕분에 친구들과 일본과 속초 여행을 다니며 거의 3주를 보내고 미국으로 들어왔다.

바쁘지 않은 지금의 시간이 인생에서 황금기는 아닐지라도 그에 상응하는 시간이 아닐까 하는 생각이 든다. 친구들과 오랜만에 몰려다니다 보니 마치 20대로 돌아간 듯한 착각이 들었다. 난 지금이 나의 골든에이지(황금기)라고 말하고 싶다. 남편의 동의만 얻으면 자유롭게 쓸 수 있는 시간과 약간의 물질, 이렇게 친구들과 나이 들어 여행도 하고 놀면서 물질적인 혜택도 있을 것 같아 네트워크 마케팅에 발을 들이고 들어왔다.

어떤 면에서는 지금이 무엇을 하든 가장 좋은 때인 것 같은 생각이 든다. 시간도 있고 세상 경험도 적당히 쌓이고, 약발도 잘 듣는(?)…우리 몸들이 삐걱거리는, 약간은 고장 나려고 하는 타임이라서 이 일을 하기에 더 좋은 것 같다.

다시 미국에 들어오니, 그동안 가끔씩 남편의 아침 식사 대용으로 먹던 마켓 내에 있던 유명 H 생식 매장이 다 없어졌다. 회사 차원에서 매장을 철수하고 네트워크 마케팅으로 판매 방법을 바꿨다고 한다. 무점포, 네트워크로 판매를 바꾼 H 생식을 먹기 위해 미국에서 나는 또 네트워크 마케팅에 가입을 해야 했다.

시대가 시대인가 보다. 무점포와 인터넷, 인맥을 활용한 네트워크 마케팅의 전성시대, 그리고 코로나19로 인한 트렌드 변화로 인해 자의 반 타의반으로 네트워크 마케팅에 또 발을 들여놓았다.

141.

올해는 무계획으로

2024년을 며칠 앞두고 내년에는 어떤 계획을 가져야 하나, 아무런 생각이 없다. 잡고 있던 끈을 놓친 기분이다. 작년에 세웠던 11개의 계획 중 3~4가지 정도밖에는 꾸준히 한 것이 없다 보니 30%의 성취로 낙제 점수이다. 2024 계획을 세우고 싶지 않아서 올해는 무계획으로 살기로 하며 나 자신을 혼내고 있다. 나에 대한 실망이랄까…!

그리고 말씀 한 구절을 붙여 놓았다.

빌 4:8 "끝으로 형제들아, 무엇이든지 진실한 것과 무엇이든지 정직한 것과 무엇이든지 의로운 것과 무엇이든지 순수한 것과 무엇이든지 사랑스러운 것과 무엇이든지 좋은 평판이 있는 것과 덕이 되는 것과 칭찬이 되는 것이 있거든 이런 것들을 곰곰이 생각하라."

TO DO보다는 TO BE에 더 힘쓰는 2024년이 되면 좋겠다. 가볍지 않은 중후한 60대로 살고 싶다는 목표를 마음속에 세워 본다.

142.
중동 지역에 점점 심해지는 혼란을 보며

아들이 요르단으로 떠난 지 6개월, 이스라엘과 하마스 전쟁을 시작으로 이번에는 레바논의 헤즈볼라와 예멘의 후티 반군까지 소란하다. 이러다가 이란까지 합류하는 날에는 정말 중동의 5차 전쟁으로 확전되겠다는 불안감에 잠을 이룰 수가 없다. 그동안 숨벙숨벙 순둥이로 잘 커 준 우리 아들이 지난날 저축으로 쌓아 둔 걱정을 한꺼번에 꺼내 놓은 기분이다. 총량의 법칙이 있다더니….

나는 매일 카톡으로 시편 말씀을 보내며 아들의 안부를 묻고 있고, 아들은 엄마가 걱정할까 봐 짧게라도 매일 회답을 보내고 있다. 다 괜찮다, 잘 지낸다, 안전하다, 걱정하지 않아도 된다 등 나는 아들로부터 오는 짧은 회신을 확인하며 또 하루를 안전하게 보호하신 하나님께 감사하며 안도의 한숨을 쉰다.

며칠 전 딸과의 통화에서, 자신을 중국에 교환학생으로 보냈을 때와 지금 아들을 요르단에 파병했을 때 중 언제가 더 걱정됐느냐고 묻는다. 중국에 너를 보냈을 때가 더 걱정이 많았다는 대답에 딸이 깜짝 놀란다. 아들은 미국 군대 소속으로 많은 군인들이 집단으로 갔으므로 문제가 생겨도 함께 해결할 수 있지만 딸은 말도 통하지 않는 곳을 그것도 19살의 여자아이를 혼자 보냈으니, 말해 무엇하겠는가? 그랬다. 그때보다는 심리적으로 훨씬 가볍다.

이제는 장성한 자식들의 계획에 된다 안 된다 하는 의견은 표시할 수 있지만 결정은 그들의 몫이 되었고, 우리는 지켜봐 주고 기도할 뿐이다. 앞으로 3개월 후, 하루도 늦지 않고, 머리털끝 하나도 상하지 않고 나의 아들과 미국의 파병 간 아들들이 귀대하여 집으로 돌아오기를 기도하며, 이스라엘과 중동 문제가 하나님의 섭리하에 속히 종결되기를 또 기도할 뿐이다.

시 57:1 "참으로 이 재난들이 지나갈 때까지 내가 주의 날개 그늘에 내 피난처를 두리이다."

나는 오늘도 선포한다. "참으로 이 재난들이 지나갈 때까지 나의 아들 ○○○을 주의 날개 그늘에 품어 주시고, 주님이 아들 ○○○의 피난처가 되어 주소서."

143.
미국 가면
이름부터 바꿔야지

30년 전 미국에 들어올 때부터 나에게는 작은 소망이 있었다. 미국 가면 바로 이름부터 바꿔야지 하는 야무진 꿈이었다.

한국에서 불리던 이름은 영희였다. 이름 자체가 이상하거나 웃기거나 하지는 않았지만 국민학교 1학년 책에 처음으로 등장하는 "영희야 놀자, 철수야 놀자, 바둑이도 이리 와…" 그러다 보니 나의 이름은 너무도 유명하다.

그런데 미국에 와 보니 주변에도 이름 콤플렉스가 있는 사람들이 의외로 많았고 나름 이유들은 다양했다. 시대에 뒤떨어진 이름, 부모가 아들이 아닌 것이 서러워서 여자에게 붙여진 남자 이름, 아니면 특이한 이름들, 사연도 가지가지…. 그리고 특징은 한국 이름이 예쁘거나 괜찮으면 거의가 한국 이름을 그대로 사용하지만 나처럼 사연이 있는 사람들은 영어 이름으로 적극적으로 개명을 한다는 것이다.

나도 오자마자 Jenny(제니)로 바꿨다. 그러니 성도 남편 성, 이름도 미국 이름, 30년간 불리던 지긋지긋했던 이름 영희는 끝날 줄로 알았다. 그런데 아니었다. 입국 시 바로 공항에서 영주권을 받던 시절인 90년대 초반, 나는 나의 이름에 남편 성으로 바꾸고는 미국 이름은 생각도 못한 채 한국 이름을 영문으로 사인했으므로 legal name(법적인 이름)은 바뀌지 않았고 떼 버리고 싶었던 영희라는 이름은 성만 남편 성으로 바뀐 채 또다시 나를 쫓아다녔다.

그러다가 시민권을 받으면서 정식으로 legal name을 Jinny(지니)로 바꿨다. 나의 첫 영어 이름인 Jenny에서 변형한 Jinny로 바꾼 사연도 있다.

꼭 legal name을 사용하지 않아도 되는 사람들에게는 나의 이름을 Jenny로 소개하면 대부분 "그럼 한국 이름은 뭐예요?" 하며 또 한국 이름을 궁금해 하며 묻는 것이었다. Jenny는 누가 들어도 미국 이름, 할 수 없이 "영희예요"라고 해야 했다.

그러다가 미국 생활을 오래 하면서 보통 자신의 한국 이름과 비슷한 영어 이름들로 이름을 만드는 특징이 있음을 알게 되었다. 그래서 Jinny로 바꾸니 더 이상 나에게 한국 이름을 묻지 않았다. 그들은 나의 한국 이름을 '진희'라고 생각하는 것 같았고 또 "한국 이름은 진희 씨죠!" 하는 사람들까지 생겼다. "아니에요, 그냥 영어 이름이 지니(Jinny)예요" 대답하면서도 영희를 지웠다며 속으로 '이름 바꾸기 성공…!'을 외쳤다.

그렇게 영희는 금기어처럼 내 주변에서 거의 사라져 갔다. 그런데 웬걸… 2년 전 27년 만에 한국에 나가서 친구들을 만나자마자 나는 다시 영희로 돌아왔다. "영희야, 영희야… 철수야… 바둑아…." 요즘은 친구들과 한국 통화가 많아지다 보니 어느새 내 이름은 영희 반, Jinny 반이 되어 버렸다. 이름 세탁하기 참 쉽지 않구나!

그렇게 나의 옛 이름에서 벗어나기가 쉽지 않듯이 기회만 되면 스멀스멀 기어나오는 옛사람의 정체도 마찬가지다. 그러나 주님을 만나고 바뀐 새 정체성인 그리스도 안에서의 새 사람과 미국에서 내가 스스로 만든 새로운 이름의 Jinny로 확실히 자리매김하면서 살 것을 또다시 다짐해 본다.

골 3:10 "새 사람을 입었나니 이 새 사람은 그를 창조하신 분의 형상을 따라 지식에서 새로워진 자니라."

네가 더
어리석은 놈이니라

오늘 아침 일어나자마자 좋아하는 목사님의 설교가 유튜브에 올라왔기에 들으며 교회 갈 준비를 하고 있었다.

어떤 분이 목사님께 카톡을 보내 왔단다. 그 카톡의 내용은 아주 재미있으면서도 교훈을 주며 특별히 나에게 의미가 있는 내용이었다. 4×7=27이라고 우기는 고집 센 사람과 4×7=28이라고 우기는 똑똑한 사람이, 서로 자기 답이 옳다고 싸우다가 결론이 나지 않자 고을 원님을 찾아갔다고 한다. 원님은 두 사람의 이야기를 듣고는 27이라고 답한 놈은 풀어 주고 28이라고 답한 놈에게는 곤장 10대를 치라고 했다고 한다. '27이라고 답한 아둔한 놈과 싸운 네가 더 어리석은 놈이다. 너에게 매를 쳐서 깨우치려고 한다'라며 원님이 판결을 했다고 한다.

또 다른 에피소드는 개랑 싸워서 이기면 개보다 더한 놈이 되고, 개랑 싸워서 지면 개보다 못한 놈이 되고, 개랑 싸워서 비기면 개 같은 놈이 된다는 것이었다.

이야기를 들으며 웃음이 났지만, 며칠 전에 어떤 사람과의 사건을 생각하면서 '내가 개와 싸웠구나, 나는 개보다도 못한 일을 했구나' 하며 스스로를 반성했다. 원님의 시각으로 판단한다면 개인지 사람인지를 구별하지 못한 나의 어리석음… 곤장 10대를 맞고서 깨우쳐야 할 일을 한 것이었다. 며칠 전에 이 일이 나에게 없었다면 이것은 재미있는 조크였을 텐데 나의 어리석음을 아파하며 다시금 교훈으로 삼고 마음에 담았다.

누군가 좋지 않은 의도로 공격을 하더라도 되받아치지 말고 인내하며 오래 참고 견디라는 목사님의 위로의 말씀을 들으며, 개인의 성화에 대한 숙제를 또다시 책상 위에 꺼내 본다.

약 5:10-11 "내 형제들아, 주의 이름으로 말한 대언자들을 고난과 인내의 본으로 삼으라. 보라, 참는 자들을 우리가 행복하다 하나니 너희가 욥의 인내를 들었고 주께서 주신 결말을 보았거니와 주께서는 지극히 동정심이 많으시며 친절한 긍휼을 베푸는 분이시니라."

145.
내 친구의
행복 계산법

어제 오랜만에 동네 친구인 30년 지기와 집에서 점심을 했다. 자동차로 3분, 아주 가까운 거리에 살면서도 4개월 만에 얼굴을 봤다. 나는 작년 11월 한국을 갔다온 후, 감기 두 차례를 겪으며 이래저래 만날 시간이 없었고, 그 친구는 그 친구대로 남편의 안과 수술로 인해 병원 다니랴, 결혼한 딸들 집에 다니랴 바빴다고 한다. 우리는 이런저런 소소한 이야기들을 하며 동네 아줌마들이 하는 흔하디흔한 수다를 떨었다. 동네 아줌마들은 흔한 일상의 사건 이야기와 함께 자식 이야기, 남편 이야기까지 나와야 거의 끝이 난다.

어제도 그랬다. 친구의 남편이 안과 수술을 하고 3주간 집에서 쉬었고 자신이 수발들고 간호했더니 남편이 고맙다며 수고했다고 1,000불을 주며 맛있는 거 사먹으라고 했다고 자랑을 했다. 맛있는 거 사 먹으러 갈 때 나도 끼워 달라며 흥을 보탰다.

그런데 한 가지 의문이 생겨서 "어떻게 그 큰돈을 현금으로 모았다니?" 하고 물었다. 왜냐하면 남편들의 수입은 거의 자동이체되어 여자들 손에 들어오고 남편들은 카드 한 장 가지고 다니는 게 일상이기 때문이다. 우리는 서로의 집안 사정에 밝았으므로 농담 반, 궁금 반으로 물었다.

그 친구 왈… 자기가 요즘은 남편에게 카드 대신 매달 용돈을 현금으로 900불을 준다며 그 돈이지 하는 것이다. 듣는 순간 웃음이 났고 친구를 놀리고 싶어서 "그럼 니 돈 900불에 남편 돈 100불이었네… 남편한테 1,000불을 받은 게 아니라 겨우 100불 받은 거네…"라고 하자 아니란다. 자기가 준 돈이라도 그 주머니에서 안 나오면 끝인데 나왔으니 자기가 1,000불을 받은 거란다. "너의 계산법은 행복 계산법이네…" 하며 웃었다. 나오는 대로 아무 말이나 쏟아 놓아도 스스럼 없고 오해도 하지 않는 친구들이 있어 너무 좋다. 난 그 친구에게 행복한 계산법으로 계속 행복하게 살아라 하며 축복한다.

전 3:12-13 "사람이 자기가 사는 동안에 기뻐하는 것과 선을 행하는 것 외에 그들 안에 더 선한 것이 없는 줄을 내가 알며 또 모든 사람이 먹고 마시며 자기의 모든 수고로 인한 좋은 것을 누리는 것이 하나님의 선물인 줄도 아노라."

146.

기도해야 할 시간임을 알리는
사이렌 소리

아침 금식을 시작했다. 어제 들려온 요르단 미군 기지 공격 소식에 난 멘붕에 빠졌다. 그 소식을 먼저 들은 딸이 동생과 바로 카톡으로 확인하니 같은 기지는 아니지만 아들도 상당히 충격에 빠진 듯했다.

하나님이 나에게 기도해야 할 시간임을 알리는 사이렌 소리 같았다. 아들이 미국으로 다시 돌아오는 그날, 나는 아침 금식을 마칠 것이다. 하나님이 우리 아들을 온전히 지켜 주시며 안온케 하실 것을 믿지만 금식을 하는 이유는 자식에 대한 부모 마음인 것 같다. 위험한 지역에 아들을 보내 놓은 부모가 같이 조심하고 싶은 마음이다. 금식하며 주님께 아들의 안위를 부탁드리며 더불어 평상시보다는 좀 더 신중하고 자제하는 생활을 해야겠다는 생각이다.

또 한 가지는 그동안 기도해야 할 제목이 많이 있어서 기도의 문을 열고 영적으로 성소에서 지성소까지 들어가 주님의 은혜의 보좌 앞에서 주님께 기도를 아뢰고 싶은데 입구에서만 왔다갔다 하며 초입에서 문 열고 기웃거리다가 그냥 문을 닫고 나오는 기분이었다. 이번 아침 금식 기도는 기도로 돌파하고 싶은 나의 열망이기도 하다.

왜 이렇게 기도가 어렵고 기도의 줄을 잡지 못할까? 신앙생활만 거의 60년… 사실, 중언부언하는 이방인이 먹을 것 입을 것 구하는 기도를 빼면 구해야 할 기도가 별로 없고 간절함이 부족해진다. 그러나 지금 아들로 인한 마음의 간절함이 있을 때 주님께 더 가까이 나가고 싶은 나의 열망을 모티브 삼아 깊은 기도로 주님께 나아가 나의 사정과 모든 상황을 아시는 분께 모든 것을 맡기고 주님 한 분으로 기뻐하고 은혜를 구하며 주님과의 친밀한 시간이 되고 싶다. 감사와 찬양으로 그동안 베풀어 주신 은혜를 감사하며… 하나님의 평강이 나를 다스리는 시간이 되시기를 기도한다.

빌 4:6-7 "아무것도 염려하지 말고 오직 모든 일에서 기도와 간구로 너희가 요청할 것을 감사와 더불어 하나님께 알리라. 그리하면 모든 이해를 뛰어넘는 하나님의 평강이 그리스도 예수님을 통해 너희 마음과 생각을 지키시리라."

147.

딸에게 남친이 생겼다(2)

우리 딸이 남친을 만난 지 6개월, 그동안 서로 알아 가는 시간이 지나자 불협화음이 조금씩 들려오기 시작했다.

딸아이의 남친은 9시부터 5시까지 일하는 직장인으로 시간적인 여유가 있고, 그에 반해 우리 딸은 단 1시간도 쪼개 가며 써야 하는 바쁜 박사과정 학생이며 뉴욕 맨해튼의 비싼 생활비도 감당해야 하는, 할 일이 산더미 같은…늘 시간에 쫓기는 상태이다. 처음부터 교제할 시간을 만들 수 있을까를 걱정하며 시작한 교제였다. 또 한 가지는 서로 상반되는 기질의 차이다. 외향적이며 스포츠와 음악 등을 좋아하는 남친과는 달리 우리 딸은 운동신경이 별로 없는 전형적인 사색형 인간이다.

처음에는 신앙과 대화가 통할 수 있는 사람이면 될 것 같아 시작한 교제였지만 활동형 기질과 사색형 기질의 차이도 만만치 않아 보인다. 처음 3개월 정도 때에는 서로 다름에 대해 운을 띄우더니 7개월이 지난 지금은 점점 구체적이 되어 간다. 이런 문제를 극복해야 하는지 의문이 든다고 한다. 그러고 보니 신앙, 성격, 가치관, 기질, 취미, 식성, 남녀 특성의 차이… 맞출 것이 어디 한두 가지인가? 그렇게 따져서 결혼을 한다면 결혼할 수 있는 사람이 몇이나 될까!

잠시 나의 결혼 생활을 돌아보니 우리도 그랬다. 90년 당시 커피를 좋아하는 것과 신문 읽기 외에는 공통점이 전혀 없는 우리였지만 삐끄덕거리며 오늘까지 그럭저럭 잘 살고 있다. 빨간색과 더 빨간색의 결합보다는 빨간색과 파란색의 결합으로 더 다양해지는 것이 아닐까?

어쩌면 나의 빨간색과 남편의 파란색과 자녀들의 노란색들이 합쳐서 주황도, 초록도, 보라의 무지개도 만들며 삶이 더 재미있고 아름다운 인생들로 만들어지는 것이 아닐까?

다름이 충돌하는 지점도 되겠지만 경우에 따라서는 감탄과 감흥을 만드는 행복의 요소도 될 수 있다고, 나는 딸에게 극복해야 하는 문제라고 말해 주고 싶어졌다.

148.
드레스만 20벌?

지금은 새벽 3시 반이다. 화장실 갔다와서 잠이 안 들어 이 생각, 저 생각 하다가 어차피 잠을 못 잘 바에는 생각난 글이라도 쓰자 하고 일어났다. 잠자리에서 갑자기 웃긴 지난날이 떠올랐기 때문이다.

세 살 정도 어린, 같은 구역 멤버이지만 친구처럼 잘 어울렸던 사람의 이야기인데, 자기는 미국 들어올 때 드레스만 20벌을 맞춰 왔다는 말을 들은 순간 누구랄 것도 없이 모두 빵 터졌다.

그 말 한마디가 얼마나 많은 것을 함축하는 의미인 줄 미국 사는 우리는 말을 안 해도 잘 알기 때문이었다. 그야말로 미국 영화만 보고 미국을 가면 드레스 입고 파티나 다니는 줄 알고 왔다는 현실감 제로의 의미였다. 대부분 유학으로 또는 이민, 결혼 등을 통해 80년대부터 90년대에 들어왔고 지금처럼 미국이나 외국에 대한 지식이나 정보없이 미국 영화만 보고 정보를 습득하고 들어온 세대들이었다.

1988 올림픽을 계기로 해외여행 자유화가 되었으니 간간이 주변에 유학 다녀온 사람들이 있었을 뿐 대부분의 사람들에게 거의 살아 있는 생생한 정보는 없었다고 볼 수 있다. 그렇게 정보 없이 들어온 우리였으니 드레스를 20벌씩 싸들고 들어왔으나 단 한 번도 입어 보지 못했다는 웃픈 이야기…

현실감 제로의 상태로 들어온 미국이었고 타국에서의 삶이 얼마나 고단했는지를 생각해 본다. 나무도 옮겨 심으면 새로운 땅에 적응하는 데만도 4배의 힘이 더 든다는데… 생각하는 호모 사피엔스인 우리들은 어땠을까? 한국에서라면 겪지 않아도 되는 언어, 문화, 인종, 교육, 생활, 그동안 전혀 다른 환경에서 살아왔던 우리는 뿌리내리기가 누구랄 것도 없이 모두에게 쉽지 않았다고 본다.

어떤 친구는 남편 유학 뒷바라지하고 자녀 키우다가 귀국한 자신을 본 친정아버지가 자신의 빨라진 걸음걸이만 보고도 미국 생활이 어땠는지를 알아보시더란다. 나도 언젠가 엄마가 했던 말이 기억난다. 결혼 전에 엄마는 착하고 순한 여주인공이 나오는 드라마를 보면 꼭 우리 막내딸 같다고 하셨는데 미국 생활을 15년 정도 했을 시기에 나를 보더니 많이 달라졌다며 한국산 순둥이가 미국 와서 사나워졌다고도 하셨다. 그도 그럴 것이 새로운 문화와 생활 양식, 콘크리트처럼 단단한 언어장벽, 그런 와중에 아이들과 가정을 챙겨야 했고 먹고 살아야 하는 밥그릇까지 챙겨야 했으니 당연히 그럴 수밖에 없었을 것이다. 우리는 그렇게 타국 생활들을 시작했다.

그러나 우리에게도 타국살이의 어려움만 있었던 것은 아니다. 장벽을 돌파하고 꿈을 성취하며 눈물로 아메리칸 드림을 이룬 많은 분들과 그런 와중에서도 고상함을 잃지 않고, 따뜻한 한국인의 면모를 가진 우리의 자화상들을 주변에서 수없이 만나니 대부분은 잘 살고 있다.

엄마의 눈물 나는
신앙 간증

　어제 엄마의 지난날이 생각나서 전화를 드렸다. 그래도 아직까지 정신이 좋으실 때 다시 듣고 싶었다. "엄마! 아버지가 돌아가시기 전에 어떠셨는지, 이야기 좀 해주세요."

　1962년 당시만 해도 이렇다 할 대중교통 시설도 제대로 없던 때에 아버지는 승합차 한 대를 가지고 운행을 하시다가 살던 집을 팔아서 한 대를 더 구입해 승합차 2대로 상도동에서 신촌까지 노선을 운행하셨고 그때까지만 해도 생활이 윤택했다고 한다.

　그러던 어느 날 박정희 대통령의 대중교통 개혁으로 승합차가 폐기되고 버스가 도입되었다고 한다. 특별한 정보가 없었던 아버지는 집을 팔아 한 대를 더 구입한 승합차를 운행도 할 수 없고, 차 가격도 똥값이 되며 하루아침에 위기에 내몰렸고, 그것이 홧병이 되어 심근경색을 앓으셨으며, 돌아가실 당시는 집 한 칸도 없이 28살의 사랑하는 아내와 어린 자식 4명을 남겨두고 가셨다고 한다.

　나는 아버지가 돌아가시 전에 언제 교회를 다녔으며 몇 년간이나 신앙생활을 하셨는지 궁금했다. 제일 먼저 교회를 다닌 것은 나의 언니와 오빠가 6살, 4살 때 옆집에 살던 교회 주일학교 여선생이 유치부에 데리고 다니면서라고 한다. 1년간 열심히 따라다니던 아이들을 보며 아이들도 하나님을 찾는데 우리도 하나님을 믿자며 특별히 믿는 종교가 없으니 교회를 다니자고 하셨다고 한다.

　그래서 처음으로 교회라는 곳을 가 보았으며 처음 갔던 그 주일이 부활주일이었던 것은 나중에야 알았다고 한다. 그후에도 아버지는 우리 집은 예수님을 믿어야 하며 절대로 예수님을 떠나지 말라고 몇 번이나 부탁하며 말씀하셨다고 한다. 그렇게 6~7개월 정도를 같이 교회에 다녔으며, 같은 해 9월 정도부터 심근경색이 심해져서 병원 치료를 받으시다 당시는 고칠 수 없는 병이었으므로 포기하셨다고 한다.

아버지는 마지막으로 기도원에 가고 싶다고 하셨고 기도원에 가신 지 4일 만에 기도하다가 자정이 넘어 돌아가셨다. 엄마는 돌아가신지 모르고 자다 깨다 기도하는데 "내 아들이 집을 굳건히 다 지었다"는 낯선 음성을 듣고는 깜짝 놀라셨다고 한다.

그렇게 아버지 장례를 마치고 어떻게 살아야 할지 몰라서 새벽기도를 다녔지만, 기도도 할 줄 몰랐고 믿음도 없어서 하염없이 엎드려 울다가 오곤 했다고 한다. 그러다가 새벽기도를 마치고 보면 아무도 없고 목사님과 둘만 남아 있었고, 나 때문에 목사님도 못 들어가시는 구나 생각이 되어 서둘러서 나오면 목사님이 따라 나오며 엄마가 보이지 않을 때까지 애처로워 하시며 손을 흔드셨다며, 아마도 나의 처량한 뒷모습을 보며 많이 기도하셨을 것이라고 회상을 하셨다.

엄마는 지금도 그때가 생각나서 목사님들에게 더 잘해 드리고 싶다고 하신다. 엄마는 무엇이든지 좋은 것은 최우선으로 목사님께 갖다 드린다. 나는 항상 지나치게 목사님을 섬긴다며 자칫 사람을 섬기게 될 수도 있다며 계속 경고를 했다. 하지만 엄마에게 교회와 목사님은 믿음 초창기부터 위로를 받았던 유일한 장소였고 사람들이었겠구나 하는 생각이 들어서 잔소리했던 것이 살짝 후회되었다.

하나님은 아버지를 구원하시기 위해 먼저 우리를 교회로 부르신 것 같다며 아버지가 돌아가신 후에 엄마가 꿈을 꾸셨다고 한다. 꿈에 아버지가 기차를 타고 가는데 기차가 너무 밝았고 유리창에 커튼을 쳤다며, 저 아래서 자신이 알던 친구도, 부모도, 친척들이 보이는

데 서로 살려 달라고 ○○야! ○○야… 하며 아버지 자신의 이름을 부른다며 부르짖는 소리가 괴로워서 커튼을 쳤다고 하셨다고 한다. 아버지는 천국에 가신 것이 확실하다며 천국 열차를 타신 것이란다.

엄마의 말을 들어 보니 아버지의 믿음 생활은 9개월 정도의 짧은 시간이었다. 하나님은 아버지의 인생 시간표를 아셨으므로 급하게 말씀을 듣게 하셨고, 아버지는 예수님을 믿고 절대 떠나지 말라고 가정에 말씀을 세우셨으며, 본인도 예수님 외에는 구원이 없음을 믿고 마지막을 주님께 의지하고 가족의 안위를 주님께 맡기고 가셨을 것 같다는 생각이 들었다. 요즘도 엄마는 우리와 통화 시 우리 집은 예수님 믿어야 산다며 신앙생활을 잘 할 것을 항상 당부하신다.

잠 5:21 "사람의 길들은 주의 눈앞에 있나니 그분께서 그가 가는 모든 길을 곰곰이 살피시느니라."

150. 히스기야 요약

이사야 38-39장의 내용

1. 히스기야의 성공

사 38:1 "히스기야가 병들어 죽게 되매 아모스의 아들 이사야가…주가 이같이 말하노라. 네 집을 정리하라. 네가 죽고 살지 못하리라."

히스기야는 죽음의 선고를 받고 자신이 하나님 앞에서 의롭게 산 것을 기억해 주실 것을 기도했고, 하나님은 그의 기도에 생명 연장으로 응답해 주셨다.

사 38:2-3 "그때에 히스기야가 자기 얼굴을 벽으로 돌리고 주께 기도하여 이르되, 오 주여, 간청하오니 내가 진실함과 완전한 마음으로 주 앞에서 걸었으며 또 주의 눈앞에서 선한 것을 행하였음을 이제 기억하옵소서, 하고 히스기야가 통곡하였더라."

우리도 이런 종류의 죽음의 선고를 듣는다면 어떨까? 주님이 직접 말씀하시지는 않겠지만 병원 의사로부터 최종 3개월밖에 남지 않았다는 말을 듣는다면 사람들의 반응은 어떨까? 죽음을 그냥 순리로 평안하게 받아들이는 사람도 있고, 적극적으로 거부하며 죽음을 거스르려는 사람들도 있을 것이다.

히스기야는 모든 인생에 생명의 주권이 주님께 있음을 알고 제일 먼저 주님을 찾고 통곡하며 기도했을 때 15년 생명 연장을 받아 하나님의 뜻과 계획을 바꾸는 데 성공한 통곡의 기도의 주인공이 되었다.

신약성경에도 주님께 사정을 가리지 않고 나온 사람들은 병자들이었다. 밥을 굶는다거나 돈이 필요하다고 주님께 나온 사람은 없다. 언제나 먹고사는 문제보다 죽고 사는 문제가 더 큰 것이다. 크리스천은 언제든 주님께서 부르시면 갈 수 있는 마음의 준비가 된 죽음의 가치관도 필요하지만, 주님께 나아와 병의 고침을 위해 생명을 거는 통곡의 기도가 선행되어야 하지 않을까 싶다.

2. 히스기야의 실패

히스기야는 고난의 때에는 성공자였으나 평안의 때에는 실패자였다. 그는 병들었을 때는 가장 먼저 해야 할 일이 무엇인지 알았고 주께 기도하여 생명을 15년 연장받고, 아시리아 왕의 손에서 건짐 받고 이스라엘 땅에도 평화가 찾아왔다.

> **사 38:6** "또 내가 너와 이 도시를 아시리아 왕의 손에서 건져 내고 이 도시를 보호하리라."
> **사 38:7-8** "주가 친히…네게 임할 표적이 되리라. 보라, 내가 아하스의 해시계에서…십도 물러가게 하리라."

그리고 표적도 주심으로 하나님으로부터 은혜도 넘치게 받았고 주변 이웃 나라들로부터 편지와 예물도 받으며 명예도 얻었다. 지금의 예로 들자면 죽을병에서 고침 받고, 성령의 은사도 받고 간들간들 어려웠던 비즈니스도 대박이 나고 주변으로부터 명예와 존경도 얻고 자식도 얻은 것이다. 그의 아들 므낫세는 15년 생명 연장을 받은 후에 출생했다.

　우리 성도들도 고난의 때에는 긴장하고 금식하며 주께 통곡의 기도를 드리다가 고난이 끝나고 주변이 안정되고 자리도 잡히고 물질도 풍부해지면 하던 기도도 멈추고 긴장도 풀어 버리고 마음이 허탄한 생각에 빠져서 하나님의 은혜도 잊어버릴 때가 종종 있다. 하나님으로부터 이 모든 것을 다 받았음에도 초심을 잃고 긴장을 푼 우리의 모습과 똑같다.

　사 39:4-7 "그들이 왕의 집에서 무엇을 보았나이까…내 집에 있는 모든 것을 그들이 보았나니 내 보물 가운데 내가 그들에게 보여 주지 아니한 것이 하나도 없나이다, 하매…주께서 말씀하시기를, 보라, 날들이 이르리니 네 집에 있는 모든 것과 네 조상들이 이 날까지 쌓아 두었던 것이 바벨론으로 옮겨지고 하나도 남지 아니하리라. 또 그들이 네게서 나올 네 아들들 곧 네가 낳을 아들들 중에서 빼앗아 가리니 그들이 바벨론 왕의 궁궐에서 내시가 되리라."

　결국 이 일이 계기가 되어 왕족들과 귀족들의 자손들이 바벨론으로 끌려가 내시들이 되었고, 그동안 쌓아 두었던 모든 재물도 다 빼앗기고 솔로몬의 성전도 다 허물어졌으며 이스라엘 백성들은 끌려가서 70년 동안 바벨론 땅에서 살면서 고국인 유다 땅을 그리워해야 했다.

　만약 히스기야가 보물 창고를 보여 주지 아니하고 주의 성전을 보여주며 이스라엘의 힘은 주 하나님이시다, 주 하나님이 하셨다 하면서 자랑했다면 감히 유다에 쳐들어올 생각을 했을까? 일단 보물을 못 봤으니 견물생심이 없었을 것이고 신을 상대로 싸우고자 하지도 않았을 것 같다. 그랬다면 히스기야 왕은 다윗 왕과 솔로몬을 뛰어넘었을 것 같다. 처음 은혜, 초심을 잃지 않은 히스기야였다면 '이스라엘의 힘은 주 하나님이시다' 이렇게 말했을 것 같다.

영적 실패는 주님께 맞추었던 포커스를 자신에게로 옮기면서 시작된다. 처음에는 '하나님께서 하셨어요, 하나님 은혜예요' 하다가 시간이 지나면서 나로 바뀐다.

나에게도 가끔 자녀들을 명문대 보낸 비결을 묻는 사람들이 있다. 나는 그때 중풍으로 아들을 학교에 데려다주고 데려오는 일 외에는 모든 게 어려웠던 시기였고 사람들을 만나기도 싫었고 두려웠고 우울증에 빠져 있었다. 그때는 "내가 뭘 했겠어요. 하나님의 은혜지요" 하고 말했다. 그런데 요즘은 나도 모르게 입을 많이 열고 있고 어느새 "내가", "내가 ○○○를…"를 많이 언급하고 있음을 느낀다.

하나님의 은혜를 계속 유지하는 방법은 말씀을 읽으면서 계속적으로 확인하며 하나님께서 나를 인도하시며 이끄셨던 은혜를 기억하며 감사를 잊지 않는 것이다.

151.
굶식 같았던
금식이 끝났다

　오늘 아침은 행복한 날이다. 아들이 어젯밤에 요르단 파병에서 텍사스로 돌아왔다는 깜짝 소식을 전해 주었기 때문이다. 파병 기간은 10개월 정도였고, 요르단에 도착한 지 4개월 때부터 이스라엘과 하마스의 인질 사건이 터지면서 이스라엘은 분쟁 지역이 됐다. 연이어 헤즈볼라 개입, 후티 반군의 홍해 점령, 요르단 미군 기지 공격, 며칠 전 이란 대사관 폭파… 하루가 멀다 하고 터지는 사건들 속에서 계속 전쟁이 이곳저곳으로 불꽃이 옮겨붙고 있는 형국이었고, 미디어에서는 세계 3차 대전을 운운하고 있었다.

　요르단 미군 기지 공격 소식은, 아들을 위한 특별 기도를 해야겠다는 생각은 있었지만 계속 미뤘던 상태에서 두 손 두 발을 들고 마침내 아침 금식을 선언하는 계기가 됐으며 금식을 시작한 지 65일째에 미국으로 돌아왔다는 기쁜 소식을 들었다.

　아들이 미국으로 다시 돌아오는 날이 나의 금식이 끝나는 날이었다. 언제 끝날지 모르는 기간과 새벽 6시부터 시작되는 하루 일과는 매우 긴 공복 상태를 유지해야 했으므로 기도가 목적이 아닌 굶는 것이 목적이 되어 버린 듯한 굶식 같은 금식이었다.

　다행히도 4월에 돌아온다던 아들이 4월이 되자마자 돌아왔으니 기한에서 하루도 늦지 않게 아니 한 달 정도 빠르게 돌아온 축복의 금식 결과였다. 그러나 개인적으로 금식으로 돌파하는 기도를 하고 싶었던 소망은 여전히 이루지 못한 채, 비행기를 이륙해서 공중 높이 날아야 하는데 이륙을 준비하다가 끝난 것 같은 아쉬운 금식이었다.

또한 나는 날마다 시편 말씀을 아들에게 보냈다. 대부분 말씀들이 짧아서 사진을 찍어 카톡으로 보내기 쉽고, 다윗이 여러 가지 사건을 만나면서 자신이 얼마나 위급한지, 두려운지, 행복한지, 감사한지, 삶과 죽음의 선상에서 하나님 앞에서만 자신을 적나라하게 드러낸 고백이었으므로 누구에게든지 위로와 소망이 되는 말씀이었다.

시편을 먼저 읽고 말씀을 붙들고 기도하며 위로를 받았고 아들의 안위를 전적으로 주님께 맡기는 시간이었다. 오늘로 시편 140편, 아들이 돌아왔지만 열 편이 남아 있는 말씀을 마무리하고 싶어서 아들과 함께 시편 150편 끝까지 하기로 했다.

아들이 미국으로 돌아왔다는 소식은 살얼음판 같고 겨울 눈 속같이 추웠던 마음을 녹아 없어지게 했고, 어느새 흐드러지게 핀 4월의 꽃밭에 부는 봄바람처럼, 마냥 살랑거림과 행복이 가득한 기쁨이 되었다.

그러나 아들이 돌아오자마자 이란은 또 수백 대의 드론과 미사일로 이스라엘을 공격했다는 아침 뉴스의 등장을 보았다. 끝날 것 같지 않은 이 전쟁을 어찌할꼬! 만약 아직도 아들이 돌아오지 못한 상태였다면 나는 또 어떠했을까? 하나님의 은혜는 끝이 없으시다. 나의 부족함을 고백하며 길을 묻고 답을 물을 때마다 늘 긍휼히 보시고 응답하심에 행복하다.

잠 16:20 "문제를 지혜롭게 다루는 자는 좋은 것을 얻으리니 누구든지 주를 신뢰하는 자는 행복하니라."

이유 없는 미움

창 29:31 "주께서 레아가 미움 받는 것을 보시고 그녀의 태를 여셨으나 라헬은 수태하지 못하였더라."

얼마 전부터 성경 낭독하는 카톡에 들어가면서 창세기를 낭독, 녹음하여 그룹 카톡에 올리고 있다. 우리는 각자가 원하는 성경을 녹음해서 올린다. 가끔씩은 빠지지만 그래도 열심히, 꾸준하게 올리려는 노력들을 잊지 않는다.

처음 제안을 받았을 때는 딱히 하고 싶지는 않았다. '누가 듣는다고?' 그렇게 시작하게 된 성경 낭독이었다. 성경 낭송을 하면서 녹음된 나의 목소리를 처음 들었는데 기계를 통한 목소리가 평상시의 목소리와는 다른 것이 약간 의외였으며 녹음된 목소리가 더 차분하고 맑게 느껴져서 좋았다.

그러던 어느 날 창세기를 녹음하면서 '하나님께서 말씀으로 이 세상을 창조하셨지! 아! 소리를 사용하셨구나' 하는 깨달음이 왔다.

창 1:3 "하나님께서 이르시되, 빛이 있으라, 하시매 빛이 있었고."

하나님이 사용하신 소리를 통해 하나님의 말씀이 집 안에 둥실둥실 떠다니는 것과 방마다 말씀이 보물처럼 쌓이는 것을 상상하자 깨달음이 왔고, 성경 낭독에 더 큰 의미와 가치를 부여하게 되었으며, 마지못해 하는 것이 아닌 나를 위한 낭독이 되었다. 하루에 한 장을 낭독하면 3년이면 신구약성경 낭독이 끝난다고 생각되자 의욕이 넘쳤고 행복했다.

오늘은 창세기 29장을 낭독하였다. '레아가 미움을 받았구나… 왜…?' 스쳐 지나가는 생각을 하게 되어 낭독을 마치고 다시 자세히 읽었다. 아마도 레아가 미움을 받은 이유는 첫째, 인물이 없어서였던 것 같다.

창 29:17 "레아는 눈이 약하였으나 라헬은 아름답고 잘생겼더라."

야곱도 남자이니 당연히 예쁜 여자인 라헬이 눈에 들어왔을 것이며 레아에게는 무관심했을 것이다. 예쁜 여자들은 사회생활 중에도 더 많은 기회를 얻는다는 연구 발표도 보았으며 지금도 남자들에게 결혼하고 싶은 여자를 묻는 질문 중 1위가 예쁜 여자라는데… 말해 뭣해…. 4천 년 전이나 지금이나 남자들에게 기본적으로 장착된 DNA 같다.

둘째는, 라반의 속임수 결과가 레아였기 때문일 것 같았다. 야곱은 라헬을 얻고자 7년을 며칠같이 여기며 그 힘든 노동을 견뎠으니 라헬에 대한 열망이 얼마나 컸을까? 7년 동안 라헬을 기다리던 야곱에게 레아를 먼저 취하게 했으니, 아침에 눈을 뜨니 꿈에 그리던 라헬이 아닌 레아였으니, 속인 자에 대한 분노와 속은 자신에 대한 분노까지 레아에게 쏟아지지 않았을까? 거기에다가 라헬의 질투와 주변의 온갖 루머까지 예상된다. 라헬과 더불어 주변인들로부터 얼마나 미움 받고, 헐뜯김을 당했으면 두 번째 아들을 시므온이라고 이름을 지으며 "미움 받는 것을 들으셨다"라고 했을까!

그러나 레아도 억울할 것은 많아 보인다. 예쁘게 태어나고 싶었겠지만 그렇게 태어나지 못한 것은 레아 탓으로 볼 수 없고, 큰딸보다 작은딸을 먼저 시집보내지 않겠다는 의지 또한 아버지 라반의 속임수로 인한 것이니 레아의 잘못은 아닌 것 같다.

그런 레아를 위해 하나님은 반전을 준비하셨다. 딱히 본인 잘못이라고도 할 수 없는 미움과 수모를 받으면서도 참아야 했던 레아를 불쌍히 보시고 태를 열어 주셨다. 그 당시 자식은 상급이며 축복이고 자신의 위치를 결정할 수 있는 것으로 4명의 자식을 내리 낳으며 야곱에게 라헬보다는 사랑받지 못했지만 지위는 확실하게 선점했으며, 후에 2명의 아들을 더 낳으면서(잇사갈, 스불론) 이스라엘 열두 지파 중 여섯 지파를 생산하는 축복과 유다 지파를 통한 예수 그리스도의 탄생까지 받았으니, 레아의 자식 축복은 어디에도 비할 수 없는 상급이었다.

첫째, 르우벤… 나의 고통을 보셨다.
둘째, 시므온… 미움 받는 것을 들으셨다.
셋째, 레위… 남편이 나와 연합하리라.
넷째, 유다… 주를 찬양하리라.
다섯째, 잇사갈… 하나님께서 내가 받을 삯을 내게 주셨다.
여섯째, 스불론… 이제는 그가 나와 함께 거하리라.

레아가 아들들의 이름을 지은 것을 보면 하나님에 대한 신앙과 인생이 그려진다.

레아를 살피셨던 하나님, 이유 없이 미움 당하는 것을 불쌍히 보신 하나님, 참고 견디며 눈물을 삼킨 것을 환산해서 상급으로 갚아 주신 하나님이셨다.

레아의 미움은 본인 잘못은 아니지만 그래도 이유가 있는 미움이었다면 요즘 세대는 이유가 없이 그냥 미워한다는 특징이 있다. 어떤 상품이나, 연예인, 회사, 어떤 대상에 대해 "그냥 싫어요"라는 대답을 아무 거리낌없이 한다. 이유를 물으면 이유가 없단다. "그냥 싫고, 그냥 재수 없고, 그냥 밥맛없어." 우린 이런 시대에 살고 있다.

이럴 때 크리스천의 경우 어떠해야 할까? 같이 감정 소모하지 말고 레아의 경우처럼 상급으로, 축복으로 바꾸는 기회로 만들 수 있다. 레아가 하나님으로부터 받은 상급의 크기를 보라. 그 시절 자식보다 더 큰 상급이 어디 있을까? 보이지도 않는 남의 생각까지 뭘 상관하며 살겠는가!

그러나 이런 사람들이 아닌 좋은 사람들이 주변에 있게 해 달라는 기도는 우리에게 늘 필요하다. 하루를 시작하는 기도에 항상 좋은 사람들을 만나도록 하나님께 만남의 축복을 위해 기도하자. 또한 하나님은 우리와 가까이 계시며, 말과 생각과 행위를 달아 보시는, 나뿐만 아니라 모든 사람들과 모든 것을 아시는 분이심을 잊지 말자.

153.

딸에게 남친이 생겼다(3)

드디어 딸이 결혼 날짜를 잡았다고 한다. 처음 만남부터 결혼까지 딱 1년의 시간이 걸렸다. 앞으로 결혼까지 3개월을 남긴 요즘 둘은 무척 바쁘다. 먼저 신랑 부모님의 허락을 받은 후 우리에게 허락을 받기 위해 휴가를 써서 캘리포니아에 왔고, 우리와 일주일을 함께 보냈다.

우리 사위가 될 것이라 생각해서 그런지 붙임성 있고 듬직한 그가 맏아들같이 든든하고 사랑스럽다. 딸을 살뜰이 챙기고 아들에게는 좋은 형같이 잘 어울리며 서로 크게 웃고 노는 모습을 보니 이미 우리는 한가족이었다.

일주일 동안 우리는 캘리포니아 해변으로, 라스베이거스로 관광 겸 친목을 도모했고, 짬짬이 양복을 사고 웨딩드레스를 예약하고 웨딩 플랜을 점검했고, 서로의 친구들을 만났고, 딸이 다녔던 교회 목사님께 인사 다니고 눈코 뜰 새 없이 바쁘고 바쁘게 시간을 보냈다.

동부와 서부에 살다 보니 예비 사돈과 상견례를 어떻게 할 것인가, 중간 어디쯤, 아니면 어느 한쪽이 가야 하나 생각하다가 딸과 예비사위가 있는 동안 Zoom으로 미팅을 하기로 했다. 처음 하는 상견례이다 보니 양쪽 모두 긴장감이 역력했다. 그러나 40여 분의 상견례 동안 주 안에 한 형제임을 확인하며 우리는 믿음 안에서 처음 시작하는 자녀들의 앞날을 위해 부모로서 해야 할 역할 분담을 서로 자처하며 자식을 나눠 갖게 됨을 서로 감사하며 화기애애한 마무리로 끝을 맺었다.

사위는 목사님 자제로 믿음 안에서 잘 성장한 소아과 의사이다. 우리에게 소아과 의사는 미국에서 가장 친근한 의사이다. 아이가 태어나자마자부터 소아과 문턱이 닳도록 다녔으며 아기는 의사소통이 안되다 보니 소아과 의사의 처방은 하나님 말씀처럼 절대적이었다. 나는 소아과 의사라는 말을 듣자마자 내 딸이 덜 고생하겠구나 하는 생각이 제일 먼저 머리에 스쳤다.

예비 사위는 일주일 만에, 딸은 열흘 만에 뉴욕으로 떠났고 나는 다시 한가한 일상으로 돌아왔다. 나는 그동안 딸과 여러 번의 헤어짐이 있었다. 교환학생으로 중국에도 보내 봤고, 동부 뉴욕으로도, 워싱턴 DC로도 보내면서, 그때는 늘 내 품 안에서 잠깐 세상 구경하고 다시 돌아오는 한 마리의 어린 새 같았다면, 이번에는 내 둥지를 떠나 독립하기 위해 스스로 강인하게 자란 독수리 같은 느낌과, 같이 날아 줄 든든한 짝이 있어 더 깊은 안도감이 생겼다.

딸이 결혼 이야기가 나오면서 나에게 묻는다. "엄마, 내 결혼식 때 엄마 울 것 같아?" "아니, 난 안 울 것 같아, 좋은 신랑 만나서 재밌게 잘 살 텐데… 왜 울어? 난 웃으면서 행복하게 잘 보내 줄 거야…"

그런데 아닌 것 같다. 떠나는 날 아침 식사 기도 시 '아… 아… 이제는 내 품에서 떠나는구나!'라는 생각이 들자마자 울컥하며 눈물이 났고 도저히 식사 기도를 이을 수가 없었다.

결혼식장에서 눈물바다가 되는 거 아닐까? 이제는 걱정이 된다.

154.
15주 작정 기도

5월부터 8월 말까지 15주 작정 기도를 해야겠다는 생각이 며칠 전부터 강력하게 들었다. 8월 셋째 주 딸의 결혼식도 있지만 아들의 진로 문제, 나의 건강을 위한 치유 기도, 내가 8월 말까지 결정해야 하는 학업, 그에 따른 사명, 책을 출간하고 싶은 마음, 남편의 신앙, 또 다른 가족들을 위한 기도였다.

기도는 집안 살림 같다. 안 하면 안 하는 대로 그냥 살아가고, 또 밀어 놓았다가 나중에 한꺼번에 하기도 하고, 막상 하려고 꺼내 놓으면 끝이 없이 쏟아져 나오는 살림살이처럼 기도도 그렇다.

살림에 재미를 붙이지 못한 여자가 어쩌지 못해 그날그날 꼭 해야만 하는 식사와 간단한 청소 정도만 해결하듯, 나의 기도 생활도 그랬다. 이 많은 기도제목을 쌓아 놓고도 꺼내려 하지 않았다. 그런데 어쩌다 유튜브에 뜬 기도학교 강의를 들으면서 기도하고 싶다는 강력한 열망이 내 안에서 폭발하며 또다시 기도 작정을 하고 말았다.

기도제목을 명확히 하고, 하루 중 언제 할 건지 기도 시간을 정하고 매주 15주 동안 작정 기도를 위한 헌금을 결정하고 시작했다.

지금은 3주차에 접어들었다. 그동안 시간에 구속 없이 움직이다가 아침 시간에 작정한 기도로 인해 그 시간을 확보하기 위해 요즘은 나름 애를 쓰고 있다. 내 기도 시간을 흩트리기 위한 사탄의 방해 공작도 만만치 않다. 특히 남편을 통한 방해가 제일 많지만 작정 기도를 완주하기로 결심했기에 긴장하며 지내고 있다. 또한 매일 한 번씩 기도학교 유튜브를 들으며 기도의 마음이 해이해지지 않도록 마음을 다잡고 있다.

성령 하나님의 강력한 기름 부음을 오매불망 기다리며! 성령 하나님의 기도 응답과 인도를 기대하며 15주 작정 기도를 잘 마치고 또 한 번 기도 일기가 아닌 기도 응답 간증을 쓰고 싶다.

막 11:24 "너희가 기도할 때에 무엇을 원하든지 너희가 그것들을 받는 줄로 믿으라. 그리하면 너희가 그것들을 받으리라."

수컷들의 전쟁은
어려서부터 시작된다

　오랜만에 조카의 소식을 들었다. 샌프란시스코에서 미국에 손꼽히는 대기업 팀장으로 승승장구하는 조카이다. 나의 대학 시절에 태어난 조카였으며 우리는 그때 조카가 세상에서 제일 예쁘고 귀여운 아기인 줄 알았었다. 통통했던 조카는 어릴 때부터 음식을 앞에 두고 내내 고민을 하면서도 끝내는 먹는 결단을 했던 귀여운 아이였다. 대학에 가면서 잘 먹은 영양으로 훤칠해지며 키가 크고 살은 쭉쭉 빠져서 우리 모두에게 부러움의 대상이었다.
　그러던 조카가 이제는 두 아이의 엄마가 되어 자신의 5살 아들이 학교에서 왕따를 당해 다른 학교로 옮길 수밖에 없었다며, 아이가 너무 순해서 몸싸움과 남자아이들의 서열에서 밀린다는 것이다.
　그 이야기를 들으며 우리 아들의 4살 어린 시절이 생각났다. 옆집에 3살 남자아이와 자주 놀았는데, 그 아이는 우리 아들을 때려도 우리 아들은 그 아이를 때리지를 못했다. 그때마다 그 집 엄마가 나서서 심하게 자신의 아들을 야단치는 것으로 마무리를 지었는데 그럴 때마다 때리지 못하는 아들을 보며 나는 너무 속이 상했었다.
　고민을 하다가 한번은 그 아이에게 힘을 보여야겠다 싶어 그 아이를 때리라는 말은 못 하고 그 아이가 그런 행동을 또 하면 무섭게 혼내 주라고 했다. 무섭게 혼내 주라고? 직설적으로 때리라고 할걸 그랬나? 아이가 내 말을 이해했을까? 고민이 되었고 그날도 같이 놀면서 시간이 지나자 똑같은 상황이 재연되었고, 우리 아들은 때리려고 오는 아이의 손을 딱 잡고는 눈을 똑바로 쳐다보며 그 아이를 세게 밀어 내동댕이쳤다. 그러자 그 아이가 저 멀리 나가떨어졌다. 한 살 어린 그 아이는 자신이 힘이 더 약하다는 것을 그날 알게 됐고 이후 두번 다시 손찌검을 하지 않았다.

우리는 여러 번의 상황 속에서 그날 힘이 뒤집히는 것을 보았으므로 그 집 엄마도 나도 아들들을 야단치지 않았고, 서로의 아들을 안아 주었다. 나는 속으로 '잘했어, 한 번은 혼내 줘야 했어…' 하며 무언의 칭찬으로 아들을 안아주었고, 그 엄마는 그 엄마대로 '한번 형한테 잘 혼났어. 다시는 하지 마' 하는 심정으로 그 아들을 안아 주었을 것이다.

미국 엄마들은 아이를 학교에 등교시키면서 친구들과 나누라고 (share) 격려해 보낸단다. 일본 엄마들은 다른 사람에게 폐를 끼치면 안 된다고 주의를 준다고 한다. 한국 엄마들은 누구에게도 지면 안 돼, 지지 말라고 당부를 한단다. 특히 미국 학교에서는 남에게 해를 끼치는 행동을 큰 문제로 다루고 있으므로 한국 엄마들처럼 자신의 자녀의 기를 살린다며 잘못된 행동을 두둔하거나 방치할 경우 학교에서 문제가 되기도 하고 퇴학 조치도 당하므로 조심해야 한다.

동물의 세계에서도 서열 정리가 끝나기 전까지는 서로 으르렁거리며 힘 자랑을 하기 일쑤다. 집안에서 키우는 순하디순해 보이는 애완견조차도 서열이 정리되어야 평화가 온다고 한다. 수컷들의 전쟁은 이렇게 어려서부터 시작된다. 어떤 식으로든 자신을 보여 줘야만 한다. 부모들은 그런 이유로 아들들에게 어려서부터 스포츠를 시키기도 한다. 태권도 등으로 자신이 싸울 능력이 있음을 무언으로 보여 주기도 하고, 야구팀, 축구팀 등으로 아들들을 돌리며 남자들의 세계에 발을 들이게 하기도 한다.

어른 세계에서도 능력으로, 가진 것으로 상대를 제압하고 우위에

서려고 한다. 이것도 하나님이 수컷 세상에 심어둔 DNA일 것이다. 나가서 정정당당하게 싸워 이기고 자신의 밥그릇을 지키라고, 그리고 가족들을 부양하며 다산하고 번성하며 땅을 가득 채우라고….

남자들에게 주신 명령이자 소명인 것이다.

창 1:28 "하나님께서 그들에게 복을 주시며 그들에게 이르시되, 다산하고 번성하여 땅을 가득 채우라. 땅을 정복하라…."

156.

드디어… 딸의 결혼식

처음 만남에서 결혼식까지 1년의 시간이 걸렸다. 3개월 전에 결정된 결혼 날짜를 받고 양가에서는 모두 두 손 들고 환영한 결혼이었고 양쪽 가정에서는 즉시 결혼식과 새로 시작하는 가정을 위한 기도에 들어갔다. 나는 15주 작정 기도에 들어갔으며, 사돈댁도 저녁마다 가족들이 모여 합심 기도회를 했다고 한다.

결혼 예식을 위해 나는 가나의 혼인잔치를 떠올리며 그곳에 신랑과 신부와 함께 계셨던 주님, 결혼식에서 부족함을 친히 채워 주시고 그로 인해 풍성한 결혼식, 손님들까지 모두가 행복했던 결혼식을 떠올리며 하나님의 은혜가 넘치는 예식이 되기를 기도했다. 처음 교회를 방문한 믿지 않는 영혼들이 하나님의 사랑의 메시지를 듣기를, 8월 복중의 결혼식이다 보니 너무 덥거나 비가 오지 않도록, 인근 각처에서 또는 멀리 타 주에서 오는 사람들이 안전하고 편안한 여행과 행복한 일정이 되기를, 특히 딸의 친구들 중 캘리포니아, 시카고, 미네소타에서 오는 커플들이 있었으므로 많은 내용이 나의 기도제목이었다.

양가에서 모인 하객들은 300명 정도였고 그중 반은 신랑, 신부의 친구들, 나머지 반은 신랑 부모님의 지인들이셨다. 우리의 지인들은 캘리포니아에 삶의 기반을 둔 사람들이라서 갈 수 있는 여건들이 여의치 않았고, 그런 와중에 뉴욕에 거주하는 나의 친구가 딸의 결혼 소식을 듣고 오겠다는 반가운 소식으로 인해 40년 전에 헤어진 친구를 만나는 기쁨이 결혼식과 더불어 더해졌다.

결혼식은 예정대로 은혜가 넘치는 결혼 예식으로 진행되었다. 사돈이신 신랑 아버님이 직접 주례를 하며 꿀이 뚝뚝 떨어지는 눈으로 신랑과 신부를 진심으로 축복하시며 주례를 하셨고, 찬양과 축가는 찬양곡으로 전형적인 크리스천의 아름답고 단아한 결혼 예식이었다.

2부는 호텔에서 진행되었고 그들만의 시간이었다. 저녁 식사는 뷔페로 진행되었고 식사를 마칠 때쯤 노래와 춤과 디제잉이 시작되었으며 젊은 인생들답게 춤과 노래로 끼들을 발산하였다. 다행히도 부모님들의 지인들은 예식을 마치자마자 따로 한식 뷔페로 대접하였고 그분들은 그분들대로 평화롭고 즐거운 시간이 되었다며 많은 칭찬과 덕담을 하셨다고 한다.

나중에 들은 대부분의 이야기는 결혼식이 너무 성스럽게 느껴져 눈물이 났다는 것이었다. 웨딩홀에서 진행되는 세상 결혼식만을 다니다가 처음 교회에서 진행되는 결혼식을 보며 울었다는 젊은 아가씨도 있고, 어른들 세대들은 내 자식을 결혼시킨 것처럼 행복했다는 어르신들과 연세 드신 목사님 부부들의 말씀을 들으며 우리 양가는 감사했다.

믿음 안에서 잘 키운 아들과 딸을 하나님의 언약 속에서 맺어 주신 행복하고 축복된 결혼식이었다.

157.
조그맣고 깜찍했던 딸이 결혼을 한다네

결혼식 리셉션에서 읽었던 축사였으며, 남편 기억 속에 제일 먼저 떠오르는 딸의 이미지라고 한다.

- 신생아실에서 처음으로 본 가슴 떨렸던 그 순간은 지금도 말로 표현할 수 없는… 기쁨… 그 이상의 무엇이었다네.
- 첫돌 선물로 받은 수영복을 입혀 물놀이를 시키며 우리는 장래 미스 코리아감으로 믿어 의심치 않았던 나의 예쁜 꼬마 아가씨…
- 3살 때 할머니 집 앞에 있던 프리스쿨을 가면서 할머니 손을 잡고 세상을 다 가진 듯 가방을 흔들며 꽥꽥 소리 지르던 말괄량이 삐삐였던 나의 귀여운 꼬마 아가씨…
- 학교에서 매일 100점짜리 시험지를 들고 와서 우리에게 무한한 상상력과 장밋빛 희망을 꿈꾸게 했던 나의 자랑스러웠던 꼬마 아가씨가…
- 어느덧 어른이 되어 듬직하고 믿음직스러운 신랑 ○○○와 함께 결혼 허락을 받으러 왔다네, 우리는 두 손 들어 두 사람의 결혼을 축복했다네.

아빠, 엄마에게 늘 기쁨이 되었던 야무진 우리 딸이 이제는 우리의 둥지를 떠나 자기들만의 둥지를 만들겠다네.
둘이 하나가 되는 작은 천국 같은 둥지를 만들기 바라네.

이민 1세대로 늘 바쁘고 부족했던 우리였지만 부모의 권위에
순종하며 잘 자라 주었고, 동생을 많이 사랑했던 나의 딸 ○○○○

좋으신 시부모님께 효도하며
앞으로 너희의 가정을 주님의 복된 가정으로 세우며
서로의 꿈을 현실로 만들어 갈 것을 믿으며 행복하기 바라네.

아빠, 엄마가 기도하며 힘껏 응원할게.
사랑한다, ○○○
사랑한다, ○○○○

158.

나이아가라폭포

우리는 결혼식 일정 중 가족 모두가 뉴욕까지 갔으니 시간을 내어 나이아가라폭포 관광을 하기로 했고, 그 계획을 들으신 사돈들께서 함께 시간을 내어 주셨다. 게다가 두 가정만 가기로 했던 여행에 결혼한 신랑과 신부 또한 다음 주부터 학교 개강이라 허니문을 미뤘다며 함께 가겠다 하여, 졸지에 양쪽 집안 식구 모두가 허니문을 따라 나선 모양새가 되었다. 두 가족 모두 합쳐 10명의 대이동이었다.

뉴욕에서부터 캐나다 국경을 넘어 6시간 만에 나이아가라 폭포에 도착하는 일정 중에 우리는 그동안 만날 수 없어서 늘 전화로 통화만 했던 사돈들 간에 하나님께서 우리의 인생에 어떻게 개입하시며 행하셨는지 수많은 신앙 간증을 나누며, 우리는 또 한번 더 가까워지는 시간이 되었고 서로 자식을 나눠 가진 두 가정만의 특별한 인연에 감사했다.

또한 폭포 전경이 보이는 호텔방을 예약해 주신 사돈의 배려와 전망대에서 시시각각 다양한 색깔로 변하는 폭포를 바라보며 모처럼 맛있는 요리와 여유 있는 시간들을 보내며 우리 모두가 행복했다. 다음 날 배를 타고 3시간 동안 나이아가라폭포를 관광하며 나이아가라의 모든 중요 포인트들을 구경하였다. 비닐 판초를 입고 배에서 폭포 앞 쏟아지는 물줄기를 맞으며 하나님이 만드신 장엄한 자연 만물 앞에 하나님에 대한 경외심을 참을 수가 없어 마음속으로 찬양을 하였다.

'주 하나님 지으신 모든 세계 내 마음 속에 그리어 볼 때….'
'내게 폭포 같은 은혜… 내게 폭포 같은 사랑….'

그랬다. 나에게 쏟아져 내리는 폭포의 물줄기는 하나님께 그동안 받은 사랑이었고, 은혜였고, 축복이었고, 용서였고, 긍휼이었다.

나는 3년 전 서부에서 동부로 옐로스톤, 록키산맥 등 많은 관광지를 다녔지만 내 마음속 최고는 단연 나이아가라폭포가 되었다. 아직도 폭포의 물소리가 마음 가득히 들린다. 아마도 평생 잊지 못한 기억이고 추억이 될 것 같다. 앞으로 딸의 결혼식은 나이아가라폭포가 항상 같이 연상될 것 같고 딸과 사위에게도 폭포수처럼 넘치는 둘만의 사랑과 주님의 사랑이 폭포수처럼 쏟아지는 영원한 사랑의 천국이 되길 기도한다.

159.

15주 작정 기도의 간증

　15주 작정 기도를 마친 지 10일째 날이다. 105일간 기도의 대장정을 마쳤다. 사람들은 아마도 크리스천이라면서 날마다 한 시간 정해 놓고 한 기도를 저리도 대단해 할까, 하는 분도 많을 것이다. 사실 나도 부끄럽다. 얼마나 기도를 안 했으면, 솔직한 나의 기도의 현 주소이다. 작정 기도 제목의 기도를 단지 시간상으로 보면 딸의 결혼식만을 마쳤고, 결혼식은 기도한 대로 은혜롭고 행복하게 끝났다.
　나의 형제를 위한 기도에 대해서는 'NO'란 대답을 주셨고, 나의 책 출간도 'Wait'였다. 기도 응답에 'YES'만 있는 것은 아니고, 오늘 'NO'라고 영원히 'NO'가 아니라고 생각하기에 일단 내 마음을 추스려 본다. 내가 올려 드린 기도는 없어지지 않고 가장 적당하고 좋은 것으로 주님의 시간에 이루어질 것을 믿으며 주님께 내려놓았다.
　나의 기도의 진정한 응답은 105일 동안 방해받지 않고 기도하려고 했던 노력과 나름 105일간의 기도 습관이다. 기도가 끝났음에도 계속 나를 일으켜 세우는 기도 시간과 마음가짐이 습관이 된 것 같다. 난 기도 응답의 놀라운 간증을 쓰는 대신 기도 습관과 기도를 계속 이어 가고 싶은 마음가짐이 생긴 것으로 간증을 대신하고 싶다.
　기도가 습관이 되어 기도의 자리를 지킨다면 언젠가는 응답을 주실 것이기에, 오늘 물고기는 못 잡았을지라도 물고기를 잡는 방법을 배우면 언제든 물고기를 잡을 수 있듯이 기도의 습관과 기도를 배운 작정 기도라면 응답은 언제든지 가능하다.

너희에게 무슨 부족한 것이 있었느냐?

눅 22:35 "또 그들에게 이르시되, 내가 너희를 돈주머니와 집 보따리와 신도 없이 보냈을 때에 너희에게 무슨 부족한 것이 있었느냐? 하시니 그들이 이르되, 없었나이다, 하매."

잠시 나를 떠올려 본다. 만약 주님이 나에게도 이렇게 물으신다면 나는 어떤 대답을 했을까? 제자들처럼 "저의 인생에도 주님의 은혜로 인해 부족함이 없었나이다"라는 대답을 했을까? 그 순간 지난 시간들이 주마등처럼 빠르게 지나가며 느껴지는 것은 '결핍'이었다!

그랬다. 어린 시절부터 풍족함과는 거리가 먼 생활이었고 청년기 시절부터는 보통, 평범이었고 결혼 이후에도 늘 조금은 부족함이었다. 평균을 내어 본다면 중저가 브랜드처럼 중저가의 생활에 익숙해진 삶이었다. 부족함이 없지는 않았다고… 말씀드리고 싶었다.

그런데 누군가 내 안에서 하는 '네가 원했는데 못 가져 본 것이 있니?'라는 질문에, 원했지만 못 가져 본 것을 찾는 순간 "없었다." 지난날에 못 가져 본 것들을 지금은 다 가지고 있고, 현재 특별히 갖고 싶은 것도 없다. 그렇다고 억만장자의 삶을 꿈꾸고 있지는 않았기에, 평범한 중산층의 충만함, 풍성함이었다.

나에게도 주님이 물으신다면?
오래전 일이었다. 내가 대학 다니던 시절, 우리가 엄마에게 예쁜 옷을 맞춰 입으라고 했던 적이 있다. 그때만 해도 기성복보다는 동네 양장점에서 옷을 맞춰 입던 시절이었다. 엄마는 한사코 옛날 구닥다리로 유행이 지난 깔깔이 천으로 옷을 해서 입으시겠단다. 우리는 다 유행이 지났다며 반대했지만, 나는 엄마에게서 결핍을 보았다. 한 시절 유행했던 옷이었지만 여유가 없었던 그래서 바라만 봤던, 입고 싶었던 그 시절의 그 옷을 꼭 해입고 싶으셨던 그 마음을…

그리고 행복해 하셨다.

나도 비슷했다. 늘 그때 당시가 지난, 약간 비껴간 시간 속에서 내가 원하는 것을 얻고 있었다. 내가 중풍으로 병원비를 감당하던 시절, 여러 사람들이 나를 보며 어디 병원이 좋다더라, 저기가 침을 잘 놓는다더라, 무슨 약을 먹어야 한다는 등 많은 정보를 전해 줬고, 나는 다리가 찢어질 만큼 쫓아다녔다. 지난날을 돌아보니 그 좋다던 치료를 다 받으러 다녔던 게 기억이 나며 '나도 내가 원했던, 필요했던 것을 거의 다 하면서 살았구나!' 싶고, 지금은 나이가 먹어서 그런가 뭘 더 갖고 싶은 것이 없다.

솔로몬은 모든 것을 다 가져 본 사람이다. 하나님께 복 받은 사람이었고 세상적으로 성공한 사람의 대명사로서 권력과 부, 건강과 명예, 지혜와 지식, 욕망과 쾌락까지 다 가져 보았다. 그렇게 한 인간에게 다 누려 보게 하시고 감상문을 쓰게 한 것이 전도서 같다.

전 2:8 "또 나를 위하여 은과 금과 왕들의 소유한 특이한 보물과 여러 지방의 특이한 보물을 모았으며 나를 위해 노래하는 남자들과 노래하는 여자들을 두었고…"

전 2:10-11 "내 눈이 원하는 것들을 내가 금하지 아니하였고 내 마음을 억제하여 어떤 기쁨도 막지 아니하였으니 이는 내 마음이 내 모든 수고를 기뻐하였기 때문이라. 이것이 내 모든 수고로 인하여 얻은 내 많이었노라."

외부에서 얻는 것뿐만 아니라 자신의 내부에서까지 지식과 지혜와 혜안이 넘쳐서 알고자 했던 모든 것에 해답을 가졌던 솔로몬, 해 아래서 인간으로 최고의 것을 다 누려 본 사람의 마지막 고백이 헛되고 헛되니 모든 것이 헛되다는 것이다.

전 12:8 "…헛되고 헛되며 모든 것이 헛되도다."

반면 해 아래에서도 주님과 동역한 우리의 삶에는 헛된 것이 없다고 말씀하신다.

고전 3:8 "이제 심는 자와 물 주는 자가 하나이며 저마다 자기의 수고에 따라 자기의 보상을 받으리라."
계 22:12 "내가 줄 보상이 내게 있어 각 사람에게 그의 행위에 따라 주리라."

오늘, 나에게 주님이 무슨 부족한 것이 있었느냐 물어 보신다면?
"없었나이다."
주는 나의 목자시니 내게 부족함이 없으리로다… 아멘.

161.

마음을 잘 쓰는
나의 친구

나는 살면서 가끔 마음을 잘 쓰는 사람들을 만난다.

한국 사람들은 머리가 잘 돌아간다, 머리가 나쁘다, 머리가 텅 비었다 등 사람의 행동을 머리로 평가할 때가 많다. 무슨 일에 대해 머리로 인해 하고 못하는 것을 말한다. 그러나 성경은 머리가 나빠서 하나님의 법을 안 지킨다든지, 머리가 나빠서 무슨 일을 못했다고 하지 않고 항상 마음의 문제로 보신다. 우리의 행동은 머리에서 나오지 않고 마음에서 나온다고 말씀하신다.

렘 17:10 "나 주는 마음을 살피며 속 중심을 시험하여 각 사람의 길들과 그 사람의 행위의 열매대로 그 사람에게 주느니라."

얼마 전 캘리포니아 자동차 보험료가 너무 올라서 보험회사를 옮기면서 전에 가입했던 에이전트에게 연락을 하였다. 친절하던 에이전트가 너무도 쌀쌀맞고 퉁명스럽게 뒷처리도 해주지 않는 것을 보면서 마음이 무거웠다. 그래도 7~8년 정도 나의 보험을 관리하면서 매달 얼마간의 수입이라도 얻었을 텐데 그동안 고마웠다며 기회 되면 다시 오라고 하며 깔끔하게 마무리해 주는 마음을 갖는 것이 그렇게 어려울까? 이런 비슷한 종류의 일을 만날 때마다 '사람들이 참… 별 볼일 없다'라는 생각을 떨쳐 버릴 수가 없다.

교회들도 그렇다. 십수 년을 또는 몇 년간 믿음 생활을 같이하며 삶을 나누다가도 교회를 옮길 때는 나가는 교인들이나 보내는 교인들이나 냉랭하기는 마찬가지다. 그동안 하나님 나라를 위해 애썼다, 교회를 위해 수고했다, 축복하며 보내 주면 좋을 텐데, 왜 이렇게 마음들을 잘 쓰지 못하고 옹졸할까?

지금 이 글을 쓰다 보니 예전에 했던 기도가 생각이 났다. 나는 한동안 시간을 맞추듯이 하나님의 마음에 제 마음을 정확하게 맞추고 싶다는 기도를 드린 적이 있었다. 다윗을 하나님의 마음에 합한 자라고 칭찬하신 걸 보면서 했던 기도였다. 예를 들어 하나님의 시간이 12시에 있는데 내 시계는 9시에 머물고 있다면 어쩌겠는가? 하나님의 방향으로 시간을 맞추듯이 나의 마음을 하나님께 정확히 맞추고 싶었다. 다시 시작해야 할 기도 같다.

나에게는 마음을 잘 쓰는 친구가 하나 있다. 나보다 3살 어리지만 마음이 넉넉한 친구이다. 이번에도 나는 그 친구에게 딸의 결혼식 때 입을 양가 혼주 한복을 맞춰서 보내 달라는 귀찮은 부탁을 하였다. 그 친구는 색깔, 사이즈 등을 고려하며 두 달에 걸쳐서 여러 번 혼주 한복을 맞추러 다녔다.

나는 그 친구에게 양가 한복값과 교통비를 하라고 돈을 보냈는데 친구는 돈이 좀 남았다며 한복 보낼 때 같이 사서 보내겠으니 필요한 것이 있느냐고 묻는다. 예쁘고 아기자기한 한국의 안경을 떠올리며 안경을 맞추어 보내라고 했고, 친구는 안경테 둘 중에 하나를 선뜻 선택하지 못하는 나를 보며 자기가 알아서 보내겠단다. 물건을 받고 보니 한복 두 벌과 고르지 못해 망설이던 안경 두 개를 다 맞춰서 보냈다. 가격을 보니 교통비로 사용하라던 돈까지 합쳐서 두 개의 안경을 맞춰 보낸 것이었다.

늘 마음을 잘 쓰는 나의 친구 ○○야! 고맙고, 사랑한다.

162.
마리아에게 하신 것처럼

나는 예배에 진심이다. 하나님이 받으시는 예배를 드리려고 예배에 집중하며 영과 진리로 바른 예배를 드리려고 힘쓰는 사람이다. 주일 예배 시간은 한 주일 중에 하나님과 나와의 특별한 시간으로 찬양과 기도를 직접 드리는 시간이며, 설교 시 하나님께서 나에게 말씀을 주시는 구별된 시간이며, 자녀로서 나의 의무이며 예배 중에 아버지의 축복을 받을 권리의 시간이다.

전에 다녔던 교회는 미국에서 흔히 볼 수 있는 50명 미만의 개척 교회였다. 그러다 보니 누구랄 것도 없이 여성 성도들은 점심 식사 당번이 돌아온다. 식사 당번인 주일에는 나도 남도 예배에 방해가 되는 것이 싫어서 거의 집에서 해오거나 끝나고 잠깐 데워서 먹을 수 있는 음식들을 준비한다. 어떤 사람들은 샌드위치 등을 미리 사서 가지고 오고, 어떤 사람들은 미리 주문을 해놓고 예배 도중에 가서 음식을 가지고 오지만, 남의 예배 시간까지 중간에 나가지 말고 예배를 끝까지 드리라고 관여할 수는 없다. 그들과 하나님과의 관계이고 스스로가 알아서 해야 할 일이다.

그런데 어느 주일 차를 주차하고 예배실로 들어오는데 목사님이 나를 기다리다가 영수증을 내밀며 설교를 마치면 햄버거를 가지고 와야 한단다. 순간 난 내 귀를 의심했다. 나는 영수증을 받아들고는 고민이 되었다.

'나 온전히 예배드려야 하는데… 예배 중에 움직이기 싫은데… 하나님께 예배드리려고 구별한 시간을 내가 왜?' 하는 생각을 하며 예배실로 들어가니 사모님이 나를 반갑게 맞이하면서 내 얼굴 표정이 이상한지 왜 그러느냐고 묻는다. "예배드리는 시간에 왔다갔다 하기 싫고 예배에 집중해야 하는데 설교 끝나고 햄버거를 가져오라네요…"라고 하자 사모님이 영수증을 뺏으며 "내가 다녀 올게요" 하는 것이다.

그러고는 그날 예배를 드렸으나 마음이 너무 상한 상태로 예배를 마치고 점심을 먹지 않고 집으로 돌아왔다. 집에 돌아오니 이 생각 저 생각이 나를 괴롭힌다. 사모님인들 예배 중에 나가서 그 일을 하고 싶었을까? 성도가 하고 싶어 하지 않는 일을 조용히 처리하는 것을 보니 그것도 짠했다.

예수님이 마르다에게 하신 것처럼 "예배 마치고 햄버거 가지고 옵시다. 조금 늦게 먹어도 괜찮습니다… 예배를 먼저 온전히 드립시다" 하셨다면 얼마나 좋았을까? 예수님의 말씀에 집중하며 언니인 마르다의 음식 준비를 돕지 않았던 마리아도 생각났다. 예수님이 보셨다면 마리아에게 하신 것처럼 너는 더 좋은 것을 택했다고, 예배를 온전히 드려라 하며 내 등을 두드려 주셨겠지만 사람들 사이에서는 다르다. 자기만 믿음 좋은 척한다, 그 정도의 일도 못하냐, 까칠하다… 등의 반응도 나올 수 있기에 나의 마음을 무겁게 했고, 뭔가 꺼림칙하기만 하다.

이 일로 주일 하루 종일, 월요일까지도 마음이 산란하기만 했다. 화요일 아침에서야 깨달음이 왔다.

'아…앗… 나, 기도 중이구나!'

왜냐하면 나는 중요한 어떤 문제로 기도 중이었고 나는 이 일을 꼭 응답받고 축복을 쏟아 버리고 싶지 않기에 어떤 일이든지 시험에 들지 않고 잘 마무리해야만 했다.

163.
고양이를 이기다

미국 사람들 대부분은 집 앞의 잔디를 예쁘게 잘 가꾸고 산다. 나무로 된 집들을 깨끗하게 페인팅해 놓고 잔디를 싱싱하게 잘 키우면 시원해 보여서 대부분의 집들이 좋아 보이기 때문이다.

우리는 집 앞 잔디가 다 죽은 상태로 방치해 놨다가 몇 년 전부터 앞 정원을 꾸미기 시작했다. 딸과의 약속이기도 했고 은퇴 후에 남는 시간 덕분이기도 했다. 나는 잔디 대신에 다육이와 땅에서 낮게 자라며 번져 나가는 종류의 식물(커버드 플랜트)을 사다가 심었다. 처음 가꾸는 정원이다 보니 계획도 없고 디자인도 생각 못하고 이것저것 사서 되는 대로 심기 시작했다. 처음에는 눈에 띄지도 않고 드문드문 심긴 잔디 같아 보이던 것들이 1년이 지나니 풍성하게 자라서 꽃도 피우고 긴 줄기들을 뻗으며 앞 정원을 푸르게 덮기 시작했다. 지금은 2년째에 접어들었다.

아침마다 앞 정원에 나가서 물을 주고 잡초를 제거하며 가꾼 애정이 듬뿍 담긴 정원이었는데, 어느 날부터 문제가 생기기 시작했다. 꽃과 식물의 뿌리가 다 드러날 정도로 땅이 파인 것이다. 어떤 놈이 내 꽃들을 파 놓는지 줄기줄기가 끊어져 있고 땅이 깊이 패여서 뿌리째 뽑힌 식물을 볼 때마다 화가 났다. 어느 날은 마당 한쪽을 다 파헤쳐 놓고 엉망으로 만들어 놓기도 했다. 더 이상 참을 수가 없다.

범인은 아무래도 길고양이들 같다. 주택가에 돌아다니는 것은 길고양이밖에 없을 터. 날마다 밤에만 나타나 내 정원을 흩트려 놓고 가는 길고양이를 잡을 방법이 없다. 아침마다 나가서 깊이 패인 홈을 메꾸고 끊어진 줄기를 다시 심으면서 고양이들을 잡을 생각을 골똘히 해 보지만 방법이 보이지 않는다. 무슨 재주로 고양이를 잡겠는가? 날이 어스름해지면 나타나는 나보다 더 빠르고 날렵한 놈을….

어느 날, 밤을 새워서라도 잡을 결심으로 두꺼운 잠바를 입고 나갔다. 물 호스를 들고 기다리고 있다가 고양이가 나타나면 물총 쏘듯이 쏴서 물리치겠다는 생각으로 나갔으나 언제 나타날지도 알 수 없는 놈을 무슨 재주로 기다리겠는가? 나는 30분도 채우지 못하고 집으로 들어왔다.

약을 사다가 뿌릴 생각이었으나 이것도 가능해 보이지 않는다. 미국은 동물에 친환경 정책으로 잘못했다가는 내가 법에 걸릴 일이다. 아, 어쩌지… 고양이가 싫어하는 냄새의 약을 뿌리니 그 효과가 있었는지 그날은 정원을 파놓지 않았다. 그러나 물을 주면 그 냄새는 다 없어지니, 꽃과 식물에 물을 안 줄 수도 없고 한 통에 20불 하는 약을 이틀에 한 번씩 사다 뿌릴 수도 없다. 경제적으로도 만만치가 않고 해결책도 될 수 없었다. 펜스를 치겠다고 하니 담벼락도 지붕도 뛰어다니는 고양이를 펜스로 해결할 수 있겠냐고 남편이 놀린다.

나는 나를 괴롭히는 이 문제를 어찌할 것인가, 하며 이 문제로 속을 끓인지 2개월이 넘었다. 죽고 사는 문제도, 먹고사는 문제도 아니지만 해결책도 보이지 않고, 그렇다고 무시하고 넘길 문제도 아니니 더 기가 막혔다. 고양이 때문에 기도하는 것이 합당한가? 하지만 내가 해결할 수 없는데 어떡하겠는가!

"주님, 고양이 좀 못 오게 해주세요. 내가 잡으러 쫓아다닐 수도 없어요. 나보다 빨라요. 나는 고양이를 이길 수 없어요. 2년 동안 가꾼 정원의 꽃들이 다 죽게 생겼어요…."

그러다 고양이가 시트러스향을 싫어한다는 정보가 어느 날 갑자기 떠올랐다. 앞 정원에 달린 자몽을 따서 가위로 잘라서 정원에 뿌리기 시작했다. 5~6개씩 따서 잘게 잘라 군데군데 뿌리기를 며칠… 나는 식물을 심으면서 맨땅이 보이는 게 싫어서 붉은색 잔 나뭇가지를 사다가 마당 전체에 뿌려 놓았으므로 고양이가 왔다갔다 할 때마다 가지들이 드라이브웨이에 몇 개씩 나와 있어 고양이가 왔다 간 것을 알 수 있다. 그러나 고양이가 왔다 간 흔적이 있지만 그날 이후로는 정원의 꽃도 식물의 뿌리도 헤쳐져 있지 않았다. 아마도 오긴 했지만 시트러스향이 독해서 그냥 도망간 것 같았다.

우리에겐 그렇게 향긋한 귤과에 속하는 시트러스향이 고양이가 제일 싫어하는 향이라니… 그것도 문제의 코 앞에 해결책이 있었다니, 하나님의 자연의 질서를 알아낸 덕분에 문제를 해결했음을 선포한다. 나는 드디어 고양이를 이겼다… 야호, 야호!

오늘도 주님으로부터 문제를 해결 받은 행복한 하루였다.

문제의 코앞에
해결책이 있다

고양이가 우리 집에 발길을 끊은 것 같다. 날마다 오던 녀석이 흔적이 없다. 며칠 동안 드라이브웨이에 잔가지들이 하나도 보이질 않는다.

나는 이번 일을 겪으면서 문제의 코앞에 바로 해결책이 있었다는 것이 너무도 신기했다. 앞마당에서 밤새 벌어지던 난장판의 현장에서 몇 걸음밖에 안 되는 거리에 우뚝 서 있는 한 그루의 자몽나무가 해결책이었다니. 난 이 해결책을 몰라서 2개월 넘게 끌탕을 하고 다니면서 약도 뿌리고 쥐 잡는 틀을 사다가 고양이 꼬리라도 잡을까, 할 수 있는 모든 고민을 다 했는데….

하나님은 아셨을까? 이 일로 내가 기도까지 할 것을, 그리고 해결책은 멀리 있지 않다고 가르쳐 주시려고, 앞으로도 인생에 문제가 생기면 코앞을 먼저 잘 살펴보라고 교훈을 주신 것 같다.

한국 속담에도 "등잔 밑이 어둡다"라는 말이 있다. 바로 가까이에 놔두고 못 찾는다, 모른다는 뜻이다.

165.

점에서 선으로

지난 주 처음으로 방문한 교회의 목사님 설교 제목이 "점에서 선으로"였다. 그 목사님은 사도 바울이 선교했던 지역을 점으로 말씀하셨고, 이 점들을 선으로 이으면서 바울의 1차, 2차, 3차, 4차의 선교 여행이 완성되며 복음이 전해져서 온 지구를 덮은 결과가 되었음을 말씀하며, 점이 선으로 만들어지며 만들어진 선으로 글자도, 그림도 만들 수 있으며 불평도, 감사도 선으로 연결지으며 만들 수 있다는 내용의 설교를 하셨다.

나는 처음 로마서 5장 성경공부를 하면서 거듭났기에 사도 바울의 서신을 많이 좋아했다. 어떤 사실을 증명하기 위한 논리적인, 법정 증언 같은 문체가 좋았다. 오랜만에 사도 바울이라는 인물을 되짚어 보며 40년 전 복음으로 거듭난 지난 시간들을 떠올렸다.

집으로 돌아오면서 "선에서 점으로"라는 설교 제목을 곰곰이 생각하며 나도 수많은 점을 찍으면서 인생을 살았겠구나, 의미 없다고 생각했던 사건도 한 점이었을 것이고, 특별하게 가치 있는 일이라고 생각했던 사건도 점이었을 것이고, 모든 것에 점을 찍으면서 살다가 어느 날 같은 색깔의 점들이 연결되어 선들이 만들어지고 선들을 연결하며 전체 그림이 완성되었겠구나 하는 생각이 들었다. 어렸을 때 배운 별자리 모양들처럼 물병자리, 전갈자리, 처녀자리 등의 모양을 만들며….

이 점들은 오래전부터 지금까지의 모든 점을 연결지을 수 있으며 현재의 나에게 영향을 끼친다. 오래전에 찍었던 기억조차 없었던 점들로 인해 현재의 삶이 완성되기도 하고… 오늘 찍은 어떤 새로운 점으로 인해 미래에 영향을 미칠 사건의 단초가 되기도 할 것이다.

  오늘 찍을 나의 점들이 책임이라는 무거움으로, 또한 상상력이란 즐거움으로 나에게 다가온다.

166.

몰렉에게 줄 세우는 일

    11월 5일 미국 47대 대통령 선거에서 트럼프 대통령이 이겼다. 나는 도널드 트럼프라는 인물도, 카말라 해리스라는 인물도 개인적으로는 모르지만, 두 사람의 지향하는 정책은 알려고 노력한다. 나에게 영향을 주는 중요 이슈는 대강이라도 파악하려고 항상 뉴스에 귀를 기울였다.

    요즘 미국 부모들이 당하는 황당함은 젠더, 성 정체성에 관한 것들이다. 한국에서도 10.27 교회 연합 예배가 있었고 200만 성도들이 모였는데, 한 가지 이슈인 차별금지법을 국회에서 통과되지 않게 하기 위함이었다. 미국은 차별금지법이 통과되어 실행된 지 10년이 조금 넘었다. 2013년 그쯤에 통과된 것으로 기억한다.

    우리 딸이 대학 졸업쯤에 통과되어서 그 때문에 교직을 포기했기에 더욱 실감을 했다(13. 할 수 있겠니?). 나는 우리 딸이 가르치는 은사가 있음을 알기에 교직을 택하도록 권유했고, 차별금지법이 통과되면서 진로를 바꾸는 선택을 해야 했다. 그 당시 우리는 자나깨나 그것에 대한 의견을 나눴고, 진로를 정말 많이 고민했다.

    미국에 거주하는 교인들도 한국이 미국처럼 차별금지법안이 통과되어 같은 길을 걷게 될까 걱정들을 한다. 미국은 통과된 지 10년이 지나면서 결과가 지금에서야 서서히 나타나고 있기 때문이다.

    요즘에서야 정치가 무섭다는 생각을 한다. 어떤 목적을 가지고 나선 사람이 뽑히면 그에 의해서 정책들이 발의되고 지지자들이 모아지고 보통 과반수가 넘으면 정책으로 채택, 실행되어 그것이 직·간접으로 국민들의 삶을 좌지우지하기 때문이다.

예를 들어 성 정체성에 관한 문제가 10년 전 20대 초반이었던 사람들이 지금은 30대가 되어 자녀들을 출생하거나 유치원에 보내는 나이가 되었다. 20대에 관심조차 없어서 투표도 안 했든지 별 생각 없이 성 정체성을 지지하는 정당에 투표했다면 이 문제는 오늘 당장 내 문제가 되어 있을 것이다.

학교에서 여장 남자(drag queen)가 진하게 화장하고 드레스를 입고 내 아이에게, 남자아이들에게 "너도 나처럼 할 수 있어, 해 볼래" 하면서 아무것도 모르는 내 아들을 화장시키며 "너는 여자가 될 수 있어!" 하면서 속삭인다면… 이러한 일이 벌어지고 있는 현장이 미국의 학교 교실이고, 캐나다이고, 선진국이라고 꿈꿨던 유럽의 학교 교실이다.

하나님은 이스라엘이 가나안 땅으로 입성하면 그곳에 살던 거주민, 어른, 아이 모두를 죽이라고 했다. 하나님께서 아이들까지 죽이라고 했던 말씀 때문에 성도들이 시험에 든다고 한다. 우리 딸이 고등학교 때 다니던 교회에 똑똑하고 신실했던 언니가 있었고 많이 좋아했는데 대학 졸업 후에 교회를 떠났다고 하길래 이유가 뭐냐고 물으니 그 성경 구절 때문이고 했다. 딸은 그 언니를 위해 기도해 달라고 나에게 요청을 했다. 그 언니는 후에 교직으로 나갔고 교육노조 위원장이 되었다고 한다.

나는 어린아이들까지 죽이라고 했던 하나님의 명령이 너무 과하다고 하나님을 떠났던 그 언니를 생각하며, 자신은 자신의 학생들을 몰렉에게 줄 세우는 것을 인식하지 못했을 것이라는 생각이 든다. 교직에서 버티려면 아마도 성 정체성 이슈에 묵인, 가담, 홍보를 했어야 했을 것으로 생각된다.

미국의 학교 교실에서 가장 활발하게 젠더 이슈가 판을 치고 있다.

왜냐하면 아이들은 잘 속기 때문이며 흰 백지 상태라서 그 위에 쉽게 그들이 원하는 그림을 그릴 수 있고, 아이들은 선생님을 좋아하고 그들의 말을 모두 진실로 받아들이기 때문이며, 후에 가장 좋은 그들의 지지자들을 폭발적으로 만들어 내는 현장이기 때문이다.

이렇게 젠더 이슈에 가담하는 교사들, 지지하는 정책 발의자들, 젠더 이슈를 홍보하는 연예계 사람들, 이 일에 적극적으로, 소극적으로 돈을 위해 가담하는 자들 모두는 남의 자식을 또는 자신의 자식을 몰렉에게 데려가는 일이 아니었을까 하는 생각이 든다.

똑똑하고 선한 마음을 가졌고 재능이 있더라도 하나님 안에서 말씀으로 분별력을 배우지 못하면 사탄에게 쓰이기 좋은 사람이 될 뿐이다. 얼마 전 그 언니가 교직을 떠났고, IT 쪽에서 일을 한다는 소식을 들으며 그나마 다행이라는 생각과 하나님을 만나기 바라는 마음이다.

하나님은 특히 가나안 사람들의 행위 중에 자신의 자녀들을 불 가운데 산 채로 바치는 몰렉의 제사를 미워하셨다.

레 18:21 "너는 결코 네 씨 가운데 하나라도 몰렉을 위하여 불 가운데로 지나가게 하지 말고 네 하나님의 이름을 욕되게 하지 말라. 나는 주니라."

그런 악행들을 이스라엘 사람들이 배울까 봐, 가나안 입성시 생명 있는 어린 아이들을 포함하여 모든 사람들을 다 죽이라고까지 했던 것이다. 그들의 아이들이 커서 부모가 했던 일을 똑같이 할 것을 아셨기에…. 그러나 결국 이스라엘은 하나님의 명령을 다 실행하지 않았고, 그로 인해 몰렉의 제사를 배우고 말았다. 자신의 자녀를 불 가운데 몰렉의 손에 얹어 놓는 악행을, 하나님이 미워하셨던 그런 일들이 쌓이면서, 이스라엘은 역사 속에서 하나님의 무서운 회초리와 몽둥이를 경험할 수밖에 없었던 것이다.

 어린아이들에게 행하는 젠더 교육을 몰렉에게 몰고 가는 일에 비유하는 것이 지나친 것일까? 어려서 받은 가르침, 이미지에서 후에 아이들이 쉽게 바뀔 수 있을까?

> **사 5:20** "악을 선하다 하며 선을 악하다 하고 어둠으로 빛을 삼으며 빛으로 어둠을 삼고 쓴 것으로 단 것을 삼으며 단 것으로 쓴 것을 삼는 자들에게 화가 있을지어다!"

 바이든 정부에서는 날개를 달았던 성 정체성 젠더 이슈의 날개가 트럼프 정부에서는 꺾일 것 같다. 트럼프 대통령의 젠더에 관한 대선 공약 중 6가지를 올려본다.

1. 남성과 여성 두 가지 성만을 인정
2. 트렌스젠더들의 여성 스포츠 참여 금지
3. 군대 내에 트렌스젠더 금지
4. 부모의 동의 없이 트렌스젠더 수술 시 모든 의료 전가는 중범죄에 해당되도록 법 변경
5. 공립 학교 내 전통적인 핵가족 성 역할 장려
6. 공립학교 내 LGBTQ 교육 프로그램 종료

 개인의 자유가 허용되는 자유주의 나라들… 개인의 취향 존중으로 막을 방도는 없다. 그러나 부모들도 모르게 그런 것을 적극 가르치고 유인하는 자들에게 권리와 특혜까지 부여할 수는 없다.
 나의 자녀를 위해 진정 정신을 차려야 할 시간이 된 것이다.

나는 지금도 가끔씩
중뿔나는 선택을 한다

오늘 목사님 설교는 계시록 3장 14-22절의 라오디게아 교회에 대한 것이다. 라오디게아 교회의 지리적 특징과 라오디게아 교회를 향한 예수님의 메시지이다. 차지도 덥지도 않아서 입에서 토해 내고 싶은 맛의 물이니 차든지 덥든지 하라는 요구와, 자신들은 부자인 줄 알지만 실상은 가난하고 눈멀고 벌거벗은 것을 알지 못하고 있다는 현실 지적과 그런 너희는 불로 정제한 금을 사서 부유한 자가 되고 흰옷을 사서 입고 벌거벗은 수치를 드러내지 말며 네 눈에 안약을 사서 바르라는 예수님의 처방전이었다. 나의 모습 같아서 두려웠다.

본문 3장 14-22절 구절 중에 마음에 짠하게 하는 한 구절이 눈에 띈다.

계 3:20 "보라, 내가 문에 서서 두드리노니 누구든지 내 음성을 듣고 문을 열면 내가 그에게로 들어가 그와 함께 만찬을 먹고 그는 나와 함께 먹으리라."

1974년 중학교 1학년 때 처음으로 중고등부 헌신예배에 참석했었다. 출석을 부르면 한 사람씩 일어나 성경 구절을 암송하던 때였다. 나는 그때 계시록 3장 20절을 외웠지만 다 암송하지 못한 채 그냥 앉아버렸던 구절이었다. 나는 이 구절을 볼 때마다 '중학교 1학년 때 이 구절의 의미도 어려웠을 텐데 왜 이 구절을 암송하고 싶었을까?' 항상 의문이었다. 무거운 짐 진 자들아 다 내게로 오라…, 나는 길이요 진리요, 생명이니…, 여호와는 나의 목자시니… 이렇게 쉽고 익숙한 구절도 많았을 텐데….

　의미도 잘 모르고 입에 잘 붙지도 않았을 생소했던 구절을, 그것도 유초등부를 갓 졸업하고 올라와서 처음 참석하는 중고등부 헌신예배에서 중1의 어렸던 내가 택한 구절이었다니, 지금도 나 자신이 이해가 잘 안 되는 마음 깊이 각인된 아픈(?) 구절이었다. 아마도 암송을 끝까지 못했던 부끄러움과 나의 심리에 대한 대면이기도 하다.

　나는 내성적인 성향이며 사람들의 주의를 끄는 사람이 아니다. 그냥 조용히 있으며 물처럼 스며들었다가 물처럼 빠져나가는 배경 같은 사람이지 어디가서 특별히 존재를 드러내는 사람이 아니다. 그런데 나는 가끔씩 선택 시에는 별난 선택을 하는 것 같다. 한마디로 무난한 사람이 별난 선택을 할 때가 종종 있다는 말이다. 위의 성경 구절도 그런 성향으로 선택했던 것은 아닐까 하는 생각이 든다. 처음 본 구절이었든지 아니면 마지막 책인 계시록에 의미를 두었든지….

　결혼 초기에 시댁 형님이 제주도로 초청을 하여 신라호텔 양식당에서 점심을 사 주신 적이 있다. 다른 사람들은 다 스테이크를 시켰는데 새댁인 나 혼자 달팽이 요리를 시키는 선택을 해서 다른 사람들을 놀라게 만들었던 기억이 난다. 지금도 그렇지만 1990년도에는 미식가들이나 선택했을, 대중적이지 않은 그런 선택이었던 것이다.

　지금도 나는 가끔씩 중뿔나는 선택을 한다. 나는 어떤 사람일까? 혹시 나를 드러내고 싶은 사람이었을까? 아니면 한 가지에 꽂히면 다른 모든 것에는 눈을 감는 어떤 한 가지밖에 못 보는 사람일까?

　60이 훌쩍 넘은 지금, 나에 대한 의문을 던져 본다.

168.
요셉의 7년
풍년으로 여기며

2025년을 앞두고 경제 전망을 여기저기에서 쏟아 낸다. 1929년 대공황 때와 버금가는 매우 어려운 경기가 될 것을 예측하는 사람들도 있고, 트럼프 대통령의 당선으로 요셉의 7년 풍년을 예측하는 사람들도 있다. 곰곰히 생각하니 앞으로 일어나는 시간은 마지막을 향해 가는 시간의 연속이니 세상이 더 좋아지기보다는 말세의 징조가 더 심화되겠구나 싶다. 그렇다면 지금의 시간을 미래의 시간보다는 더 나은 시간으로 생각해야 하는 것 아닐까?

지금이 요셉의 7년 풍년 시간이 될 것 같다는 생각이 든다.

요셉의 풍년에 대한 성경 구절을 보면 다음과 같다.

창 41:29-30 "이집트 땅에 일곱 해 큰 풍년이 들겠고 그 뒤에 일곱 해 흉년이 들므로 이집트 땅에서 그 풍년을 다 잊게 되고 이 땅이 그 흉년으로 소멸될 것이며."

7년의 풍년 뒤에는 7년의 심한 기근이 있으니 살아남기 위해 7년의 풍년을 잘 이용하여, 7년의 기근을 대비하라는 것이다.

요셉의 그에 대한 대책(창 41:32-36)
1) 사려 깊고 지혜로운 사람을 세워 이집트를 다스리게 하소서
2) 일곱 해 풍년에 5분의 1을 가져가시고(따로 보관-저축)

3) 모든 식량을 모은 뒤 도시들 안에 간직하소서

우리도 요셉이 했던 대로 5분의 1을 저축하고 아끼며 잘 관리하여 우리들의 가정을 위해 대비하기를 바란다. 보통 가정에서 가계를 운영하는 사람들은 주로 여자(아내)들이다. 여자들의 소비 패턴에 따라서 가정의 경제가 많이 달라지기도 한다. 특별히 가정 경제를 위해 사려깊고 지혜로워지기를 기도하자.

나도 7~8년 전 가정 경제를 위해 지혜를 구했던 적이 있었다. 먼저, 지출을 통제하고 조금씩의 돈을 저축해야 했고, 저축된 적은 돈들을 불려야 했다. 마이너스에서 플러스로 전환했고 플러스로 생긴 돈을 곱하기로 키워야 했다. 곱하기로 키우는 방법에 대해 고민을 많이 했고 그 방법으로는 자산을 구입하는 것이었다. 적은 돈으로도 자산을 구입할 수 있다고(?) 부동산같이 큰 자산도 있지만 적은 자산들도 의외로 많다.

나의 자산 구입 방법을 조금만 공개하겠다. 모든 지출이 끝나면 얼마간의 돈이 남았고 작은 돈이 남았을 때는 1온스에 15불 하던 은을 남은 돈만큼씩, 몇 십 개씩 매달 꾸준히 구입했다. 그랬던 은이 지금은 30불이 넘는다. 또한 10불 미만이었던 팔란티어 주식도 지금은 5배 정도 올랐다. 주식을 거래하다가 몇 불씩 남은 짜투리 돈으로 시바코인, 도지코인을 사놓으면 몇 백 개씩 살 수 있었다.

잠 27:18 "누구든지 무화과나무를 지키는 자가 그것의 열매를 먹는 것같이…"

이 말씀처럼 우리의 열매(물질, 가정, 자녀, 믿음, 좋은 행실…)를 지키는 자가 그것의 열매를 먹게 하신다. 돈을 많이 벌면 좋겠지만 누구나 많이 벌기는 쉽지 않다. 그러나 적은 돈이라도 지혜롭게 돈을 불릴 수 있는 방법은 얼마든지 많다. 적은 액수라도 남았다면 하나님께 감사하자.

우리는 복리의 마법이라는 소리를 자주 듣는다. 단시일에 큰돈을 만드는 능력 있는 자들도 있지만, 보통 평범한 사람들은 적은 돈에 시간을 곱해서 큰돈을 만드는 방법이 있다. 시간이 돈이 되는 것이다.

잠 28:22 "급히 부자가 되려 하는 자는 악한 눈을 가졌으므로 궁핍이 자기 위에 임할 줄을 깊이 생각하지 아니하느니라."

성경은 급히 부자가 되려고 하지 말라고 한다. 늘 급할 때 우리는 실수를 하고, 욕심을 내다가 남에게 속고, 자기 꾀에 넘어진다. 하나님은 급하시지는 않지만 때가 차면 쏟아부어 주신다. 마치 곱하기로 부를 늘려 주시는 것처럼…. 멀티피케이션, 하나님께 지혜를 구하는 우리는 곱하기의 삶이다.

또한 영적으로도 요셉의 7년 풍요로운 시간이 될 것 같다. 트럼프 대통령은 성경의 가치를 중시하는 지도자이므로 낙태, 젠더 혁명에서도 보수적이다. 미국을 다시 성경의 가치 위에 세우겠다는 포부를 밝힌 것을 보며 민주당 정부보다는 훨씬 숨통이 터지는 기분이다. 그러나 언제 다시 반성경적인 바람이 불지 모르니 영적으로도 씨 뿌리고, 추수하는 작업을 더 서둘러야겠다.

살아 보니 항상 있을 것 같은 기회도, 시간도 꼭 그렇지는 않은 것 같다. 나에게는 오늘이 가장 젊고 힘이 있는 시간임이 분명하다.

169.

그래서 감사,
그래도 감사

오늘은 Thanksgiving 주일(추수감사주일)이다. 'Thanks'의 어원이 'Thinks'라고 한다. 생각해 보고 기억해 보니 감사라고 한다. 올 한 해뿐만 아니라 지나온 시간이 감사이다. 그래서 감사, 그래도 감사, 그것까지 감사, 그럴수록 감사, 그렇게 감사, 그렇지만 감사, 그렇니까 감사, 오늘도 감사, 오늘까지 감사… 목사님의 설교 내용이다.

지금은 이의제기 없이 모든 감사에 '아멘'이다.

얼마 전 친구와 통화했다. 건강하던 친구가 너무도 생소한 병명인 루게릭이란 진단을 받았다고 한다. 위로해 줄 만한 말이 없었다. 그러나 나도 중풍을 먼저 앓았던 경력자로, 고난을 가장 빨리 극복하는 길이 감사이니 무조건 감사하자고 했고 그 친구도 동의한다며 내가 고난의 길을 먼저 갔던 사람으로서 나를 보면 소망이 생긴다고 했다. 그 친구 눈에는 내가 잘 극복해 낸 것으로 보인 것이다.

당시 여러 사람들은 나를 위로하고자 "사랑하는 자에게 고난을 주신다"는 말을 했는데 나는 고개를 좌우로 흔들며 부인했다. 그때는 그 말이 그렇게도 공허하게 들렸고, 얼마나 싫었는지 모른다. 하나님은 심술꾸러기 노인 같았고 그분의 사랑은 부담이었다.

'그래도 이건 아니죠, 나는 51세, 아이들은 10대인데…'

아이들에게 가장 경제력이 뒷받침되어야 하는 때에 손발이 묶여서 꼼짝달싹도 하지 못했던 처지로 코너에 몰린 기분이었다. 나도 다른 사람들처럼 거부, 분노, 체념을 반복하면서 상황을 받아들였고, 시간이 지나면서 믿음과 감사로 바뀌었던 것 같다. 내 일생 중 중풍은 가장 큰 고난이었던 것 같다.

  2012년의 일이니 올해로 12년이 흘렸다. 12년의 시간을 되짚으며 생각해 보고 기억해 보니 결론은 '감사'이다.

  그래도 감사, 그래서 감사, 그것까지 감사, 그러니까 감사, 그럴수록 감사, 그렇지만 감사, 그러니 감사, 오늘도 감사, 오늘까지 감사.

  내 인생의 감사입니다.

차세대 지키기

1판 1쇄 인쇄 _ 2025년 4월 25일
1판 1쇄 발행 _ 2025년 4월 30일

지은이 _ 나지니
펴낸이 _ 이형규
펴낸곳 _ 쿰란출판사

주소 _ 서울특별시 종로구 이화장길 6
편집부 _ 745-1007, 745-1301~2, 747-1212, 743-1300
영업부 _ 747-1004, FAX 745-8490
본사평생전화번호 _ 0502-756-1004
홈페이지 _ http://www.qumran.co.kr
E-mail _ qrbooks@daum.net / qrbooks@gmail.com
한글인터넷주소 _ 쿰란, 쿰란출판사
페이스북 _ www.facebook.com/qumranpeople
인스타그램 _ www.instagram.com/qrbooks
등록 _ 제1-670호(1988.2.27)
책임교열 _ 이화정·이강임

ⓒ 나지니 2025 ISBN 979-11-94464-36-5 03230

책값은 뒤표지에 있습니다.
이 출판물은 저작권법에 의해 보호를 받는 저작물이므로 무단 복제할 수 없습니다.
파본(破本)은 구입처에서 교환해 드립니다.